"十三五"江苏省重点出版规划项目
教育部人文社会科学重点研究基地重大招标课题:
中国德育数据库建设 [18JJD880002] 的阶段性成果
资助单位: 南京师范大学道德教育研究所 南京师范大学立德树人协同创新中心

中国儿童道德发展报告系列
孙彩平 主编

深圳市
儿童道德发展报告

10到18岁

张玉楠 杨 洁 编著

南京师范大学出版社
NANJING NORMAL UNIVERSITY PRESS

图书在版编目(CIP)数据

深圳市儿童道德发展报告. 10到18岁 / 张玉楠,杨洁编著. — 南京：南京师范大学出版社,2019.5

(中国儿童道德发展报告系列)

ISBN 978-7-5651-3872-0

Ⅰ. ①深… Ⅱ. ①张… ②杨… Ⅲ. ①儿童教育－德育－研究报告－深圳 Ⅳ. ①G41

中国版本图书馆 CIP 数据核字(2018)第 242271 号

丛 书 名	中国儿童道德发展报告系列
丛书主编	孙彩平
书　　名	深圳市儿童道德发展报告(10到18岁)
编　　著	张玉楠　杨　洁
策划编辑	姜爱萍　翟桂叶
责任编辑	翟姗姗
出版发行	南京师范大学出版社
地　　址	江苏省南京市玄武区后宰门西村9号(邮编:210016)
电　　话	(025)83598919(总编办)　83598412(营销部)　83598009(邮购部)
网　　址	http://press.njnu.edu.cn
电子信箱	nspzbb@njnu.edu.cn
印　　刷	扬州市文丰印刷制品有限公司
开　　本	718毫米×1000毫米　1/16
印　　张	12.5
字　　数	200千
版　　次	2019年5月第1版　2019年5月第1次印刷
书　　号	ISBN 978-7-5651-3872-0
定　　价	39.80元
出 版 人	彭志斌

南京师大版图书若有印装问题请与销售商调换

版权所有　侵犯必究

序　言

调查目的

当前,中国正处于历史发展的新时期,开放、多元化、全球化、信息化成了中国社会的典型特征,社会的伦理精神和道德生活也出现了新的转变。文化多元、阶层隔阂、社会分化的情况加剧,极端个人主义、功利主义和盲目攀比、追求奢华生活等价值观念借助新媒体等技术手段,对核心价值观与传统价值观形成了新的挑战。

那么,当代中国儿童的道德发展状况如何?儿童是否保留着对中华传统美德的尊敬,是否认同社会主义核心价值观,是否关注公共生活的文明与秩序?他们的道德发展状况存在着什么样的趋势与阶段性特点?什么是他们道德成长中的限制性影响因素以及他们喜欢什么样的道德教育方式?对中国儿童道德发展的根本与关键问题的深刻关切,融合着家庭对后代的殷切希望、教育对儿童的成长责任,也包含着国家与社会对未来的期许。

长期以来,由于缺乏基本可靠的数据支撑,中国道德教育理论研究长于哲学思辨,失于对中国儿童道德发展的现实问题的深入分析与把握,致使理论研究对问题解决的力度不足。

基于时代与研究的需要,更基于中国儿童道德发展的需要,南京师范大学道德教育研究所与立德树人协同创新中心启动中国儿童道德发展的数据采集工作,以期建立中国儿童道德发展的国家样本库,为中国道德教育理论研究的深化提供支撑;为中国道德教育现实问题的解决提供支撑;为国家德育课程、教学及教材改革提供支撑;为中国精神文明建设和伦理道德发展提供支撑;为国际社会准确了解中国儿童道德发展状况提供支撑。

道德是一种文化-心理结构,儿童道德是儿童与他所在的社会文化环境(包括学校生活与家庭生活)相互作用的结果。这意味着儿童的道德成长是社会性的,在特定的社会与特定的时期,儿童的道德成长状况可能在整体上不同于其他的社会与其他的时期,儿童所认同的价值观念,形成的道德情感,进行道德判断的依据乃至道德行为倾向,既会呈现出一些整体性的特点,也会存在一些整体性的问题。本调查的基本目的,正是了解与把握这些整体情况、倾向与问题。

调查内容

关于中国儿童道德发展状况的实证研究,在国际和国内并没有被普遍认可的综合性量表或调查问卷,尽管国际道德教育研究领域有经典的道德认知发展学派的两难故事法测验及其变式确定问题测验(Defining Issues Test, DIT),国内有顾海根、李伯黍老师的上海地区道德判断的常模研究,卢家楣老师的全国范围的道德情况测验,但这些研究都是针对儿童道德发展的某一个指标——道德判断或者道德情感,以此为基础设计的问卷,并不是针对道德发展的综合性问卷。

在道德发展理论中,知、情、行是道德教育理论普遍认可的人的品德的三个基本构成要素,分别对应道德观念、道德情感与道德行为,也有人把道德意志和道德信念列为人的品德的第四和第五要素。同时,在20世纪的道德发展心理学中,道德判断备受关注,成为道德发展理论和德育理论关注的重要内容,因为学界普遍认为道德判断与道德行为间有着更密切的相关性。德育理论界一直认为,品德中某一因素的发展状况,即使再精确,也很难说明品德发展的整体状况。为了对中国儿童道德发展的整体状况有全面的了解,我们采用了自编问卷的方式,将道德观念、道德情感、道德理性和道德行为作为考察当代中国儿童道德发展的四个核心要素,同时调查当代儿童对学校德育方式的看法,以及影响其成长

序言

的困扰性因素。

此调查核心目的在于了解当代儿童道德发展的整体状况及其随年龄变化的发展趋势，同时了解影响儿童道德成长的关键因素，因此，在自然情况分类中，包括年龄、性别、区域、城乡、家庭生活方式（是否长期与父母、祖辈生活在一起，是否单亲或者离异再组合家庭）、生活满意度、民族。需要说明的是，这些要素是回应社会关注视角，在逻辑上不是完全并列的关系。

由此，本调查报告提供中国10到18岁儿童（到2016年7月为止）道德观念、道德情感、道德理性、道德行为、德育方式、成长困扰6个指标的整体状况，以及其年龄、性别、区域、城乡、家庭生活方式、生活满意度和民族因素的相关情况，以此把握2016年中国儿童道德发展的整体情况、趋势特点与影响因素。整体结构如下图所示：

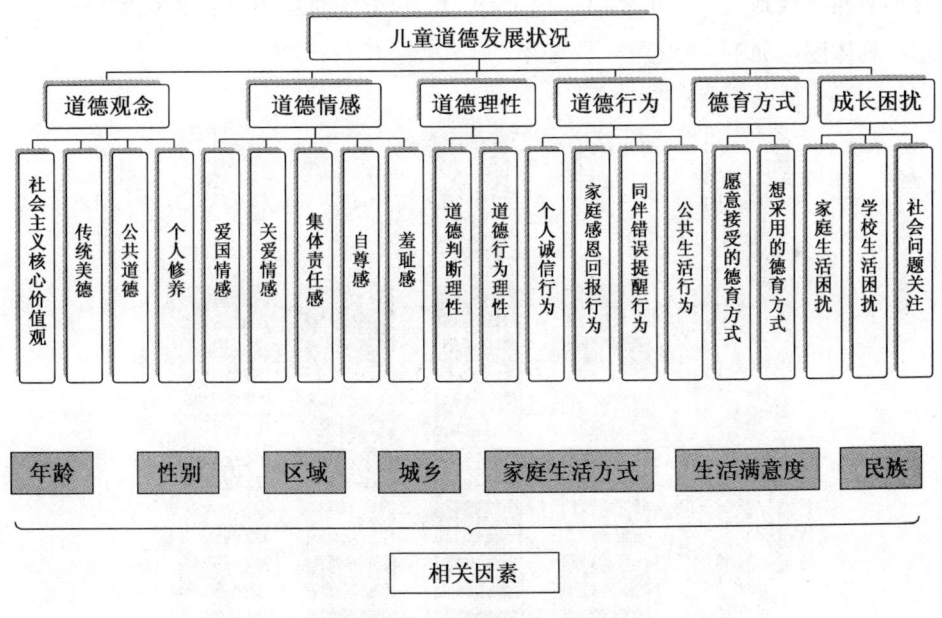

中国儿童道德发展状况整体结构图

调查对象

包含道德观念、道德情感、道德理性、道德行为、德育方式及成长困扰因素在内的综合性问卷,不同于标准化的测验,也不同于心理学的量表,而是更接近于社会调查,因此,其调查的信度与效度,跟样本选取的代表性与普遍性有着密切的关系。

为最大限度了解中国儿童道德发展的整体面貌,我们在取样时选择了分组分层相结合的取样方式。本次调查取样以全国七大行政区东北、华北、西北、西南、华中、华东、华南为分组,每个大行政区选择一个省份(自治区、直辖市)(华南地区选择了两个)作为一层样本,每省(自治区、直辖市)选择一个地级市作为二层样本,各市选择城市中心区(城市)、城市新兴区(城乡接合部)、一个县(农村)作为三层样本,各区(县)选择优质、普通及薄弱小学、初中、高中各一所作为四层样本,各学校以年级为单位,以7个班为年级班数上限进行采样,作为五层样本。此次调查样本总量涵盖7个省(自治区、直辖市)、21个区(县),189所学校,对象为小学四年级到高中三年级(4～12年级)儿童,分别对应10到18岁儿童。

具体图示如下:

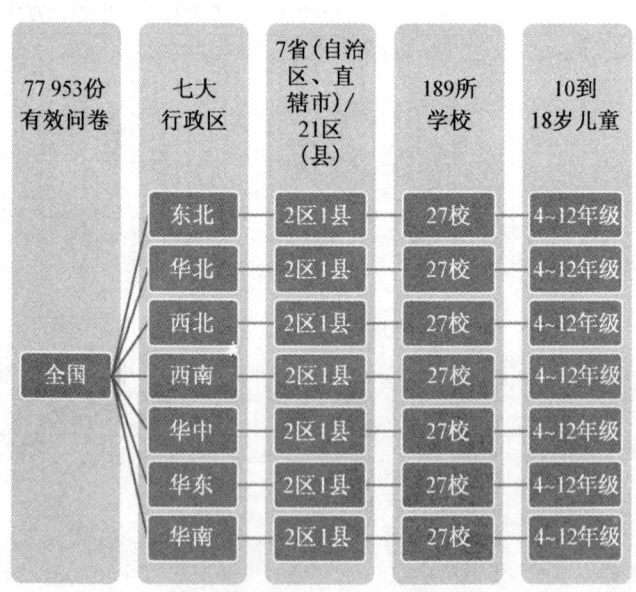

全国七大行政区分组分层取样详情图

其中,黑龙江省作为东北地区取样代表,河北省作为华北地区取样代表,宁夏回族自治区作为西北地区取样代表,重庆市作为西南地区取样代表,湖北省作为华中地区取样代表,浙江省作为华东地区取样代表;考虑到华南地区内部发展差异较大的现实情况,取深圳市作为华南地区城市发展样本代表,海南省作为华南地区一般发展样本代表。此套丛书即以此次数据采集为依据,是上述各省(自治区、直辖市)再加上江苏省儿童道德发展报告的单行本的合辑。为方便大家了解各省(自治区、直辖市)与全国儿童道德发展状况的比较,每个分册在基本结论部分提供了相应的全国数据。

解读说明

这是首次全国范围大样本的儿童道德发展状况调查,在问卷编写、取样设计与结果处理中都面临着重大的困难,虽多方努力,但仍存在着一定的不足,如取样不能在各个维度上与人口学样本完全一致,问卷调查的方法对了解儿童道德发展状况的有效性有待验证,类别变量差异检验因样本量过大而且不均衡可能存在偏差等。存在不足,知道不足,不断克服与改进这些不足,需要我们长期的努力,也提醒我们对调查结果本身保持应有的理性。由此,课题组明确以下几个方面的问题,提请大家在阅读与使用本丛书时注意。

首先,此调查报告提供当代儿童的整体状况,不适用于个体道德状况的诊断。

由于道德发展本身的社会情境性、长期性以及道德动机的内隐性特征,道德测评至今在理论上与现实中都还是难题。小样本的个案跟踪可以提供个案的深入细致的道德发展过程,发现道德成长的特殊文化机制与困境,有望对个体道德发展状况做较准确的判断,但因其个体化特征,无法对群体的整体状况做出推断;而大样本的问卷调查(如此次调查)难以对个体道德成长进行深入了解,但在了解当代中国儿童道德发展的整体特征以及发展趋势上有着其他方法不能媲美的优势,也可以呈现不同群体间的整体差异与变化。例如,高中生、初中生和小学生的道德发展差异,不同家庭生活方式的儿童,如留守儿童与跟父母一起生活的儿童道德成长的整体差异等。把握整体情况与群体差异及整体趋势与倾向,才可能超越个体经验与个案的视野,制定各自适宜的教育策略,避免以偏概全。此调查报告属于大样本的问卷调查,因而适宜以此了解当代儿童道德发展的整体情况与趋势,不能作为个体道德成长判断的依据;可以以此了解不同群体儿童道德发展的整体状况,但也要注意避免将其中的结论当作特定群体的道德标签。如调查发现,留守儿童群体在道德发展上面临更大的困境,是当前道德发展的弱势群体。这个结论意味着相对于与父母一起生活的儿童而言,留守儿童整体上感受到成长困扰的比例更高,在更多方面表现出值得关注的道德发展倾向,但不意味着每个留守儿童都如此,也不意味着所有留守儿童在道德成长上都处于弱势状态。多数留守儿童在道德成长上是健康的,只是这样的儿童在留守儿童中的比例,明显低于与父母一起生活的儿童群体中的相应比例。因而,不可以以此作为留守儿童个体或者群体的道德成长标签,但只有了解此情况,国家和相关区域才可能采取相应的针对性策略,与学校教育一起帮助更多的留守儿童走出困扰,健康成长。

其次,道德是一种综合性极强的实践智慧,对道德发展状况的理解必须是整体性的、综合性的,不能只考虑单一因素或者将各因素简单相加。

理论上品德包括知、情、行三因素或者知、情、意、行四因素,同时强调这些因素间的相互影响、相互制约的关系,因而,知行脱离或者知行不一长期以来被当作道德教育要解决的难题。道德发展状况的研究,要特别关注几个因素间的内在联系和一致性。为了了解儿童道德发展的多因素状况,此次调查内容涉及儿童的价值观念、道德情感、道德判断以及道德行为表现等几个方面。结果显示,知行不一的问题,并非当代儿童道德成长中的普遍状况。在某些方面,儿童的价值观、情感与行为表现出高度的内在统一性,如对孝敬和诚信,儿童既在观念上有较高的认同度,也在行为上表现出跨越年龄的高度普遍性,而对规则的认可,也在道德判断与道德行为中有着较突出的一致性。由此可见,孝敬、诚信和守规则是当代儿童较为稳定的道德品质。而在另一些方面,如关心他人,90%以上的儿童对弱势群体有着关怀的情感,但只有不到一半的儿童会真的施以援手,其他儿童仅限于同情,在行为上,一方面寄希望于有好心人去帮助他们,另一方面担心自己惹上麻烦而选择观望或者避开,可见,在关心他人方面儿童存在着某种程度的情感与行为间的不一致性,说明这一品质在当代儿童身上还不稳定,或者出于多方面条件的限制,还有较大的提升空间。综合地考察儿童道德发展的各个因素,尤其是注意各个因素间的一致性状况,从而发现儿童的稳定性道德品质,以及尚需要注意培养的品质,特别是发现不同年龄儿童道德成长的不稳定层面,才能制定针对性的学习内容和培养方案。

再次,道德是一种"中庸"的状况,"持续增长"的发展观念不适用于理解儿童的道德发展。

受现代化发展观的影响,很多人已经习惯把"增长"看作发展的表现,将"下降"理解为退步的象征,这一观念,在道德发展中并不适用。中西方传统哲学有着很大的差异,但亚里士多德和孔子,都将"中庸"作为德性的特点。孔子强调"过犹不及"和"君子中庸",亚里士多德则认为"德性是适度",这是道德品质的特殊性。依据这样的观念,道德情感过度强烈与不彰都不是美德的内在要求,与美德相宜的,是"中",是恰到好处。依据儿童道德发展报告的结果,儿童的爱国情感、集体责任感、关爱情感(恻隐之心)、自尊感以及羞耻感,都在不同程度上表现出随年龄增长而下降的趋势,但不能由此简单地认为这是一种道德发展的下滑或者后退的标志。年龄小的儿童思虑简单,情感表现单纯强烈,容易出现冲动的行为反应,从道德是一种慎思后的表现以及中庸的视角看,这不是道德成熟或较高水平的表现。进一步的数据分析可以印证这一点。道德情感的强度,由于加入了不同的原因(理性或者思虑)而表现出消减,如将国际比赛中的成绩归因于个人荣誉比例的小幅上升导致了爱国情感随年龄增长的小幅下降;将当众批评归因于他人过错比例的上升导致了羞耻感的明显下滑。同时,也要注意一些细微的内在变化。如,虽然整体上恻隐之心的比例没有出现随着年龄增长的明显下降,但儿童的内心感受发生着微妙的变化:随着年龄的增长,更多儿童限于同情的感受,寄希望于好心人对弱势者履行帮助,而非亲自施以援手。这看上去是同情的强度发生了变化,或者处理同情心的方式发生了变化,而这种变化,部分应源于基于现实情况的慎思——多数儿童在经济上不独立,直接助人的能力有限,部分则可能源于个体功利的道德思维倾向。

最后,当代儿童的道德成长是文化社会性的,也是时代性的。

儿童的道德发展是普遍性的,还是具有文化和社会的特殊性?这在理论上依然是有争议性的话题。到目前为止,国际上尚没有公认的常模,也没有较为权威的整体道德发展量表。此次调查发现,在道德认知发展形式上,中国10到18岁儿童表现出完全不同于西方经典理论(科尔伯格道德认知发展的三水平六阶段理论)的发展模式。中国儿童的道德认知判断理由,呈现多元并存状态,且呈现一种非阶段性发展模式。这个结果为儿童道德发展的文化和社会的特殊性论断提供了佐证,提醒中国的教育理论与实践要对中国儿童道德成长的文化特殊性保持足够的敏感度,努力研究中国儿童发展的特点、问题与趋势,不可完全用其他文化、社会情境中儿童发展的模式来思考中国儿童的道德成长问题,更不能把其他国家儿童发展中的问题简单地当作是当代中国儿童发展的问题。当然,确认一个结论,仅一次调查是不够的,还有待在后期的跟踪中进一步深入地研究。

调查发现的儿童道德成长的文化与社会特殊性的另一个佐证,是中国传统道德观在当代儿童身上的明显印迹,最为典型的是孝敬。上文提到,在当代儿童身上,孝敬的美德,从观念到行为,保持着高度的内在一致性。这是其他文化中的儿童所没有的。如果说道德认知判断发展模式的不同,体现的是道德发展形式上的文化特殊性,孝敬这一中国文化的特有内涵在中国儿童身上的烙印,则是在内容上体现了中国儿童道德发展的特色。自然,选择哪些中国传统文化道德通过教育的途径加以传承,是当前中国文化重建的重大问题之一。

中国儿童道德发展的特殊性,还表现在其发展倾向上。调查发现,当代儿童在肯定性道德判断分化后,更普遍地把个体功利作为理由,把规则与法律作为否定性道德判断的理由;在责任承担上,随着年龄的增长,更普遍有着"自扫门前雪"的心态与行动,这当然也是一种承担责任的方式,但显然是一种与集体或者公共责任间的联系不够紧密和明显的承担方式。规则与法律的行为规范性功能的突显,当然是非常重要的一个方面,但这也可能是当下规则与法律的禁令性倾向明显、权利保障略显不足的现实在儿童观念与思维方式上的反映。这些,都是中国社会的特殊性的体现,也是时代性的体现,是值得国家、社会关注的当代儿童道德成长倾向。这提示我们要从顶层设计出发,通过课程与学校活动,以及社会媒体的舆论导向,对儿童道德成长中的一些偏向进行分阶段、有针对性的引导,同时通过不同层次的法治建设活动,调整规则与法律的禁令性倾向,引导儿童健康成长。

致谢

本次调查由教育部人文社会科学重点研究基地南京师范大学道德教育研究所、南京师范大学立德树人协同创新中心共同组织开展,同时得到兄弟高校,各省(自治区、直辖市)、市、区教育研究院或教育厅(局)的大力协助与支持,他们是(排名不分先后):

黑龙江省教育学院

黑龙江省哈尔滨市南岗区教师进修学校

黑龙江省鹤岗市教师进修学院

黑龙江省穆棱市教育局

河北师范大学教育学院

河北省石家庄市教育局

宁夏大学教育学院

宁夏回族自治区教育厅师资处

湖北省教育科学研究院

湖北省武汉市教育科学研究院

重庆市教育科学研究院

江苏省南京市教育科学研究所

江苏省南京市鼓楼区教育局

江苏省南京市栖霞区教育局

江苏省丹阳市教师发展中心

海南省教育研究培训院

此次调查,上海闻政教育管理咨询有限公司给予了免费数据技术支持,在此一并表示感谢!

中国儿童道德发展数据库建设课题组

孙彩平

2018 年 12 月

前　言

深圳地处广东省南部,与香港一水之隔,是连接香港和内地的纽带和桥梁,是华南沿海地区重要的交通枢纽,在中国高新技术产业、金融服务、外贸出口、海洋运输、创意文化等多方面占有重要地位,享有"设计之都""钢琴之城""创客之城"等美誉,是中国经济中心城市,在中国的制度创新、扩大开放等方面承担着试验和示范的重要使命。同时,深圳也是全国著名的移民城市,这里的儿童价值观怎样,道德水平发展如何,与全国相比具有什么样的特点,是本课题研究的重要关注点。

本次调查对象为10到18岁儿童,分别对应小学(4~6年级)、初中(7~9年级)、高中(10~12年级)共三个学段九个年级的学生,选取了罗湖区、南山区、福田区、龙岗区4个区为代表,进行抽样调查。在学校选取上,兼顾了直属与区属学校,规模较小学校和规模较大学校,优质学校和薄弱学校。抽取小学2所、初中4所、高中4所共10所学校,收回有效问卷4 210份。

通过对深圳儿童道德发展的调查,获得了如下几方面主要发现:

在价值观发展状况方面,不同年龄段儿童对各项价值观的关注存在不同程度的差异。深圳儿童对孝敬父母、不影响他人和自省的关注普遍高于全国平均水平。诚信、文明、和谐是儿童普遍比较看重的社会主义核心价值观,孝敬父母是儿童最为看重的传统美德,正义和不影响他人是儿童较为看重的公共道德,自省是儿童最为看重的个人修养。

在道德情感发展状况方面，深圳儿童整体上有较强烈的爱国情感、集体责任感、关爱情感（恻隐之心）、自尊感和羞耻感等道德情感。但除关爱情感外，其他道德情感发展状况都低于全国平均水平；在看到弱势者陷入困境时会施以援手，并在必要时寻求周围人的帮助方面，明显低于全国平均水平；看到不文明行为选择上前劝止的人数随着年龄的增长出现下滑的趋势，会上前劝止并提出警告的人数也呈现明显的下降趋势，高一达到最低值。

在道德理性发展状况方面，深圳初中儿童与小学、高中儿童相比，更容易面临道德困惑与迷茫，在初一年级（13岁）容易面临道德困惑的人数比例略高，主要集中于"惩罚与服从"的阶段一；小学儿童、高中儿童处于道德判断水平阶段六"以普遍伦理原则为价值取向"的儿童的人数比例高于处于其他阶段水平的人数比例。

在深圳市儿童愿意接受的道德教育方式中，实际锻炼法是儿童普遍愿意接受的道德教育方式，和全国平均水平基本持平；随着儿童年级的升高，喜欢说理教育法的人逐渐减少，但从高二到高三，儿童喜欢说理教育法的人数大幅度增加；榜样示范法在不同的年级受认可的程度也不尽相同，从四年级到六年级呈上升趋势，初一年级之后整体上没有明显的上升或下降趋势。

深圳儿童对自己的生活很满意的比例略高于全国平均水平，感受到来自家庭的各种困扰明显低于全国平均水平（最集中的是学业压力）；儿童感受到来自学校的各种困扰最集中的是上课无趣。

通过研究，明确了深圳市儿童道德发展的基本状况，清楚了深圳儿童道德发展与全国相比的优势与差距，对深圳进一步优化青少年儿童道德教育，补齐短板，发挥特长，提供了重要的依据和参考。期待在将来的研究中，能够以此为基础，结合深圳青少年儿童道德发展的突出问题，进行深入细化的追踪研究，更加全面准确地把握深圳青少年儿童道德发展状况和发展的规律性，为深圳更好地开展青少年儿童德育教育工作提供支撑。

此次问卷调查本想采用网上答卷的方式，但由于条件限制，参与调研的学校只能通过纸质问卷的方式，将问卷发放到学生手里进行笔答，然后再将问卷邮寄到南京师范大学，进行手动录入、统计分析。因此，要特别感谢各抽样学校领导，具体负责问卷印制、发放、回收的老师，以及南京师范大学课题组成员，正是由于他们对本课题调研给予了充分的理解和高度的重视,并提供了大力的支持和帮助,才有了数据的分析呈现。由衷地感谢所有为本次调查分析辛勤付出的人们!

杨 洁 张玉楠

目 录

序 言   1
前 言   1

I 报告基本情况说明

1 问卷编制与施测   3
     1.1 问卷编制   3
     1.2 施测情况及数据处理   3

2 被试基本情况   5

3 基本结论   7
     3.1 整体结论   7
     3.2 分项结论   12

II 深圳市各项指标的详细数据分析

1 深圳市儿童价值观发展状况　　　　31
　　1.1　社会主义核心价值观　　　　31
　　1.2　传统美德　　　　47
　　1.3　公共道德　　　　52
　　1.4　个人修养　　　　58

2 深圳市儿童道德情感发展状况　　　　63
　　2.1　爱国情感　　　　63
　　2.2　关爱情感　　　　69
　　2.3　集体责任感　　　　76
　　2.4　自尊感　　　　82
　　2.5　羞耻感　　　　88

3 深圳市儿童道德理性发展状况　　　　94
　　3.1　儿童道德判断水平发展状况　　　　94
　　3.2　儿童道德行为理由　　　　121

4 深圳市儿童道德行为发展状况　　　　129
　　4.1　个人诚信行为　　　　129
　　4.2　家庭感恩回报行为　　　　135
　　4.3　同伴错误提醒行为　　　　140
　　4.4　公共生活行为　　　　146

5 深圳市儿童愿意接受的道德教育方式　　　　159

6 深圳市儿童成长的困扰　　　　165
　　6.1　家庭生活困扰　　　　165
　　6.2　学校生活困扰　　　　172

I 报告基本情况说明

1 问卷编制与施测

1.1 问卷编制

《儿童道德发展状况问卷》是在查阅国内外相关文献的基础上,邀请了道德教育、教育发展心理学、道德发展心理学、教育社会学、社会学等领域的专家学者共同研制而成的。问卷的自然情况包括性别、年段(龄)、所在省份、学校所在地(城乡)、生活满意度、家庭养育方式六个方面。主体问卷以选择题为主、扩展填空为辅,共23题,涵盖儿童道德观念、道德情感、道德理性、道德行为、德育方式、成长困扰六个指标。

1.2 施测情况及数据处理

1.2.1 试测

2015年1月到3月,课题组先在江苏、安徽、山东范围内,邀请小学四年级到高中三年级儿童各5到10人试填写了问卷,根据试测结果和反馈,对各年段的问卷进行了调整。

1.2.2 施测

本次调查对象为10到18岁儿童,分别对应小学(4～6年级)、初中(1～3年级)、高中(1～3年级)共三个学段九个年级的学生,选取了罗湖区、南山区、福田区、龙岗区 4 个区为代表，进行抽样调查。在学校选取上，兼顾了直属与区属学校、规模较小学校和规模较大学校、优质学校和薄弱学校。共抽取小学 2 所、初中 4 所、高中 4 所共 10 所学校，收回有效问卷 4 210 份。

1.2.3 数据处理方法

课题组使用 IBM SPSS Statistics 22 数据分析软件进行数据分析。由于数据是分类变量而非连续变量，因而对各类儿童的道德发展状况进行差异检验时，采用列联表分析中的卡方检验(Chi-square test)的方法。

通过列联表卡方检验，可以得到卡方值、显著性概率值(P)以及调整后的残差值(AR)。在非参数检验的列联表中，通过观察卡方值和 P 值可以初步判断数据之间的相关性，即两类变量之间的相关性。如果卡方值的显著性不大于 0.05，即 $P \leqslant 0.05$，说明自变量(年段、性别、城乡等)各水平类别在所有反应变量(问卷中的各选项)上至少有一个反应变量的选择次数百分比间有显著差异。卡方值越大，P 值就越小，差异就越显著。具体而言：

若 $P \leqslant 0.01$，表示差异非常显著；

若 $0.01 < P \leqslant 0.05$，表示差异比较显著；

若 $P > 0.05$，表示没有显著差异。

若 $P \leqslant 0.05$，则进一步考察交叉表中调整后的残差值(AR)，由此可以获知具体的哪一个或者哪一些反应变量选择次数百分比间存在显著差异。

若 $|AR| > 2.58$，表示差异非常显著；

若 $1.96 < |AR| \leqslant 2.58$，表示差异比较显著；

若 $|AR| \leqslant 1.96$，表示差异不显著。

本研究调查结果中个别指标因不具有统计意义或比较意义，在书中不作差异性分析和说明。由于本研究中数据的小数点后数值按四舍五入取值，部分指标加总后可能总体有轻微出入。

2 被试基本情况

被试基本情况如下表所示：

特征			样本量	百分比
性别		男	2 189	52.00%
		女	2 021	48.00%
年段(龄)	小学高段	10 岁	133	3.16%
		11 岁	132	3.14%
		12 岁	184	4.37%
	初中	13 岁	290	6.89%
		14 岁	669	15.89%
		15 岁	425	10.10%
	高中	16 岁	1 175	27.90%
		17 岁	1 066	25.32%
		18 岁	136	3.23%
城乡		城市	4 164	98.90%
		小城镇	23	0.55%
		乡村	23	0.55%
生活满意度		很满意	2 183	51.85%
		基本满意	1 890	44.90%
		不满意	137	3.25%

(续表)

特征		样本量	百分比
家庭生活方式	和爸妈、爷爷奶奶经常住在一起	3 029	71.95%
	和爸妈经常在一起	816	19.38%
	父母(1人或2人)常年在外打工	150	3.56%
	单亲家庭	138	3.28%
	离异再组合家庭	77	1.83%

3 基本结论

3.1 整体结论

（1）深圳市儿童在社会核心价值观上，对诚信的关注程度明显低于全国平均水平，对文明的关注程度略低于全国。深圳市儿童对孝敬父母、不影响他人以及自省的关注程度远远高于全国平均水平，对正义的关注程度略低于全国平均水平。

诚信（54.89%，全国：57.98%）、文明（32.26%，全国：34.57%）、和谐（32.07%，全国：32.85%）是儿童普遍比较看重社会主义核心价值观；孝敬父母（62.54%，全国：56.43%）是儿童最为看重的传统美德；正义（27.96%，全国：30.11%）和不影响他人（27.93%，全国：19.47%）是儿童较为看重的公共道德；自省（29.05%，全国：19.45%）是儿童最为看重的个人修养。总之，不同年段儿童对各项价值观的关注存在不同程度的差异。

国家层面价值观，10岁至18岁儿童普遍比较看重和谐、文明两项价值观，但儿童对这两项价值观的关注度随着年龄的增长整体上有所下降，对富强、民主的关注度则有所上升（见图1-3）。社会层面价值观，10岁至13岁看重自由的儿童人数比例随着年龄的增长总体上呈上升趋势，10岁至18岁看重平等的儿童人数比例总体上则呈下降趋势；随着儿童年龄的增长，看重法治的人数比例整体上呈增长的趋势（见图1-10）。个人层面价值观，10岁至18岁儿童看重诚信的人数比例随着年龄的增长整体呈下降趋势，看重友善的人数比例整体上呈上升趋势。除此之外，不同年龄的儿童对各项价值观的看重程度虽然不同，但年龄

变化趋势并不十分明显。(见图 1-17)

传统美德方面,不同年龄的儿童都很看重孝敬父母,不同年龄的儿童总体上呈现上下波动的变化,同时,不同年龄儿童之间对其余各项传统美德的关注程度虽略有差异,但整体上年龄变化趋势不明显。(见图 1-24)

公共道德方面,看重正义的儿童人数比例随着年龄的增长呈上下波动状态;看重不影响他人的儿童总体上是呈先上升后下降的趋势;随着年龄的增长看重廉洁奉公的人数比例整体上呈先上升后下降的趋势;四年级(10 岁)到初一(13 岁)的儿童对按规则办事的认同人数呈下降趋势,初二(14 岁)到高三(18 岁)的儿童认同人数则是呈缓慢上升的趋势。(见图 1-31)

个人修养方面,随着年龄的增长,儿童对勤奋的关注度整体上呈下降趋势,对自省的关注度逐渐增长,对节制的关注度则基本上不随年龄的增长而发生太大变化。(见图 1-38)

(2) 相对全国平均水平而言,深圳市儿童道德情感的发展,除关爱情感外,都低于全国平均水平。年龄不同,道德情感的表达存在一定差异。

77.22%的儿童因中国运动员在国际比赛中获得冠军而敬佩和激动(全国:85.78%)。其中 31.54%的儿童表示"十分激动,觉得中国人是好样的",45.68%的儿童认为"这个运动员为国争光,我很敬佩";小学年段的儿童更倾向于将此事归为对运动员个人的敬佩。(见图 2-1,2-2)

92.33%的儿童对弱势群体具有明显的关爱情感(全国:91.07%)。儿童表现关爱情感的方式不同。小学年段的儿童更倾向于尽己所能施以援手,高中年段的儿童更倾向于希望有好心人去帮助他们。(见图 2-8,2-9)

81.83%儿童表现出明显的集体责任感(全国:85.41%),其中 57.20%的儿童通过管好自己为他人作表率,24.63%的儿童想说服全班同学共同维护班集体的卫生。随着年级的上升,说服全班同学共同维护班级卫生的比例整体呈波动下降趋势。(见图 2-15,2-17)

75.49%儿童自尊感表现强烈(全国:82.88%),其中 60.19%儿童在犯错误被老师当众批评后,都会决心日后要改正。随着年级的升高,儿童选择"日后一定要改正,找回尊严"的比例整体呈波动下降的趋势。(见图 2-22,2-24)

儿童普遍具有很强的差耻感,40.76%儿童会为自己作弊得到高分受到表扬而感到羞耻(全国:50.13%);30.62%的儿童认为"抄袭是作弊,以后不能这么做了"。随着年龄增长,儿童选择"很高兴,以后有机会还这么做"的比例整体呈波动上升趋势。(见图2-29,2-31)

(3) 深圳市儿童能够作出明确的道德判断的比例远远高于全国平均水平,对规范的认同程度远远高于全国平均水平,10至18岁儿童在道德推理判断、道德行为理由上表现出不同年龄段差异。

68.36%的儿童能够作出明确的道德判断(全国:74.11%),远远低于全国平均水平,76.41%的儿童在道德行为理由上表现出强烈的规范认同(全国:67.16%),远远高于全国平均水平。(见图3-1,3-29)

在道德理性判断上,31.64%的儿童不能作出明确的道德判断,处于道德理性发展的矛盾期或过渡期。初一年级儿童容易面临道德困惑的人数比例略高,占42.76%。(见图3-1,3-3)

在"肯定性"道德判断中,随着儿童年龄的增长,从道德判断水平处于阶段二的角度分析,从小学到高中,整体呈上升趋势;从阶段三、阶段四水平上分析,各年级人数比例基本都在20%以下,但波动较大。在阶段五水平上,整体呈下降趋势。在阶段六水平上,四年级到五年级人数比例骤减,从五年级到高三,变化趋于平稳,稳定在10%到20%之间。(见图3-10)

在"否定性"道德判断中,从小学四年级至高中三年级儿童的道德判断水平普遍处于阶段四和阶段五,且随着年龄的增长,处于阶段五的人数比例呈上升趋势,处于阶段四的人数比例呈下降趋势,处于阶段一、阶段三和阶段六的人数比例在不同年段所占比例都比较小,且随着年龄的增长总体呈下降趋势。(见图3-17)

在"两难性"道德判断中,无论是小学生、初中生还是高中生,都存在道德焦虑问题,并且主要表现为阶段六"以普遍伦理原则为价值取向"方面,其中,六年级和初二年级表现最为明显,人数比例分别为42.42%和44.32%;还表现在阶段一"服从和惩罚的定向阶段",其中,五年级和初一年级表现最明显,人数比例分别为27.08%和18.55%(见图3-24)。

(4) 深圳市 10 到 18 岁儿童在道德行为上普遍表现良好,保持诚信、知恩回报、遵守规则保持较高比例,各种道德行为频率整体上随年龄增长普遍呈现下降的趋势。深圳市儿童在诚信和提醒同伴错误上的人数比例远远低于全国平均水平,在遵守规则行为上略高于全国平均水平,在感恩回报行为上与全国平均水平基本持平。

78.79%(全国:85.36%)的儿童能做到诚信自律,拿到多找的钱时会还回去,远远低于全国平均水平,但选择这样做的儿童的人数随着年龄的增长总体呈现下降趋势,到 17 岁减少到 71.86%(全国:75.70%)。(见图 4-1,4-3)

76.60%(全国:77.77%)的儿童在家庭生活中能经常感恩回报,与全国平均水平基本持平,虽然人数比例随着年龄增长的变化波动不大。(见图 4-8,4-10)

61.31%(全国:68.61%)的儿童会主动提醒同伴的错误,远远低于全国平均水平,但这样做的人数比例随着年级的增长总体呈现下降趋势,到高一降到最低点 53.28%。(见图 4-15,4-17)

57.74%(全国:55.12%)的儿童通常不会在公共场所因一己之私违反规则,略高于全国平均水平,在四年级达到最低值(33.08%)(见图 4-24)。

35.63%(全国:45.68%)的儿童在看到弱势者陷入困境时会施以援手,并在必要时寻求周围人的帮助,远远低于全国平均水平。选择上前劝止并在必要时会寻求周围人帮助的儿童人数比例随着年龄的增长出现下滑的趋势,会上前劝止并提出警告的儿童人数比例也呈现明显的下降趋势,高一达到最低值 6.55%。(见图 4-29,4-31)

(5) 实际锻炼法是深圳市儿童普遍愿意接受的德育方式。

实际锻炼法(33.99%,全国:33.34%)、说理教育法(26.94%,全国:24.80%)和榜样示范法(13.28%,全国:14.08%)是儿童最愿意接受的道德教育方式。其中,实际锻炼法是儿童普遍愿意接受的道德教育方式,不同年级的儿童人数所占百分比基本均在 30%左右,与全国平均水平基本持平。说理教育法也是儿童喜欢的道德教育方式,从整体上看,随着儿童年级的升高,喜欢说理教育法的人逐渐减少,但从高二到高三,喜欢说理教育法的儿童人数大幅度增加,与全国平均水平基本持平。榜样示范法在不同的年级受认可的程度也不尽相同,从四年级到六年级呈上升趋势,初一之后整体上没有明显的上升或下降趋势,与全国平均水平基本持平。(见图5-1,5-2,5-3)

(6) 深圳市儿童对生活很满意的人数比例低于全国平均水平,对生活基本满意的人数比例高于全国水平,学业压力是深圳市儿童的主要家庭困扰。

51.85%(全国:54.49%)的儿童对自己的生活很满意,明显低于全国平均水平;44.89%(全国:41.29%)的儿童对生活基本满意,明显高于全国平均水平;41.62%(全国:53.43%)的儿童感受到来自家庭的各种困扰,远远低于全国平均水平,最集中的是学业压力;57.27%(全国:65.16%)的儿童感受到来自学校的各种困扰,最集中的是上课无趣。

家人给予的学业压力是儿童感受到的最为普遍的家庭困扰,小学和初中阶段来自家庭的学业压力高于高中阶段(见图6-2)。"上课无趣"是儿童感受到的最普遍的学校困扰,中学后,儿童受学校学习环境困扰的比例也明显上升,甚至在高中时成为最主要的学校困扰(见图6-9)。

(7) 深圳市儿童的道德发展在多方面表现出明显的性别差异,与全国情况相同。

女生在诚信(80.26%,全国:86.57%)和不因私违规行为(64.18%,全国:59.95%)方面的普遍性大于男生,但远远低于全国平均水平;在感恩回报(79.12%,全国:78.94%)方面的普遍性大于男生,与全国平均水平基本持平;在扶助弱势和施于援手行为(42.30%,全国:58.87%)方面的普遍性稍逊于男生,但远远低于全国平均水平;更少受到来自家庭的困扰,学校的困扰更普遍来自于"希望老师上课有趣些"(14.35%,全国:18.73%),明显低于全国平均水平。

相对而言,男生在诚信行为(77.43%,全国:84.21%)、感恩回报(74.28%,全国:74.28%)、不因私违规行为(51.80%,全国:50.49%)方面不如女生,在扶助弱势行为(47.37%,全国:61.02%)方面,比女生更愿意施以援手;在家庭中更普遍感受到包括学业压力(20.28%,全国:26.38%)以及家人关系不和谐(11.24%,全国:12.85%)的困扰,在学校更普遍感受到同学关系(15.17%,全国:16.14%)、学习环境(13.57%,全国:14.38%)、老师上课无趣(14.21%,全国:19.27%)的困扰。

(8) 深圳市留守儿童的各项指标的发展情况与其他家庭生活方式的孩子有着较大的差距,并且处于道德发展的不利境地。在提醒同伴错误行为上,深圳市留守儿童与正常家庭儿童发展之间的落差略高于全国平均落差;同时在学校的同学相处带来的困扰上,深圳市留守儿童与正常家庭儿童发展之间的落差明显高于全国平均的落差。

深圳留守儿童个体诚信行为(72.67%)低于最高值(82.35%)约9个百分点(全国:77.10%,低于最高值86.48%约9个百分点),深圳留守儿童与正常家庭儿童发展的落差与全国平均的落差基本持平(见图4-7)。其经常回报家庭的感恩行为(67.33%)低于最高值(79.90%)约12个百分点(全国:68.76%,低于最高值79.35%约个11百分点),深圳留守儿童与正常家庭儿童发展的落差与全国平均的落差基本持平(见图4-14)。其提醒同伴错误的行为(54.00%)低于最高值(66.42%)约12个百分点(全国:60.99%,低于最高值70.28%约9个百分点),深圳留守儿童与正常家庭儿童发展的落差略高于全国平均的落差(见图4-21)。

3.2 分项结论

3.2.1 儿童的价值观

(1) 社会主义核心价值观。

总体上,96.00%左右的深圳市儿童都有自己关注的社会主义核心价值观。诚信(54.89%,全国:57.98%)、文明(32.26%,全国:34.57%)、和谐(32.07%,全国:32.85%)、自由(30.90%,全国26.13%)都是儿童普遍比较看重的社会主义核心价值观,除自由外,深圳市儿童对社会主义核心价值观的关注水平均略低于全国平均水平。儿童对各层面社会主义核心价值观的关注,存在多维度的显著差异。

年段差异 国家层面价值观,小学儿童更看重和谐和文明(全国:和谐),初中儿童更看重民主(全国:文明),高中儿童更看重富强(全国:民主、富强)(见图1-2)。社会层面价值观,小学儿童更看重平等、公正(全国:平等、公正),高中儿童更看重自由和法治(全国:法治和自由)(见图1-9)。个人层面价值观,小学儿童更看重诚信和敬业(全国:诚信),高中儿童更看重友善(全国:友善)(见图1-16)。

性别差异 国家层面价值观,男生更看重富强、民主(全国:民主、富强),女生更看重文明、和谐(全国:文明、和谐)(见图1-4)。社会层面价值观,男生更看重自由(全国:自由),女生更看重平等、公正和法治(全国:平等、公正、法治)(见图1-11)。个人层面价值观,男生更看重敬业(全国:敬业),女生更看重诚信和友善(全国:诚信、友善)(见图1-18)。

城乡差异 国家层面价值观,乡村儿童更看重富强(全国:富强),小城镇儿童更看重民主和文明(全国:文明),城市儿童更加看重和谐(全国:和谐)(见图1-5)。社会层面价值观,城市儿童更看重公正和法治(全国:自由、法治),小城镇儿童更看重自由和平等(全国:平等)(见图1-12)。个人层面价值观,城市儿童更看重敬业、友善(全国:诚信和友善),小城镇儿童更看重诚信(见图1-19)。

生活满意度差异 国家层面价值观,对生活很满意的儿童更看重文明、和谐(全国:文明、和谐),对生活基本满意的儿童更看重民主,对生活不满意的儿童更看重富强(全国:富强、民主)(见图1-6)。社会层面价值观,对生活很满意的儿童更看重平等、公正、法治(全国:平等、公正、法治),对生活不满意的儿童更看重自由(全国:自由)(见图1-13)。个人层面价值观,对生活很满意的儿童更看重敬业、诚信(全国:诚信),对生活基本满意的儿童更看重友善(见图1-20)。

家庭生活方式差异 国家层面价值观,"父母(1人或2人)常年在外打工"的儿童更看重和谐(全国:富强、民主)、"单亲家庭"的儿童更看重文明,"离异再组合家庭"的儿童更看重富强和民主(见图1-7)。社会层面价值观,"和爸妈、爷爷奶奶经常住在一起"的儿童更看重平等(全国:平等、公正、法治)、"离异再组合家庭"的儿童更看重自由(全国:自由)、"父母(1人或2人)常年在外打工"的儿童更看重公正、法治(见图1-14)。个人层面价值观,"父母(1人或2人)常年在外打工"的儿童更看重诚信(全国:敬业)、"离异再组合家庭"儿童更看重友善(全国:友善)、"和爸妈、爷爷奶奶经常住在一起"的儿童更看重敬业(见图1-21)。

(2) 传统美德价值观。

总体上,95.00%以上的深圳市儿童都有自己关注的美德。深圳市儿童最为看重的是孝敬父母(62.54%,全国:56.43%),远远高于全国平均水平;其次是谦虚礼让(17.34%,全国:16.53%)、忠于国家(7.58%,全国:11.77%)、勤劳节俭(5.96%,全国9.51%)。儿童对传统美德的关注存在多维度差异。

年段差异 小学儿童更看重忠于国家(全国:忠于国家),初中儿童更看重谦虚礼让、勤劳节俭(全国:谦虚礼让、勤劳节俭),高中儿童更看重孝敬父母(全国:孝敬父母)(见图1-23)。

性别差异 男生更看重忠于国家、谦虚礼让、勤劳节俭(全国:忠于国家、勤劳节俭),女生更看重孝敬父母(全国:孝敬父母、谦虚礼让)(见图1-25)。

城乡差异 城市儿童更看重勤劳节俭(全国:孝敬父母、谦虚礼让),小城镇儿童更看重孝顺父母,乡村儿童更看重谦虚礼让(全国:忠于国家、勤劳节俭)(见图1-26)。

生活满意度差异 对生活很满意的儿童更看重孝敬父母和忠于国家(全国:孝敬父母),对生活不满意的儿童更看重谦虚礼让、勤劳节俭(全国:忠于国家、勤劳节俭)(见图1-27)。

家庭生活方式差异 "和爸妈、爷爷奶奶经常住在一起"的儿童更看重孝敬父母,"单亲家庭"的儿童更看重谦虚礼让(全国:谦虚礼让),"父母(1人或2人)常年在外打工"的儿童更看重勤劳节俭(全国:忠于国家、勤劳节俭),"离异再组合家庭"的儿童更看重忠于国家。(见图1-28)

(3) 公共道德价值观。

总体来说,96.00%以上的深圳市儿童都有自己关注的公共道德。对不影响他人的价值观的关注,深圳市儿童远远高于全国平均水平。正义(27.96%,全国:30.11%)和不影响他人(27.93%,全国:19.47%)是受关注度较高的两项公共道德;其次儿童比较关注的是廉洁奉公(21.21%,全国:23.98%)和按规则办事(18.19%,全国:21.82%)。儿童对公共道德的关注存在多维度差异。

年段差异 小学儿童更看重按规则办事、廉洁奉公(全国:正义和按规则办事),初中儿童更看重正义(全国:廉洁奉公),高中儿童更看重不影响他人(全国:不影响他人)(见图1-30)。

性别差异 男生更看重正义、按规则办事(全国:正义),女生更看重不影响他人、廉洁奉公(全国:不影响他人、廉洁奉公、按规则办事)(见图1-32)。

城乡差异 城市儿童更看重按规则办事(全国:不影响他人),小城镇儿童更看重不影响他人(全国:正义和廉洁奉公),乡村儿童更看重正义(全国:按规则办事)(见图1-33)。

生活满意度差异 对生活很满意的儿童更看重正义、不影响他人、廉洁奉公(全国:正义、廉洁奉公),对生活不满意的儿童更看重不影响他人(全国:不影响他人)(见图1-34)。

家庭生活方式差异 "和爸妈、爷爷奶奶经常住在一起"的儿童更看重正义(全国:正义),"父母(1人或2人)常年在外打工"的儿童更看重按规则办事、廉洁奉公(全国:按规则办事),"离异再组合家庭"儿童更看重不影响他人(见图1-35)。

(4) 个人修养价值观。

总体来说,近96.00%的深圳市儿童都有自己关注的价值观。自省(29.05%,全国:19.45%)是深圳儿童关注度最高的个人修养方面的价值观,而且关注度远远高于全国平均水平,其次是勤奋(25.87%,全国:36.10%)、大度(24.82%,全国:26.43%)、节制(12.42%,全国:10.99%)。儿童对个人修养方面各项价值观的关注存在多维度差异。

年段差异 小学儿童更看重勤奋和大度(全国:大度、勤奋),初中儿童更看重节制(全国:节制),高中儿童更看重自省(全国:自省)(见图1-37)。

性别差异 男生更看重勤奋和节制(全国:节制)(见图1-39)。

城乡差异 城市儿童更看重自省(全国:自省、大度),小城镇儿童更看重大度和节制(全国:勤奋)(见图1-40)。

生活满意度差异 对生活很满意的儿童更看重大度和勤奋(全国:勤奋),对生活基本满意的儿童更看重自省(全国:自省和大度),对生活不满意的儿童更看重节制(全国:节制)(见图1-41)。

家庭生活方式差异 "和爸妈、爷爷奶奶经常住在一起"的儿童更看重勤奋(全国:大度、勤奋),"父母(1人或2人)常年在外打工"的儿童更看重自省和勤奋,"离异再组合家庭"的儿童更看重大度(全国:节制)(见图1-42)。

3.2.2 道德情感状况

在道德情感的发展中,深圳市儿童整体上有较强烈的爱国情感、关爱情感、集体责任感、自尊和羞耻感等道德情感。除关爱情感外,其他道德情感发展状况都低于全国平均水平。

(1) 爱国情感。

深圳市儿童普遍具有爱国情感。77.22%的儿童为中国运动员在国际比赛中获得冠军而骄傲,爱国情感表现强烈,远远低于全国平均水平(全国:85.78%),在多个维度上存在显著差异。

年段差异 不同年龄段的儿童的爱国情感表现方式不同,年龄越小,儿童更易将其表现为对运动员的敬佩之情上,初中生比小学生和高中生更倾向于"十分激动,觉得中国人是好样的"(见图2-2,2-3)。

性别差异 80.11%的女生流露出明显的爱国情感(全国:87.49%),比男生(74.55%,全国:84.14%)更加强烈(见图2-4)。

城乡差异 城市儿童(45.82%,全国:47.05%)和小城镇儿童(47.83%,全国:48.44%)比乡村儿童(17.39%,全国:43.27%)更倾向于以他人带来的国家荣誉激励自己,相比乡村和小城镇的儿童,城市儿童更倾向于将此事归结于中国人是好样的(31.58%,全国:39.32%)(见图2-5)。

生活满意度差异 81.54%的对生活很满意的儿童表现出普遍的爱国情感(全国:89.40%),对生活不满意的儿童的相应数据是55.48%(全国:67.53%)(见图2-6)。

家庭生活方式差异 48.00%的留守儿童(全国:46.94%)和47.10%单亲家庭的儿童(全国:45.02%)会以他人带来的国家荣誉行为激励自己,相比其他家庭生活方式的儿童,单亲家庭的儿童(21.74%,全国:12.28%)更倾向于把这个行为看作是他人的能力(这个运动员很厉害)(见图2-7)。

(2) 关爱情感。

92.33%的深圳市儿童有对弱势人群的关爱情感(全国:91.07%),但在如何表达关心上,表现出显著的差异。

年段差异 小学年段的儿童更倾向于尽己所能亲自去帮助别人,这种倾向随着年龄增长整体呈波动下降的趋势;年级越高,儿童越倾向于有好心人而非自己去帮助处境不利人群(见图2-9,2-10)。

性别差异 女生(95.00%,全国:92.95%)比男生(89.86%,全国:89.26%)表现出更普遍的关心情感,女生(30.13%,全国:48.44%)更倾向于尽己所能帮助他人(男生相应数据为26.13%,全国:42.75%),男生把帮助他人的希望寄托在好心人身上的比例(63.73%,全国:46.51%)低于女生(64.87%,全国:44.51%)(见图2-11)。

城乡差异 在表达关心的方式上,小城镇儿童(47.83%,全国:48.64%)更倾向于"尽己所能去帮助他们"(乡村和城市儿童的相应数据分别为26.09%和27.95%,全国对应数据:43.50%、44.47%)(见图2-12)。

生活满意度差异 对生活很满意的儿童(34.31%,全国:54.12%)比对生活基本满意的儿童(21.53%,全国:36.04%)和对生活不满意的儿童(18.25%,全国:27.63%)更倾向于尽己所能去帮忙处境不利的人,而对生活基本满意的儿童更倾向于(71.32%,全国:54.02%)"希望有好心人帮助他们"(对生活很满意的儿童的相应数据是58.50%,对生活不满意的儿童相应数据为59.12%,全国对应的数据分别为:38.88%、48.36%)(见图2-13)。

家庭生活方式差异 与父母或者与父母及祖辈生活在一起的儿童,更倾向于尽己所能帮助处境不利的人,数据分别为27.67%和32.23%(全国对应数据分别为:45.58%、48.25%),而单亲、离异再组合家庭的儿童和留守儿童的数据则分别为20.29%、20.78%和24.00%(全国对应数据分别为:39.83%、39.40%、39.39%),后三类家庭的儿童,特别是留守儿童(68.67%,全国:47.18%)更倾向于"希望有好心人帮助他们"(见图2-14)。

(3) **集体责任感**。

81.83%的深圳市儿童表现出明显的集体责任感,明显低于全国平均水平(85.41%),但在集体责任感的落实上,存在多维度的显著差异。

年段差异 儿童的集体责任行为呈现随年龄上升整体波动下降的趋势,小学生会通过说服全班同学一起努力,改变集体的卫生情况,该比例高于初中生和高中生。高中生更倾向于维护自己所在区域的卫生,随着年级的升高,儿童选择"会打扫好我所在区域的卫生"的比例整体呈上升趋势(见图2-16,2-17)。

性别差异 女生(83.92%,全国:87.46%)维护好自己所在区域的卫生或说服全班同学共同维持班级卫生比男生(79.90%,全国:83.44%)更积极,女生选择会说服其他同学一起努力的比例(25.48%,全国:49.46%)高于男生(23.85%,全国:47.71%)(见图2-18)。

城乡差异 更多小城镇的儿童(34.78%,全国:54.58%)会说服全班同学一起努力(乡村儿童和城市儿童的相应数据分别为8.70%和24.66%,全国相应数据分别为49.21%、45.97%),而更多城市儿童(57.42%,全国:40.16%)会只打扫好其所在的区域(小城镇和乡村儿童的相应数据分别为34.78%和39.13%,全国相应数据分别为30.82%、29.81%)(见图2-19)。

生活满意度差异 更多对生活很满意的儿童(31.75%,全国:58.34%)会"说服全班同学一起努力"(对生活不满意的儿童的相应数据是13.87%,全国:27.15%),更多对生活基本满意的儿童(62.33%,全国:44.14%)会只打扫好其所在区域的卫生(对生活很满意和对生活不满意的儿童的相应比例分别为53.32%、48.18%,全国:31.18%、38.53%)(见图2-20)。

家庭生活方式差异 跟父母及祖辈或者是跟父母生活在一起的儿童,更普遍地表现出集体责任感,倾向于说服全班同学一起努力,相应数据分别为28.55%和24.03%(全国相应数据分别为51.91%、48.64%),然后依次是留守儿童(22.00%,全国:42.61%)、单亲家庭儿童(21.01%,全国:40.26%)和离异再组家庭儿童(18.18%,全国:38.08%)(见图2-21)。

(4) 自尊感。

75.49%的深圳市儿童有很强的自尊感,远远高于全国平均水平(70.69%),如果犯错误被当众批评了,会觉得"很丢人,没面子"或者"日后一定要改正,找回尊严",但在很多维度上存在显著差异。

年段差异 随着年龄上升,儿童表现出"日后一定要改正,找回尊严"的比例整体呈波动下降趋势,表现"有些难过,老师不应该当众批评我"的比例整体呈波动上升趋势(见图2-23,2-24)。

性别差异 女生(61.21%,全国:72.32%)在受到当众批评时表现出"日后一定要改正,找回尊严"的比例高于男生(59.25%,全国:69.13%)(见图2-25)。

城乡差异 在受到当众批评时,城市儿童选择"日后一定要改正,找回尊严"

的比例(60.33%,全国:71.53%)最高(乡村和小城镇儿童的相应数据分别为39.13%和56.52%,全国相应数据分别为60.52%、71.44%)(见图2-26)。

生活满意度差异 对生活很满意的儿童(67.57%,全国:78.91%)表现出强烈的尊严感,在受到当众批评时表现出"日后一定要改正,找回尊严",对生活不满意的儿童的相应数据是35.04%(全国:41.69%)(见图2-27)。

家庭生活方式差异 与父母及祖辈或者与父母生活在一起(相应数据分别为64.71%、59.66%,全国:72.16%、71.71%)的儿童都表现更普遍的强自尊感,单亲家庭、留守儿童和离异再组合家庭的儿童相应的数据分别是54.35%、59.33%和45.45%(全国对应数据分别为63.41%、62.60%和61.17%)(见图2-28)。

(5) 羞耻感。

40.76%的深圳市儿童有明显的羞耻感,远远低于全国平均水平(50.13%),在由于抄袭得了高分而受到表扬时会对自己的行为感到羞耻,有30.62%的儿童知道抄袭不好,决定以后不再抄袭,与全国平均水平(28.58%)基本持平,但在很多维度上差异显著。

年段差异 小学年段的儿童羞耻感总体表现得比初中和高中的儿童较强烈。随着年级的升高,儿童表现出"很高兴,以后有机会还这么做"的比例整体呈波动上升趋势,表示"很纠结,有些高兴,也有些害怕"的比例整体也呈波动上升趋势(见图2-30,2-31)。

性别差异 女生(73.68%,全国:80.48%)的羞耻感比男生(69.26%,全国:77.02%)强烈,女生对自己的作弊行为感到羞耻的比例(44.78%,全国:52.73%)高于男生(37.05%,全国:47.64%)(见图2-32)。

城乡差异 在因抄袭得高分而受到表扬时,城市儿童(40.83%,全国:52.36%)和小城镇儿童(52.17%,全国:47.17%)都会表现出明确的羞耻感,乡村儿童比例较低(17.39%,全国:41.44%),更多乡村儿童(39.13%,全国:21.16%)会处于纠结中,有些高兴也有些害怕(城市和小城镇的儿童相应数据分别是24.52%和13.04%,全国相应数据分别为17.51%、16.93%)(见图2-33)。

生活满意度差异 对生活很满意的儿童(44.11%)的羞耻感更为普遍和强烈,会在抄袭得高分被表扬时出现强烈的羞耻感(全国:56.13%),而对生活不满意的儿童的相应数据是 31.39%（全国:32.90%）（见图 2-34）。

家庭生活方式差异 在因抄袭得高分被表扬时，与祖辈及父母或者与父母（相应数据分别为 43.87%、40.90%，全国:50.85%、50.97%）生活在一起的儿童表现出更普遍而明确的羞耻感，同样情况下，单亲家庭、离异再组合家庭及留守的儿童的数据分别为 27.54%、35.06% 和 36.00%（全国相应数据分别为 45.97%、44.29% 和 43.71%）（见图 2-35）。

3.2.3 道德理性发展状况

(1) 儿童道德判断理由。

年段差异 深圳市 70.38% 的小学生、60.84% 的初中生、72.36% 的高中生都能够作出明确的道德判断。深圳市初中生与小学生、高中生相比，更容易面临道德困惑与迷茫（见图 3-2）。

小学生的"肯定性"道德判断集中以社会契约、个人的功利主义与交换为价值取向（见图 3-9）。"否定性"道德判断集中以社会契约、法律与秩序为价值取向（见图 3-16）。"两难性"道德判断主要以普遍伦理原则为导向，其次是以惩罚和服从为价值取向（见图 3-23）。

初中生的"肯定性"道德判断主要以个人的功利主义与交换为价值取向，其次是以社会契约为价值取向（见图 3-9）。"否定性"道德判断集中以社会契约为价值取向，其次以法律与秩序为价值取向（见图 3-16）。"两难性"道德判断主要以普遍伦理原则为价值取向，其次以惩罚和服从为价值取向（见图 3-23）。

高中生的"肯定性"道德判断主要以个人的功利主义与交换为价值取向，其次则主要以社会契约为价值取向（见图 3-9）。"否定性"道德判断主要以社会契约为价值取向，其次以法律与秩序为价值取向（见图 3-16）。"两难性"道德判断主要以普遍伦理原则为价值取向，其次是以个人的功利主义与交换为价值取向（见图 3-23）。

性别差异 男生更容易作出明确的道德判断，女生比男生更容易面临道德困惑与迷茫（见图 3-4）。在"肯定性"道德判断上，男生和女生都更倾向于以个人的功利主义与交换为价值取向，其次是以社会契约为价值取向（见图 3-11）。在"否定性"道德判断上，男女生都倾向于以社会契约为价值取向，其次是以法律与秩序为价值取向(见图3-18)。在"两难性"道德判断上,男女生都倾向于以普遍伦理为价值取向(见图3-25)。

城乡差异 小城镇儿童比城市和乡村儿童更容易面临道德困惑(见图3-5)。在"肯定性"道德判断上,城市和小城镇的儿童倾向于以个人的功利主义与交换为价值取向。乡村儿童更倾向于以个人的功利主义与交换和社会契约为价值取向(见图3-12)。在"否定性"道德判断上,城市和小城镇儿童都倾向于以社会契约为价值取向,乡村儿童倾向于以社会契约和法律与秩序为价值取向(见图3-19)。在"两难性"道德判断上,城市、小城镇的儿童都倾向于以普遍伦理为价值取向,乡村儿童倾向于以协调人际关系为价值取向,其次是以个人的功利主义与交换为价值取向(见图3-26)。

生活满意度差异 对生活很满意的儿童更容易面临道德困惑(见图3-6)。在"肯定性"道德判断上,对生活很满意和基本满意的儿童更倾向于以个人的功利主义与交换为价值取向,其次是以社会契约为价值取向,对生活不满意的儿童倾向于以个人的功利主义与交换为价值取向,其次是以普遍伦理原则为价值取向(见图3-13)。在"否定性"道德判断上,三种生活满意度的儿童都倾向于以社会契约为价值取向,其次是以法律与秩序为价值取向(见图3-20)。在"两难性"道德判断上,三种生活满意度的儿童都更倾向于以普遍伦理原则为价值取向(见图3-27)。

家庭生活方式差异 "和爸妈、爷爷奶奶经常住在一起"的家庭的儿童选择"不知道是否支持"的人数比例高于其他家庭的儿童(见图3-7)。在"肯定性"道德判断上,不同家庭生活方式的儿童都倾向于以个人的功利主义与交换为价值取向(见图3-14)。在"否定性"道德判断上,不同家庭生活方式的儿童都倾向于以社会契约为价值取向,其次是以法律与秩序为价值取向(见图3-21)。在"两难性"道德判断上,除"父母(1人或2人)常年在外打工"家庭的儿童外,其他家庭生活方式的儿童都更倾向于以普遍的伦理原则为价值取向,"父母(1人或2人)常年在外打工"家庭的儿童倾向于以法律与秩序为价值取向(见图3-28)。

(2) 儿童道德行动的理由。

深圳市儿童普遍把社会观念或者规范(文明)作为行为认可的理由,同时也存在着其他维度的显著差异(见图 3-29)。

年段差异 深圳市各年段儿童之间不存在显著差异,均更倾向于把社会规范看作道德行为的理由(全国小学生:个体功利、权威要求,全国初中生:道德榜样,全国高中生:社会规范)(见图 3-30)。

性别差异 女生更倾向于把社会规范看作道德行为的理由(全国:社会规范),男生也更倾向于把社会规范看作道德行为的理由(全国:多元分化)(见图 3-32)。

城乡差异 城乡儿童均更倾向于把社会规范看作道德行为的理由(全国:社会规范)(见图 3-33)。

生活满意度差异 三种生活满意度的儿童都更倾向于把社会规范看作道德行为的理由(全国:对生活满意度高的儿童更多把社会规范作为行为认可的理由,而更多对生活满意度低的儿童则还将功利作为认可的理由)(见图 3-34)。

家庭生活方式差异 五种家庭生活方式的儿童都更倾向于把社会规范看作道德行为的理由。〔全国:各种不同生活方式的儿童都倾向把社会规范看作道德行为的理由,其中"父母(1人或2人)常年在外打工"家庭的儿童比其他家庭的儿童更倾向把道德榜样看作道德行为的理由)(见图 3-35)〕

3.2.4 道德行为发展状况

(1) 深圳市儿童个体诚信行为表现低于全国平均水平。78.79%(全国:85.36%)的深圳市儿童能做到诚信自律,并在各个维度上存在显著差异。

年段差异 诚信行为有随年龄下降的整体趋势,最高的比例出现在四年级时,为 93.98%,到高二降低到 71.86%(见图 4-3)。

性别差异 女生(80.26%,全国:86.57%)诚信行为好于男生(77.43%,全国:84.21%)(见图 4-4)。

城乡差异 小城镇儿童(82.61%,全国:84.38%)诚信行为表现好于城市(79.03%,全国:87.01%)和乡村儿童(30.43%,全国:74.40%)(见图 4-5)。

生活满意度差异 对生活很满意的儿童(85.30%,全国:90.78%)诚信行为表现好于对生活不满意的儿童(51.09%,全国:60.29%)(见图 4-6)。

家庭生活方式差异 与父母或与父母祖辈共同生活的儿童(79.14%、

82.35％,全国:86.20％、86.48％)诚信行为表现好于其他家庭生活方式的儿童(见图4-7)。

(2) 深圳市儿童家庭感恩回报行为与全国平均水平基本持平。76.60％(全国:77.77％)的深圳市儿童能知恩回报,在各个维度上均存在显著差异。

年段差异 懂得知恩回报的人数比例总体较稳定,最高的比例出现在初三时,为85.65％,高二时为最低值72.89％(见图4-10)。

性别差异 男生(74.28％,全国:76.64％)没有女生(79.12％,全国:78.94％)回报行为更经常(见图4-11)。

城乡差异 城市儿童(76.90％,全国:78.81％)的知恩回报比例高于城镇(56.52％,全国:77.41％)和乡村(43.48％,全国:69.80％)的儿童(见图4-12)。

生活满意度差异 对生活很满意的儿童(82.36％,全国:84.31％)比对生活不满意的儿童(46.72％,全国:57.76％)的回报行为比例高(见图4-13)。

家庭生活方式差异 与父母生活在一起(76.82％,全国:79.35％)或者与父母祖辈生活在一起的儿童(79.90％,全国:78.20％)相对其他家庭类型的儿童更常回应家人的爱和关心(见图4-14)。

(3) 深圳市儿童在指出同伴过错行为方面远远低于全国平均水平。61.31％(全国:68.61％)的儿童能坦诚相待、指出对方的错误,在各个维度上均存在显著差异。

年段差异 愿意指出同伴错误的儿童比例随着年龄增长呈整体下降的趋势,最高值(78.26％,全国:77.27％)出现在六年级儿童群体,最低值(53.28％,全国:58.77％)出现在高一(16岁)儿童群体(见图4-17)。

性别差异 愿意指出同伴错误的儿童中男生比例(61.17％,全国:68.30％)略低于女生(61.45％,全国:68.94％)(见图4-18)。

城乡差异 小城镇的儿童更经常提醒同学的错误,高出最低的乡村儿童约52个百分点(见图4-19)。

生活满意度差异 对生活很满意的儿童(67.89％,全国:76.25％)比对生活不满意的儿童(49.64％,全国:49.12％)更经常指出同伴的错误(见图4-20)。

家庭生活方式差异 与父母共同生活(60.45％,全国:69.36％)或者与父母祖辈一起生活的儿童(66.42％,全国:70.28％)相比于其他家庭类型的儿童更经常指出同伴的错误,差异显著(见图4-21)。

(4) 深圳市儿童在制止欺负行为方面远远低于全国平均水平,在遵守公共规则方面略高于全国平均水平。

57.74%(全国:55.12%)的儿童遵守公共规则,不会因私利而不顾他人感受违反规则;35.63%(全国:59.97%)的儿童会制止欺负弱小及特殊儿童的行为,在各个维度上表现出显著差异。

在不因私利而不顾他人感受违反规则方面:

年段差异 整体人数比例呈现上升的趋势,最低点出现在四年级(33.08%),最高点是高二(66.47%),不同年段儿童间存在显著差异(见图4-24)。

性别差异 男生(51.80%,全国:50.49%)在不因私利而不顾他人感受违反规则上的比例低于女生(64.18%,全国:59.95%)(见图4-25)。

城乡差异 城市儿童(57.83%,全国:56.86%)好于乡村儿童(47.83%,全国:48.02%)和小城镇儿童(52.17%,全国:52.91%)(见图4-26)。

生活满意度差异 对生活很满意的儿童(58.31%,全国:56.66%)好于对生活不满意的儿童(52.55%,全国:48.45%)(见图4-27)。

家庭生活方式差异 和父母住在一起的儿童表现最好,父母(1人或2人)常年在外打工的家庭的儿童表现最差。数据从高到低依次为:和父母住在一起的儿童(62.24%),离异再组合家庭的儿童(58.44%),和父母祖辈经常在一起的儿童(57.48%),单亲家庭的儿童(56.52%),父母(1人或2人)常年在外打工的儿童(50.00%)(见图4-28)。

在制止欺负与帮助他人行为方面:

年段差异 会伸出援手且寻求周围人帮助的儿童比例呈现上下波动的状况在高二时下降到最低点30.67%(四年级最高为51.87%),而选择忽视的儿童人数有随年级上升的趋势,最高值为高三时7.35%(最低为五年级儿童1.52%,全国:5.73%)(见图4-31)。

性别差异 37.96%(全国:61.02%)的男生更倾向于出面制止且在必要时寻求他人帮助,女生相应数值为33.10%(全国:48.87%)(见图4-32)。

城乡差异 更多乡村儿童(13.04%,全国:18.46%)会出面劝止欺负行为并提出警告(小城镇儿童和城市儿童相应的数据分别为8.70%和9.29%,全国:

10.28%、12.85%),更多城市儿童(35.78%,全国:45.45%)会出面制止并在必要时求助他人(小城镇儿童和乡村儿童的相应数据分别为34.78%和8.70%,全国:47.81%、39.86%)(见图4-33)。

生活满意度差异 对生活很满意的儿童(39.76%,全国:52.77%)更倾向于出面制止并在必要时求助于人,对生活不满意的儿童相应的数据为28.47%(全国:29.28%)(见图4-34)。

家庭生活方式差异 与父母共同生活的儿童(40.84%,全国:46.43%)更倾向于出面制止欺负行为并在必要时寻求周围人帮助(见图4-35)。

3.2.5 最喜欢的德育方式

实际锻炼法(33.99%)、说理教育法(26.94%)和榜样示范法(13.28%)是深圳市儿童最愿意接受的三种德育方式,其中实际锻炼法受到从小学到高中的儿童的普遍喜欢。儿童在愿意接受的德育方式上,表现出多维的显著差异。

年段差异 除实际锻炼法以外,相对而言,小学生(34.97%)更愿意接受的德育方式是说理教育法,高中生更愿意接受榜样示范法(14.05%)、陶冶教育法(9.55%)、讨论法(9.13%)和协商法(10.31%)(见图5-2)。

性别差异 相对而言,女生(36.62%)更愿意接受实际锻炼法的德育方式(男生相应的数据是31.57%),而男生更愿意接受说理教育法(28.64%)、讨论法(9.32%)和协商法(9.96%),女生相应的数据分别为25.09%、8.31%和8.16%(见图5-4)。

城乡差异 相对而言,城市儿童更愿意接受协商法(9.13%),小城镇儿童更愿意接受说理教育法(30.43%)、榜样示范法(21.74%),乡村儿童更愿意接受陶冶教育法(13.04%)(见图5-5)。

生活满意度差异 对生活很满意的儿童更愿意接受说理教育法(28.26%)的德育方式,对生活基本满意的儿童更愿意接受榜样法(13.60%)的德育方式(见图5-6)。

家庭生活方式差异 相对而言,"和爸妈、爷爷奶奶经常住在一起"的儿童更愿意接受实际锻炼法(35.29%)和说理教育法(29.66%),其他家庭生活方式的儿童虽有各自喜欢的德育方式,但并不存在显著性差异(见图5-7)。

3.2.6 生活困扰

(1) 深圳市儿童受到来自家庭生活的困扰的比例明显低于全国平均状况。

41.62%(全国:53.43%)的深圳市儿童受到来自家庭生活的困扰。儿童最普遍的家庭生活困扰是学业压力(18.19%,全国:25.54%),依次为家庭关系(10.93%,全国:12.53%)、家庭经济问题5.96%(全国:7.15%)。有2.68%的儿童(全国:5.57%)在家受到严厉的批评与体罚。儿童受到的家庭困扰表现出多维度的显著差异。

年段差异 学业压力是初中生和小学生感受到的最普遍的家庭困扰,20.30%(全国:29.40%)的初中生有此困扰,小学生的比例为21.83%(见图6-2)。

性别差异 相对男生(55.92%,全国:44.77%),未感受到家庭困扰的女生更多(61.06%,全国:48.46%)。在有困扰的女生中,除了"其他"一项外,女生在各项困扰的普遍性上都低于男生。(见图6-4)

城乡差异 更多城市儿童(58.65%,全国:44.77%)没有家庭困扰(小城镇和农村儿童的相应比例分别为34.78%和34.78%,全国:38.03%、35.27%),更多小城镇儿童(43.48%,全国:23.82%)受到家庭学业压力的困扰(城市和乡村儿童的相应数据是18.08%和13.04%,全国:29.13%、26.39%),更多农村儿童受到经济问题(21.74%,全国:11.27%)的困扰。(见图6-5)

生活满意度差异 65.83%(全国:54.63%)的对生活很满意的儿童没有家庭问题的困扰,高于对生活基本满意和不满意的儿童(51.32%、37.23%,全国:38.14%、25.02%);家人给予很大的学习压力的儿童中,对生活不满意的儿童比例最高(21.17%,全国:26.23%),对生活很满意的儿童比例最低(15.44%,全国:22.56%);有"家人间的关系不和谐"问题的儿童中,对生活不满意的儿童比例最高(14.60%,全国:18.44%),对生活基本满意的儿童次之(13.54%,全国:14.37%),对生活很满意的儿童最低(8.43%,全国:10.68%);有家庭经济困难问题的儿童中,对生活不满意的比例最高(18.98%,全国:16.62%),对生活基本满意的次之(6.61%,全国:9.11%),对生活很满意的最低(4.58%,全国:4.94%)。(见图6-6)

家庭生活方式差异 更多跟父母(58.37%,全国:48.90%)或者跟父母及祖辈(62.13%,全国:47.53%)生活在一起的孩子没有受到家庭困扰,50.67%(全国:68.38%)的留守儿童没有家庭困扰。离异再组合家庭的儿童(19.48%,全国:27.98%)受学习困扰比例较高,除此之外,离异再组合家庭的儿童也更多地受到家庭人际关系(15.58%,全国:17.63%)的困扰和严厉批评甚至体罚(3.90%,全国:8.56%)。留守儿童受到家庭经济困扰(12.00%,全国:12.14%)的比例最高。(见图6-7)

(2) 深圳市儿童受到来自学校生活的困扰远远低于全国平均水平。

57.27%的儿童(全国:65.16%)受到来自学校生活的困扰。儿童最普遍的学校生活困扰是"教师上课无趣"(14.28%,全国:19.01%),其次是同学关系(13.90%,全国:16.36%),然后是学习环境问题(13.04%,全国:14.25%),儿童学校生活中的第四困扰是学校处理事件公平程度(7.41%,全国:11.49%)。儿童受到的学校困扰表现出多维度的显著差异。

年段差异 受到学校生活困扰的儿童人数比例波动较大,有随着年龄先增后减,再增后又减的趋势,六年级受困扰的比例达到69.57%。更多六年级儿童(23.91%)受到"上课无趣"的困扰,更多四年级儿童(27.07%)受到同学关系的困扰;初三儿童对学校处理问题的公平性最敏感(9.88%),高二儿童受学习环境困扰的比例最高(17.07%,全国:12.94%)(见图6-10)。

性别差异 更多女生(43.79%,全国:35.74%)没有感受到来自学校生活的困扰,男生更普遍地受学校处理问题的公平程度(8.54%,全国:12.50%)以及学习环境问题(13.57%,全国:14.38%)的困扰(见图6-11)。

城乡差异 78.26%(全国:74.92%)的乡村儿童没有感受到来自学校生活的困扰,高于小城镇(56.52%,全国:71.16%)和城市(57.16%,全国:61.54%)的儿童。在所受困扰中,小城镇儿童最普遍的困扰是同学关系(30.42%,全国:18.03%),除上课无趣外,农村儿童还更明显受到学校处理事情公平程度问题(17.39%,全国:15.66%)的困扰(见图6-12)。

生活满意度差异 对生活很满意的儿童没有受到学校生活困扰的比例最高(51.31%,全国:43.32%),对生活基本满意的次之(34.18%,全国:25.50%),对生活不满意的最低(24.09%,全国:16.62%);在"渴望改善同学关系"上,对生不满意的儿童比例最高(17.52%,全国:15.54%),对生活基本满意的最低(14.92%,全国:17.09%);在"希望老师上课有趣些"上,对生活基本满意的儿童比例最高(16.14%,全国:23.63%),对生活不满意的最低(10.22%,全国:20.24%);在"渴望改善学习环境"和"希望学校的事情能公平处理"项上,对生活不满意的比例最高(22.63%、16.06%,全国:17.59%、15.34%),对生活很满意的最低(9.62%、6.69%,全国:9.72%、8.50%)(见图6-13)。

家庭生活方式差异 62.00%(全国:76.71%)的留守儿童受到学校生活的困扰,比例最高,比最少的跟父母祖辈一起生活的孩子高出约10个百分点(见图6-14)。

II
深圳市各项指标的详细数据分析

Ⅱ
芸術と思想の世界

1 深圳市儿童价值观发展状况

儿童关注的社会主义核心价值观分为国家、社会、个人三个层面。国家层面包括富强、民主、文明、和谐,儿童关注程度较高的是文明(32.26%);社会层面包括自由、平等、公正、法治,儿童关注程度较高的是自由(30.90%);个人层面包括爱国、敬业、诚信、友善,儿童普遍比较看重的是诚信(54.89%)。

传统美德方面包括孝敬父母、忠于国家、谦虚礼让、勤劳节俭,儿童最为关注的是孝敬父母(62.54%)。

公共道德方面包括正义、按规则办事、不影响他人、廉洁奉公,儿童对正义和不影响他人两项价值观的看重程度相当,看重这两项公共道德的人数比例分别为 27.96%、27.93%。

个人修养方面包括自省、大度、勤奋、节制,看重自省的儿童人数比例最高,占 29.05%。

1.1 社会主义核心价值观

深圳市儿童普遍比较关注的社会主义核心价值观包括诚信(54.89%)、文明(32.26%)、和谐(32.07%)、自由(30.90%)和友善(30.90%),诚信是受儿童关注度最高的社会主义核心价值观。儿童对国家、社会、个人层面社会主义核心价值观的关注存在不同维度差异。

1.1.1 国家层面价值观的关注状况

国家层面,近 96.00% 的深圳市儿童都有自己最为看重的价值观。看重富强、民主、文明、和谐的人数比例分别为12.00％、20.05％、32.26％、32.07％。文明是受儿童关注程度最高的国家层面价值观,儿童对和谐的关注度仅次于文明。(见图1-1)

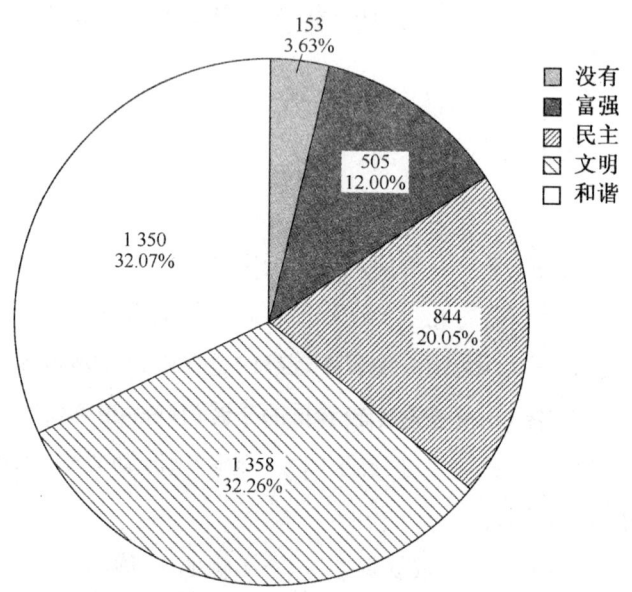

图1-1 国家层面价值观与儿童人数百分比分布图

(1) 年段差异。

经差异检验发现,本市不同年段儿童对国家层面价值观的关注,总体上存在非常显著的差异(卡方值=55.568,$P \leqslant 0.01$)。

不同年段儿童各选项百分比如图1-2所示,经进一步统计分析发现:

小学、初中、高中的儿童均比较看重和谐与文明。小学阶段,看重富强、民主、文明、和谐的比例呈阶梯状上升趋势;初中和高中阶段整体呈先上升后下降趋势,小学和高中的儿童比初中儿童更看重文明。高中儿童和小学儿童在对富强的关注方面,差异非常显著($|AR|>2.58$)。初中儿童对民主的关注人数比例高于小学儿童和高中儿童,差异非常显著($|AR|>2.58$)。高中儿童对民主的关注人数比例高于小学儿童,差异非常显著($|AR|>2.58$)。小学儿童看重和谐的人数比例高于初中儿童,差异非常显著($|AR|>2.58$)。

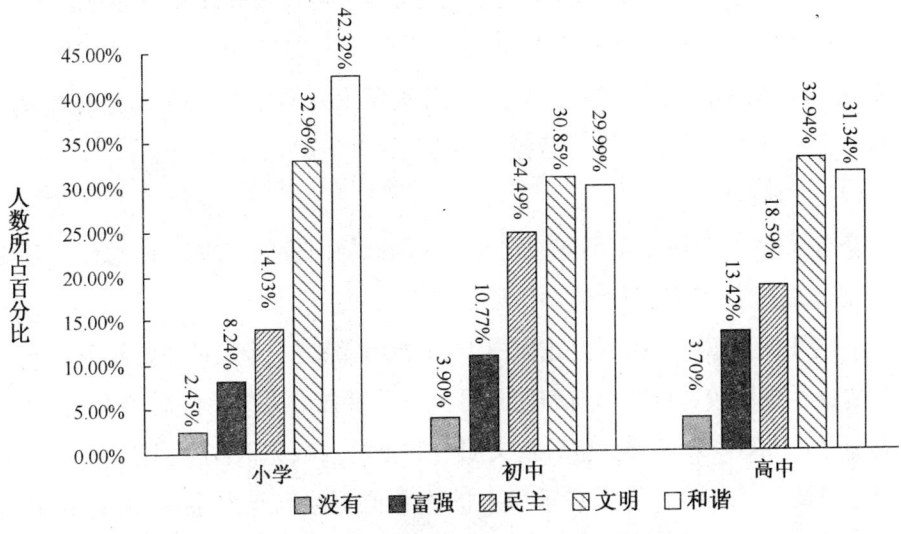

图 1-2 国家层面价值观与儿童年段分布图

初中儿童与小学、高中儿童相比,在对富强的关注上均不存在显著的差异（|AR|≤1.96）。在看重文明的方面,小学儿童、初中儿童和高中儿童之间均不存在显著差异（|AR|≤1.96）。高中儿童看重和谐的状况与小学、初中儿童相比,均不存在显著差异（|AR|≤1.96）。

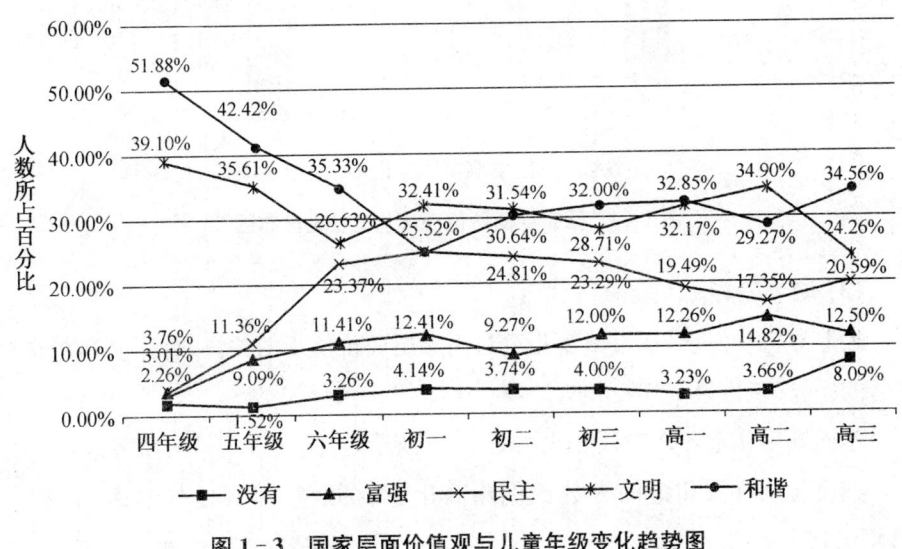

图 1-3 国家层面价值观与儿童年级变化趋势图

从年段趋势图中可以看出,不同年龄的儿童普遍比较关注文明与和谐,但从小学四年级(10岁)至高中三年级(18岁),儿童看重文明、和谐的人数比例整体上逐渐下降,看重富强的人数比例整体上则略呈上升的趋势,看重民主的人数比例整体上则呈先上升后下降的趋势。(见图1-3)

(2) 性别差异。

经差异检验发现,本市不同性别儿童对国家层面价值观的关注,总体上存在非常显著的差异(卡方值=60.734,$P \leqslant 0.01$)。

不同性别儿童各选项百分比如图1-4所示,经进一步统计分析发现:

男女生均比较看重文明与和谐。男生看重富强的人数比例高于女生,差异非常显著($|AR|>2.58$)。女生看重文明与和谐的人数比例高于男生,差异非常显著($|AR|>2.58$)。男生看重民主的人数比例略高于女生,差异比较显著($1.96<|AR|\leqslant 2.58$)。

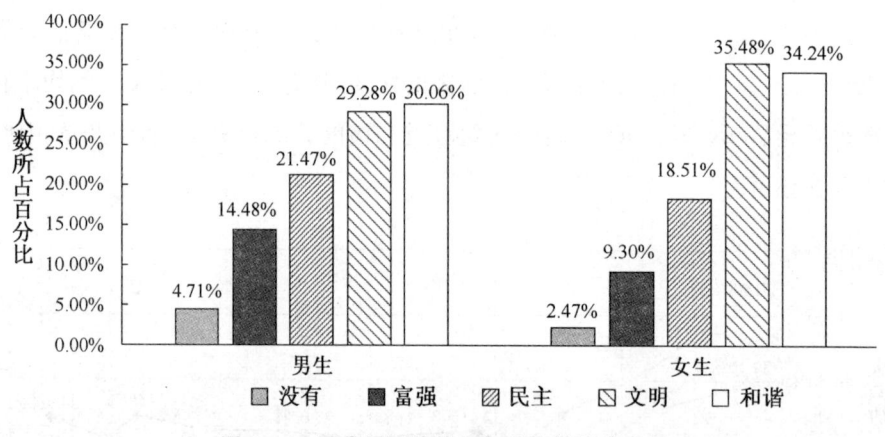

图1-4 国家层面价值观与儿童性别分布图

(3) 城乡差异。

经差异检验发现,本市城乡儿童对国家层面价值观的关注,总体上存在非常显著的差异(卡方值=164.206,$P \leqslant 0.01$)。

不同城乡儿童各选项百分比如图1-5所示,经进一步统计分析发现:

城市儿童看重和谐的人数比例略高于乡村儿童,差异比较显著($1.96<|AR|\leqslant 2.58$)。

在看重富强、民主、文明的方面,乡村儿童、城市儿童和小城镇儿童之间均不

存在显著差异（|AR|≤1.96）。

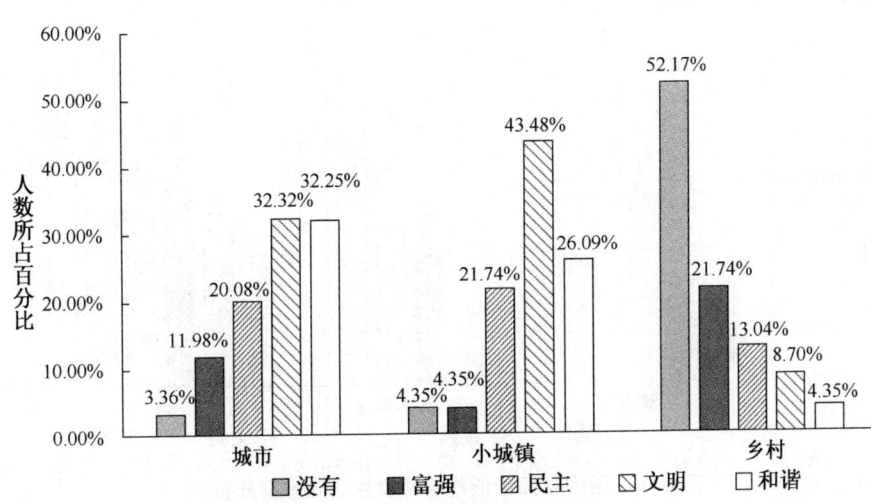

图1-5 国家层面价值观与儿童城乡分布图

(4) 生活满意度差异。

经差异检验发现，本市不同生活满意度儿童对国家层面价值观的关注，总体上存在非常显著的差异（卡方值=95.795，$P \leqslant 0.01$）。

生活满意度不同的儿童各选项百分比如图1-6所示，经进一步统计分析发现：

对生活不满意的儿童看重富强的人数比例高于对生活很满意的儿童，差异非常显著（|AR|>2.58）。对生活很满意的儿童看重和谐的人数比例高于对生活基本满意、对生活不满意的儿童，差异非常显著（|AR|>2.58）。

对生活基本满意的儿童在民主价值观上，和对生活很满意的儿童之间存在较显著差异，前者人数比例略高于后者，差异比较显著（1.96<|AR|≤2.58）。对生活基本满意的儿童在看重和谐上，与对生活不满意的儿童相比，存在比较显著的差异，前者人数比例略高于后者（1.96<|AR|≤2.58）。

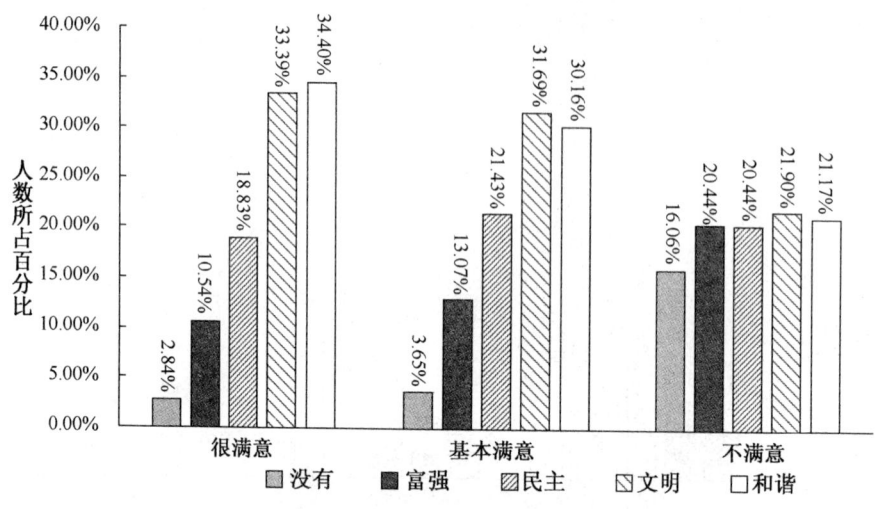

图 1-6 国家层面价值观与儿童生活满意度分布图

对生活基本满意的儿童在富强价值观上,和对生活很满意的儿童、对生活不满意的儿童之间均不存在显著差异($|AR|\leqslant1.96$)。对生活不满意的儿童在民主价值观上,与对生活很满意、对生活基本满意的儿童相比,均不存在显著差异($|AR|\leqslant1.96$)。不同生活满意度的儿童在看重文明的方面,彼此之间均不存在显著差异($|AR|\leqslant1.96$)。

(5) 家庭生活方式差异。

对不同家庭生活方式儿童关注的国家层面价值观进行差异检验发现,总体上存在比较显著的差异(卡方值=29.841,0.01<P=0.019≤0.05)。

家庭生活方式不同的儿童各选项百分比如图 1-7 所示,经进一步统计分析发现:

"离异再组合家庭"儿童看重富强的人数比例略高于"和爸妈、爷爷奶奶经常住在一起"以及"和爸妈经常在一起"的儿童,差异比较显著(1.96<$|AR|$≤2.58)。"和爸妈、爷爷奶奶经常住在一起"的儿童在看重富强上,与"和爸妈经常在一起"的儿童相比,存在比较显著的差异,前者人数比例略高于后者(1.96<$|AR|$≤2.58)。

"单亲家庭"和"父母(1人或2人)常年在外打工"的儿童在富强选项上均不存在显著差异($|AR|\leqslant1.96$)。不同家庭生活方式儿童在民主、文明、和谐选项上均不存在显著差异($|AR|\leqslant1.96$)。

1 深圳市儿童价值观发展状况

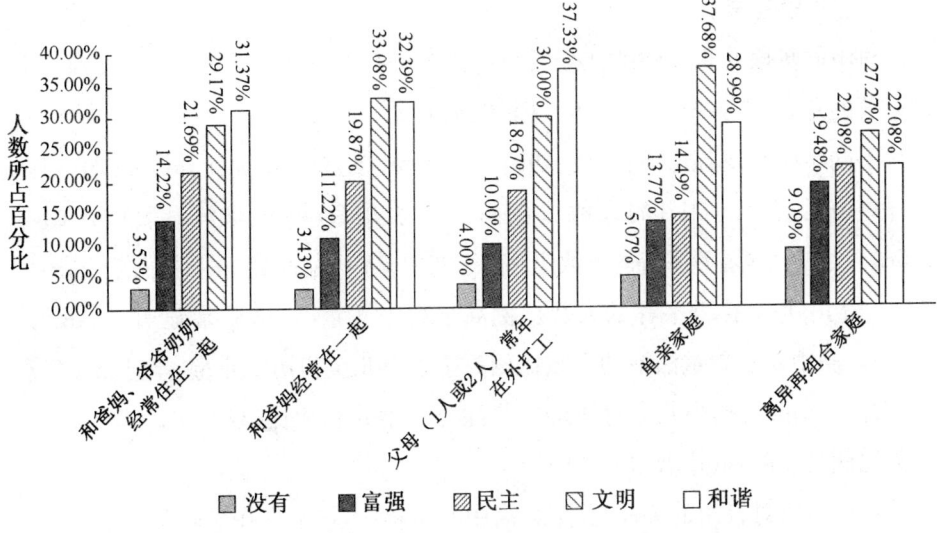

图1-7 国家层面价值观与儿童家庭生活方式分布图

1.1.2 社会层面价值观的关注状况

社会层面,97.00%左右的深圳市儿童都有自己看重的价值观。看重自由、平等、公正、法治的人数比例分别为30.90%、29.90%、22.90%、13.23%。儿童最为看重的是自由,其次是平等、公正。(见图1-8)

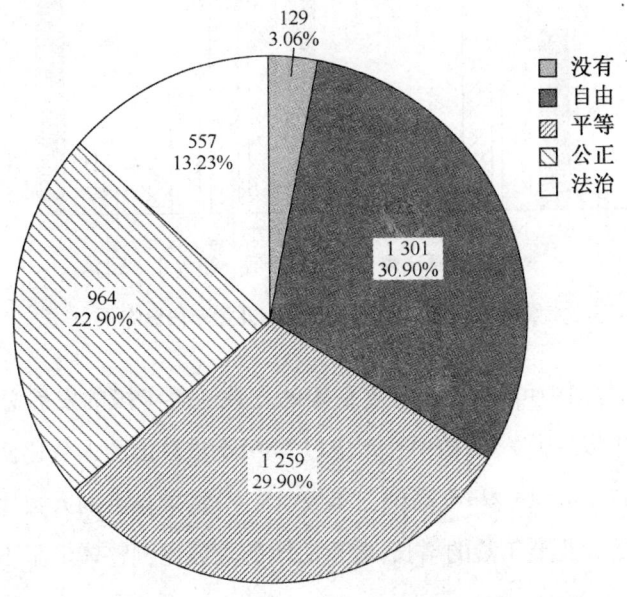

图1-8 社会层面价值观与儿童人数百分比分布图

(1) 年段差异。

对不同年段儿童关注的社会层面价值观进行差异检验发现,总体上存在非常显著的差异(卡方值=114.393,$P\leqslant0.01$)。

不同年段儿童各选项百分比如图1-9所示,经进一步统计分析发现:

高中儿童看重自由的人数比例高于小学儿童,差异非常显著($|AR|>2.58$)。小学儿童看重平等的人数比例高于初中、高中儿童,差异非常显著($|AR|>2.58$)。初中儿童看重平等的人数比例高于高中儿童,差异非常显著($|AR|>2.58$)。高中儿童看重法治的人数比例高于小学儿童和初中儿童,差异非常显著($|AR|>2.58$)。初中儿童对法治的关注与小学儿童相比,存在显著差异,前者人数比例高于后者($|AR|>2.58$)。

初中儿童对自由的关注与小学、高中儿童相比,均不存在显著差异($|AR|\leqslant1.96$)。不同年段的儿童对公正的关注均不存在显著的差异($|AR|\leqslant1.96$)。

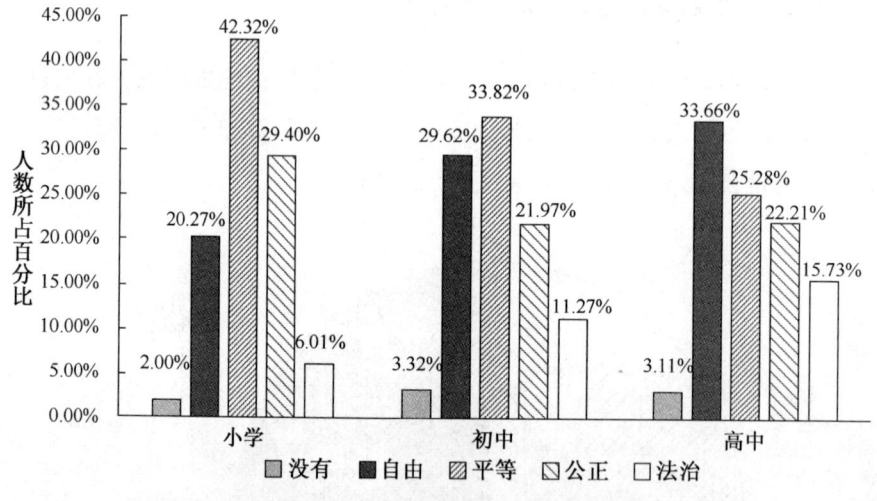

图1-9 社会层面价值观与儿童年段分布图

从年段趋势图中可以看出,看重平等的人数随着年段的发展总体上呈下降趋势;小学四年级(10岁)至初中一年级(13岁)看重自由的人数比例总体上呈上升趋势,初中二年级(14岁)至高中三年级(18岁)看重自由的人数比例则呈上下波动的趋势;随着儿童年龄的增长,看重法治的人数比例整体上呈不断增长的趋势。(见图1-10)

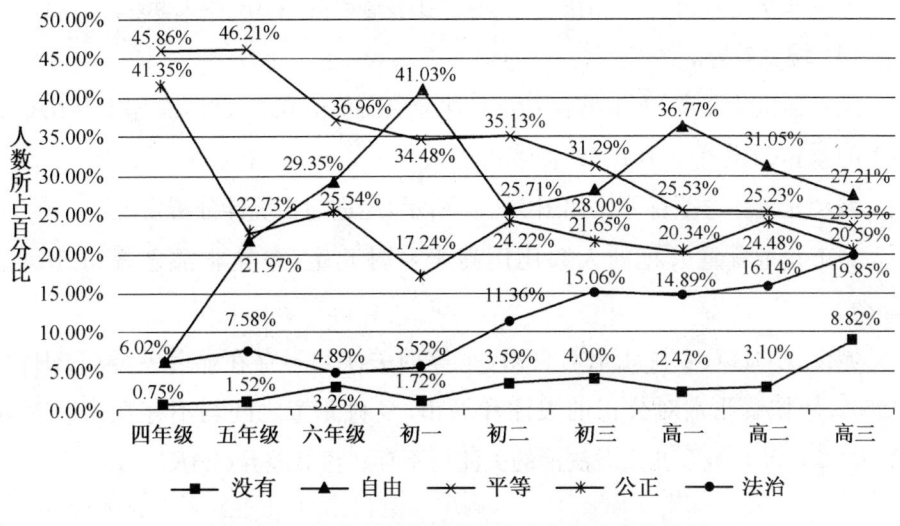

图1-10 社会层面价值观与儿童年级变化趋势图

(2) 性别差异。

对不同性别儿童关注的社会层面价值观进行差异检验发现,总体上存在非常显著的差异(卡方值=35.938,$P \leqslant 0.01$)。

不同性别的儿童各选项百分比如图1-11所示,经进一步统计分析发现:

男生看重自由的人数比例高于女生,差异非常显著($|AR|>2.58$)。

女生看重平等的人数比例略高于男生,差异比较显著($1.96<|AR| \leqslant 2.58$)。

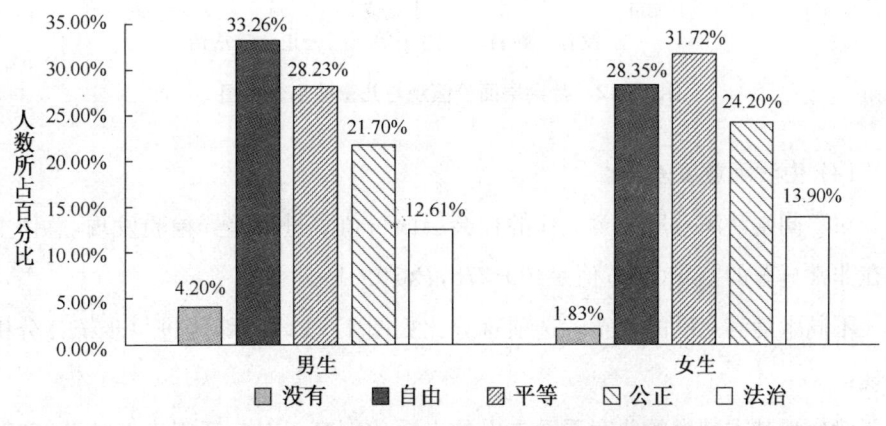

图1-11 社会层面价值观与儿童性别分布图

男生和女生对公正、法治的关注不存在显著差异(|AR|≤1.96)。

(3) 城乡差异。

经差异检验发现,本市城乡儿童对社会层面价值观的关注,总体上存在非常显著的差异(卡方值=167.730,$P \leqslant 0.01$)。

城乡儿童各选项百分比如图1-12所示,经进一步统计分析发现:

城市儿童看重公正的人数比例高于乡村儿童,差异非常显著(|AR|>2.58)。

城市、小城镇、乡村儿童对自由、平等的关注均不存在显著差异(|AR|≤1.96)。小城镇儿童对公正的关注和城市、乡村儿童之间均不存在显著差异(|AR|≤1.96)。城乡儿童对法治的关注均不存在显著差异(|AR|≤1.96)。

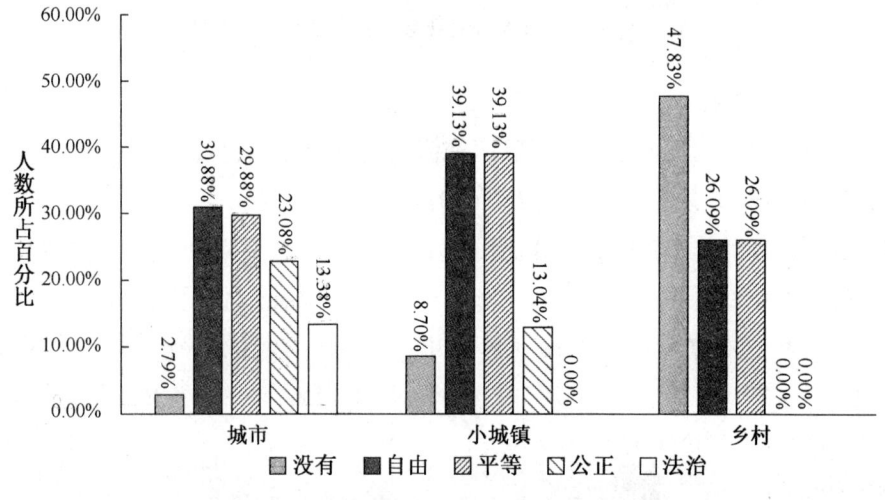

图1-12 社会层面价值观与儿童城乡分布图

(4) 生活满意度差异。

对不同生活满意度儿童关注的社会层面价值观进行差异检验发现,总体上存在非常显著的差异(卡方值=100.278,$P \leqslant 0.01$)。

不同生活满意度的儿童各选项百分比如图1-13所示,经进一步统计分析发现:

对生活基本满意的儿童看重自由的人数比例高于对生活很满意的儿童,差异非常显著(|AR|>2.58)。对生活很满意的儿童看重公正的人数比例高于对

生活基本满意的儿童,差异非常显著(|AR|>2.58)。

对生活很满意的儿童看重平等的人数比例略高于对生活基本满意的儿童,存在比较显著的差异(1.96<|AR|≤2.58)。

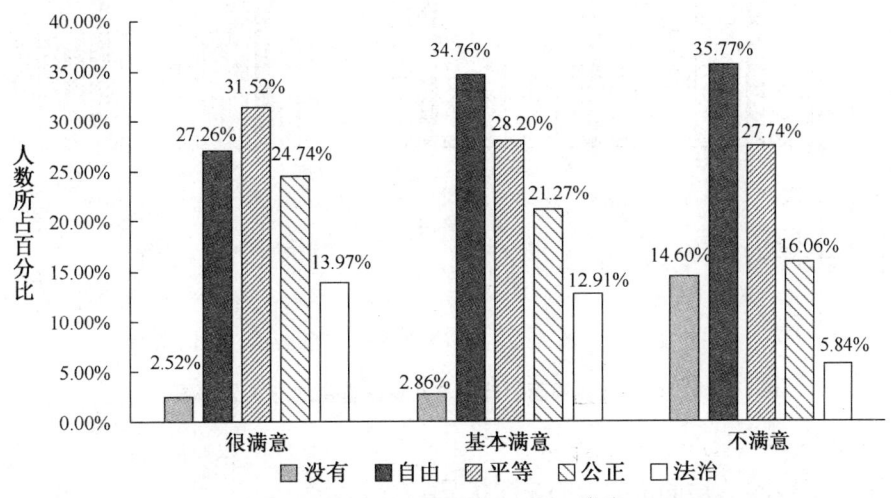

图1-13 社会层面价值观与儿童生活满意度分布图

对生活不满意的儿童与对生活很满意、对生活基本满意的儿童相比,对平等和自由的关注均不存在显著差异(|AR|≤1.96)。对生活不满意的儿童与对生活很满意、对生活基本满意的儿童相比,在对公正的关注上均不存在显著差异(|AR|≤1.96)。不同生活满意度的儿童对法治的关注均不存在显著差异(|AR|≤1.96)。

(5) 家庭生活方式差异。

对不同家庭生活方式儿童关注的社会层面价值观进行差异检验发现,总体上存在比较显著的差异(卡方值=30.507,0.01<P≤0.05)。

不同家庭生活方式的儿童各选项百分比如图1-14所示,经进一步统计分析发现:

不同家庭生活方式类型儿童对自由、平等、公正、法治的关注均不存在显著差异(|AR|≤1.96)。

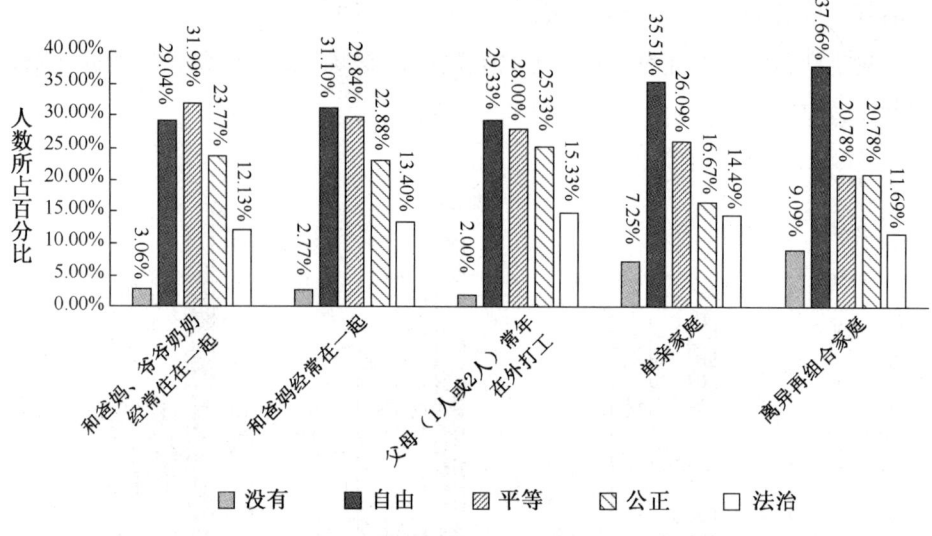

图1-14 社会层面价值观与儿童家庭生活方式分布图

1.1.3 个人层面价值观的关注状况

个人层面,96.00%以上的深圳市儿童都有自己关注的价值观。儿童看重爱国、敬业、诚信、友善的人数比例分别为4.04%、6.46%、54.89%、30.90%,儿童最为关注的价值观是诚信。(见图1-15)

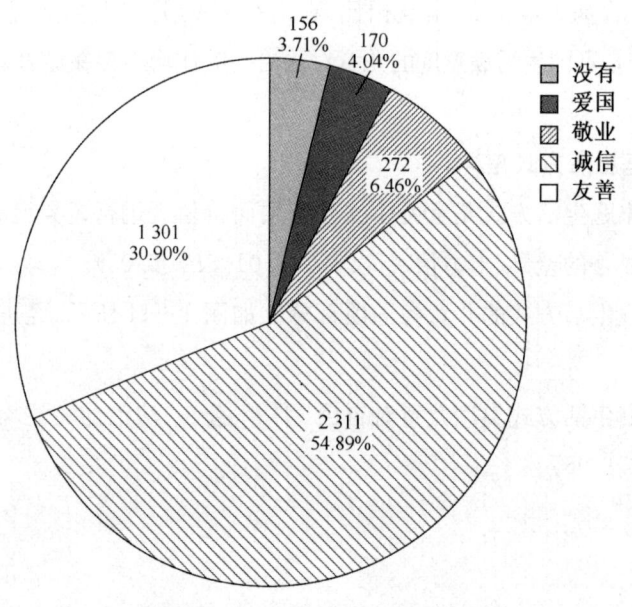

图1-15 个人层面价值观与儿童人数百分比分布图

(1) 年段差异。

对不同年段儿童关注的个人层面价值观进行差异检验发现,总体上存在非常显著的差异(卡方值=43.443,$P\leqslant 0.01$)。

不同年段的儿童各选项百分比如图1-16所示,经进一步统计分析发现:

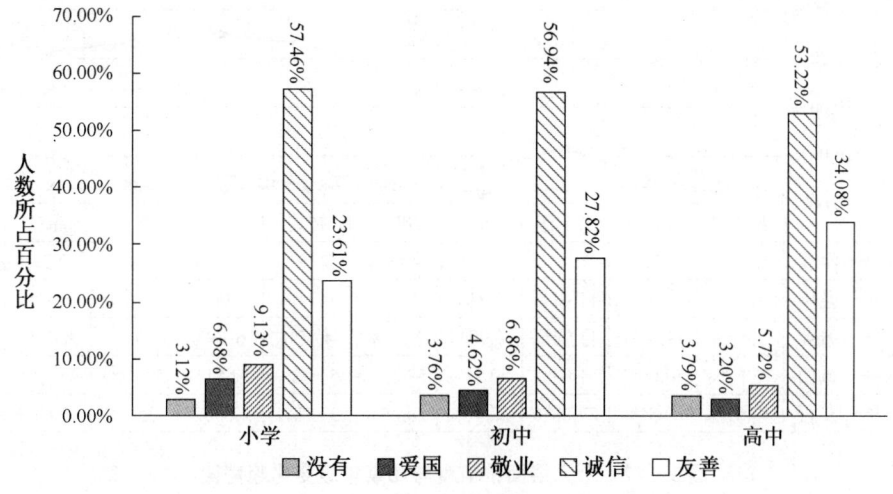

图1-16 个人层面价值观与儿童年段分布图

高中儿童看重友善的人数比例高于小学儿童和初中儿童,差异非常显著($|AR|>2.58$)。初中儿童对友善的关注和小学儿童相比,存在非常显著的差异,前者人数比例高于后者($|AR|>2.58$)。

小学儿童对敬业的关注和高中儿童相比存在比较显著的差异,前者人数比例略高于后者($1.96<|AR|\leqslant 2.58$)。

初中儿童对敬业的关注与小学、高中儿童相比,均不存在显著差异($|AR|<1.96$)。不同年段的儿童对诚信的关注均不存在显著的差异($|AR|\leqslant 1.96$)。

从年段趋势图中可以看出,小学四年级(10岁)至高三年级(18岁)儿童看重诚信的人比例整体上呈下降趋势,但在五年级(11岁)到初一(13岁)年段间有上升的阶段;看重友善的人数比例整体上呈上升趋势,但在五年级(11岁)至六年级(12岁)年段间,下降幅度较大。除此之外,不同年龄的儿童对各项价值观的看重程度虽然不同,但年段变化趋势并不十分明显。(见图1-17)

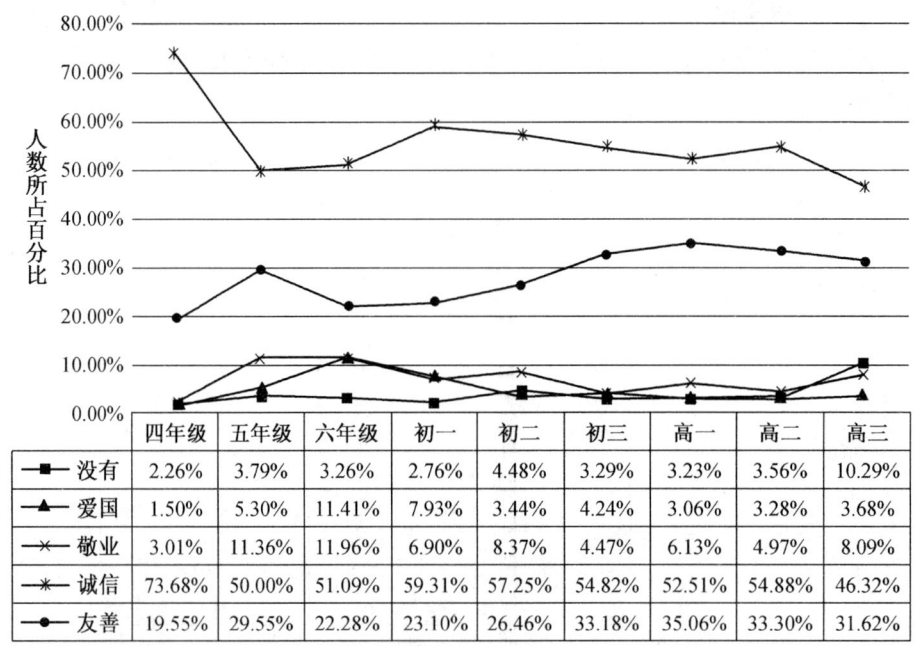

图1-17 个人层面价值观与儿童年级变化趋势图

(2) 性别差异。

对不同性别儿童关注的个人层面价值观进行差异检验发现,总体上存在非常显著的差异(卡方值=24.524,$P \leqslant 0.01$)。但差异集中体现在参加调查的儿童对"没有"项的选择上。

不同性别的儿童各选项百分比如图1-18所示,经进一步统计分析发现:

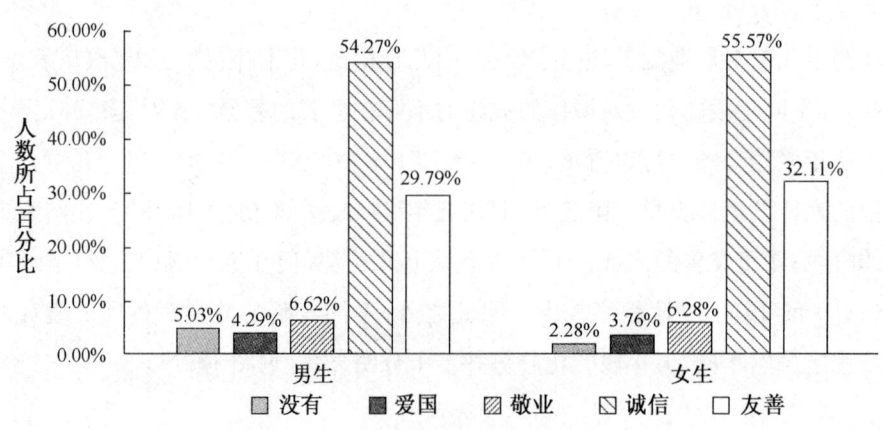

图1-18 个人层面价值观与儿童性别分布图

男女生对敬业、诚信、友善的关注均不存在显著差异（$|AR|\leqslant 1.96$）。

(3) 城乡差异。

对城乡儿童关注的个人层面价值观进行差异检验发现，总体上存在非常显著的差异（卡方值＝141.213，$P\leqslant 0.01$）。但差异集中体现在参加调查的儿童对"没有"项的选择上。

城乡的儿童各选项百分比如图1-19所示，经进一步统计分析发现：

城乡儿童对敬业、诚信、友善的关注均不存在显著差异（$|AR|\leqslant 1.96$）。

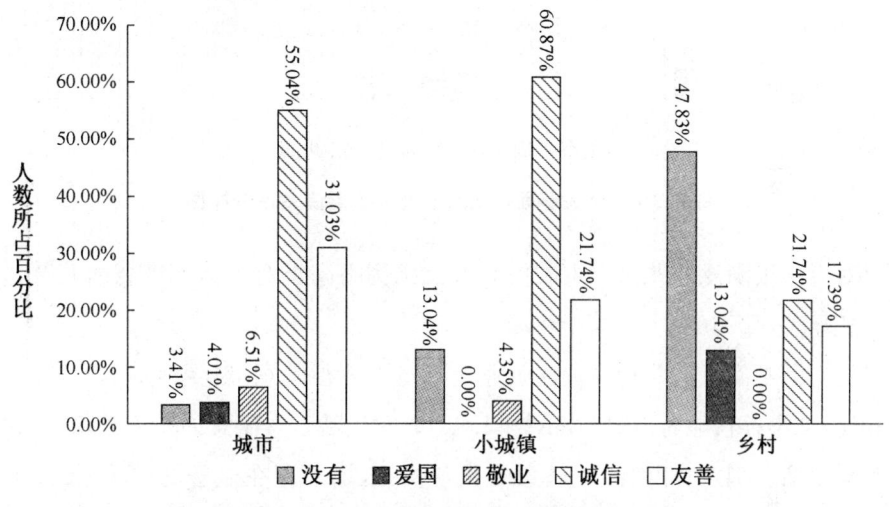

图1-19 个人层面价值观与儿童城乡分布图

(4) 生活满意度差异。

对不同生活满意度儿童关注的个人层面价值观进行差异检验发现，总体上存在非常显著的差异（卡方值＝127.615，$P\leqslant 0.01$）。

生活满意度不同的儿童各选项百分比如图1-20所示，经进一步统计分析发现：

对生活很满意的儿童对敬业的关注的人数比例高于对生活基本满意的儿童，差异非常显著（$|AR|>2.58$）。对生活基本满意的儿童看重友善的人数比例高于对生活很满意的儿童，差异非常显著（$|AR|>2.58$）。

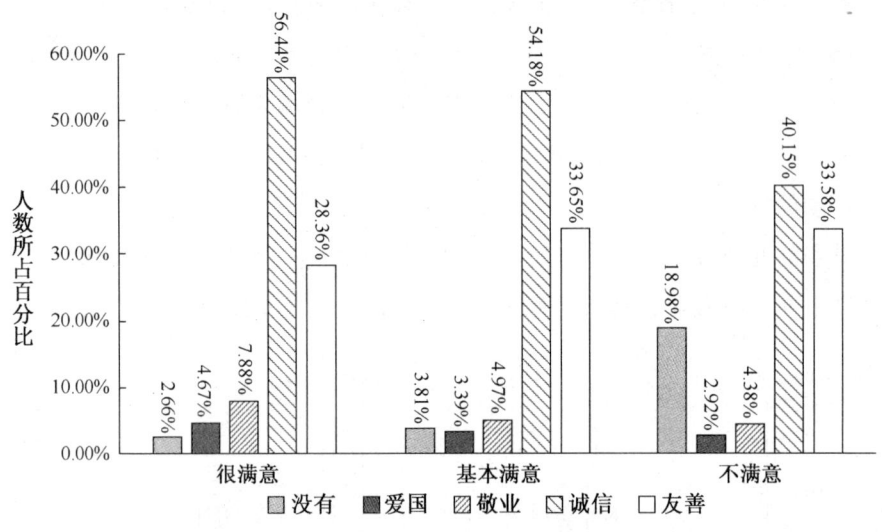

图1-20 个人层面价值观与儿童生活满意度分布图

对生活很满意的儿童看重诚信的人数比例略高于对生活不满意的儿童,差异比较显著(1.96<|AR|≤2.58)。

对生活不满意的儿童在关注敬业上与对生活很满意、对生活基本满意的儿童相比,均不存在显著差异(|AR|≤1.96)。对生活基本满意的儿童对诚信的关注与对生活很满意、对生活不满意的儿童相比,均不存在显著的差异(|AR|≤1.96)。对生活不满意的儿童对友善的关注与对生活很满意、对生活基本满意的儿童相比,均不存在显著差异(|AR|≤1.96)。

(5) 家庭生活方式差异。

对不同家庭生活方式儿童关注的个人层面价值观进行差异检验发现,总体上存在比较显著的差异(卡方值=36.965,0.01<P≤0.05)。

家庭生活方式不同的儿童各选项百分比如图1-21所示,经进一步统计分析发现:

不同家庭生活方式类型的儿童对敬业、诚信、友善的关注均不存在显著差异(|AR|≤1.96)。

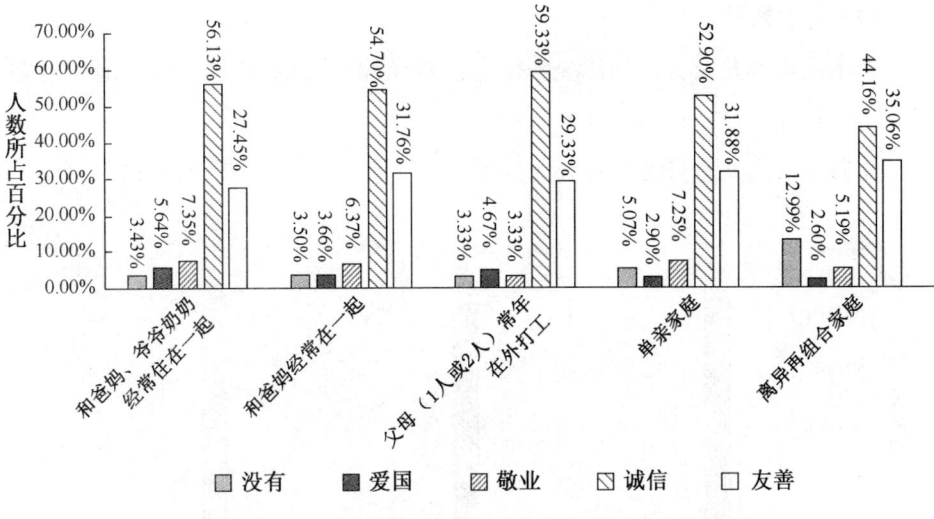

图 1-21 个人层面价值观与儿童家庭生活方式分布图

1.2 传统美德

传统美德方面,95.00%以上的深圳市儿童都有自己关注的美德。看重孝敬父母、忠于国家、谦虚礼让、勤劳节俭的人数比例分别为 62.54%、7.58%、17.34%、5.96%,孝敬父母是儿童最为看重的传统美德。(见图 1-22)

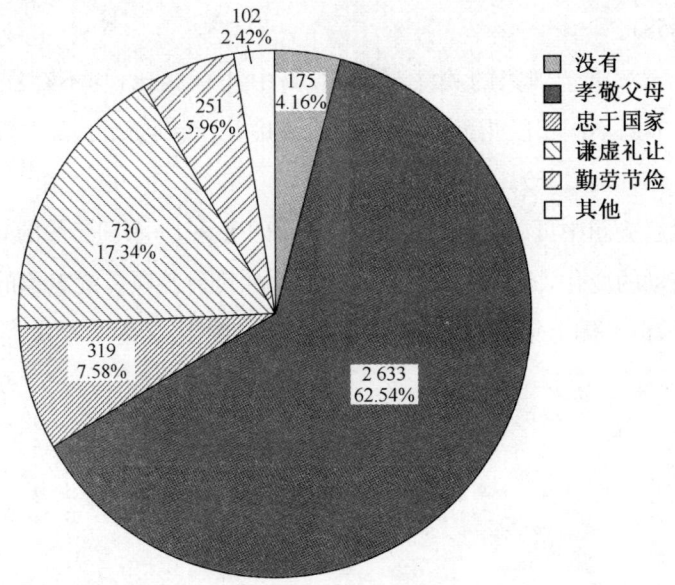

图 1-22 传统美德与儿童人数百分比分布图

(1) 年段差异。

对不同年段儿童关注的传统美德进行差异检验发现,总体上存在显著的差异(卡方值=27.721,P=0.002≤0.01)。

年段不同的儿童各选项百分比如图1-23所示,经进一步统计分析发现:

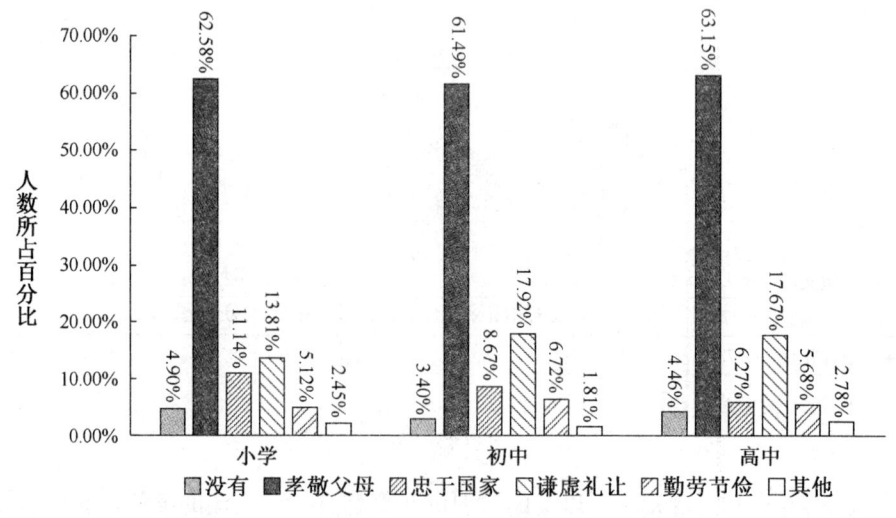

图1-23 传统美德与儿童年段分布图

小学儿童看重忠于国家的比例高于高中儿童,存在非常显著的差异($|AR|$>2.58)。

初中儿童对忠于国家的关注与小学、高中儿童相比,均不存在显著差异($|AR|$≤1.96)。不同年段儿童对孝敬父母、谦虚礼让、勤劳节俭的关注均不存在显著差异($|AR|$≤1.96)。

从年段趋势图中可以看出,在对孝敬父母的关注上,不同年龄的儿童总体上呈现上下波动的变化,同时不同年龄儿童之间对其余各项传统美德的关注程度虽略有差异,但整体上年龄变化趋势不明显。(见图1-24)

1 深圳市儿童价值观发展状况

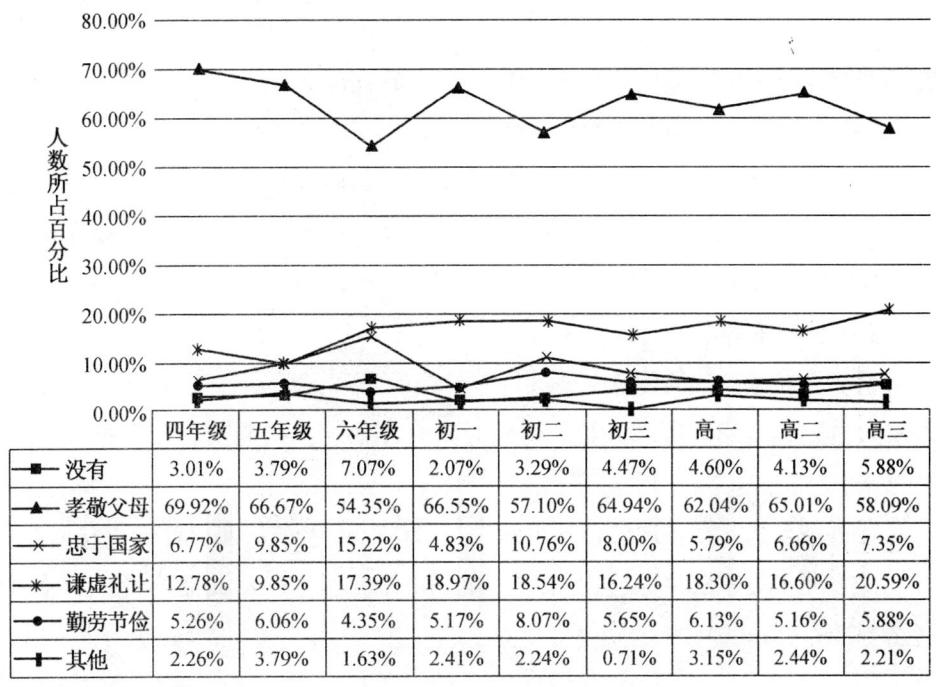

图 1-24 传统美德与儿童年级变化趋势图

(2) 性别差异。

对不同性别儿童关注的传统美德进行差异检验发现,总体上存在非常显著的差异(卡方值=31.149,$P \leqslant 0.01$)。

性别不同的儿童各选项百分比如图 1-25 所示,经进一步统计分析发现:

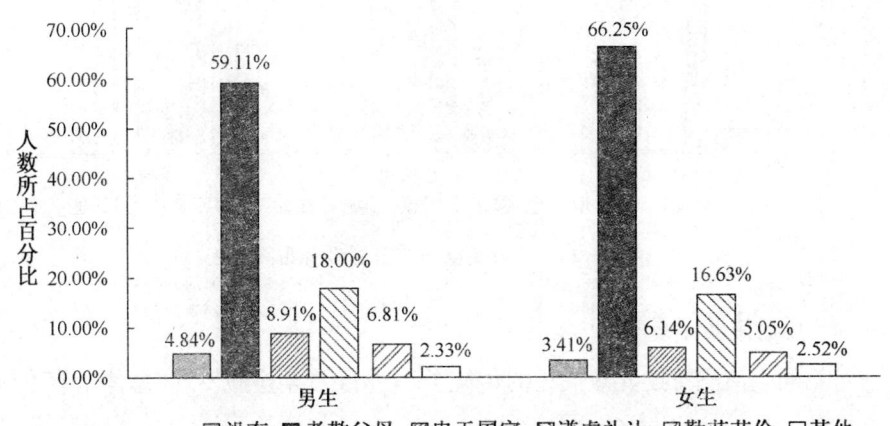

图 1-25 传统美德与儿童性别分布图

女生看重孝敬父母的人数比例高于男生,差异非常显著($|AR|>2.58$)。男生看重忠于国家的人数比例高于女生,差异非常显著($|AR|>2.58$)。

男生看重勤劳节俭的人数比例略高于女生,差异比较显著($1.96<|AR|\leqslant2.58$)。

男生、女生看重谦虚礼让的人数比例分别为18.00%、16.63%,不存在显著差异($|AR|\leqslant1.96$)。

(3) 城乡差异。

对城乡儿童关注的传统美德进行差异检验发现,总体上存在非常显著的差异(卡方值=32.987,$P\leqslant0.01$)。但差异集中体现在参加调查的儿童对"没有"项的选择上。

不同城乡的儿童各选项百分比如图1-26所示,经进一步统计分析发现:

城乡儿童对孝敬父母、忠于国家、谦虚礼让、勤劳节俭的关注均不存在显著差异($|AR|\leqslant1.96$)。

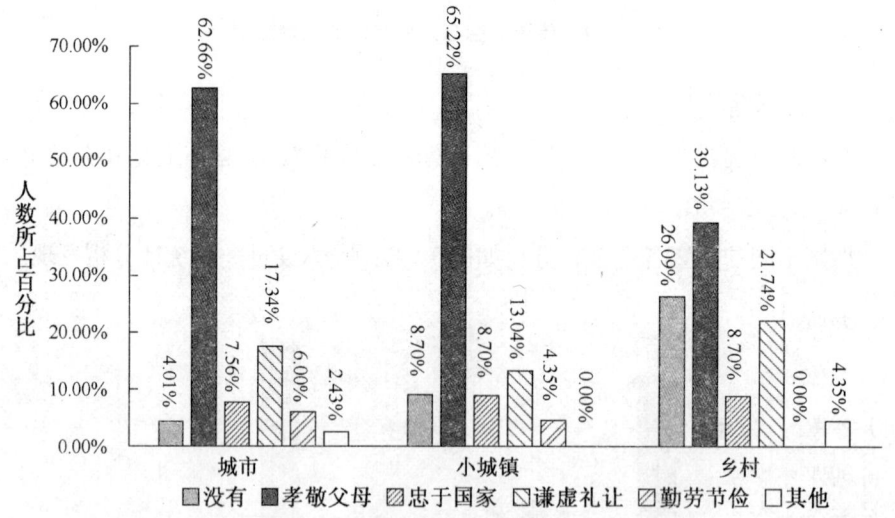

图1-26 传统美德与儿童城乡分布图

(4) 生活满意度差异。

对不同生活满意度儿童关注的传统美德进行差异检验发现,总体上存在非常显著的差异(卡方值=80.680,$P\leqslant0.01$)。

生活满意度不同的儿童各选项百分比如图1-27所示,经进一步统计分析发现:

对生活很满意的儿童看重孝敬父母的人数比例高于对生活基本满意、对生活不满意的儿童,差异非常显著($|AR|>2.58$)。对生活基本满意的儿童对孝敬父母的关注和对生活不满意的儿童相比,存在显著的差异,前者人数比例高于后者($|AR|>2.58$)。对生活基本满意的儿童看重谦虚礼让的人数比例高于对生活很满意的儿童人数比例,差异非常显著($|AR|>2.58$)。

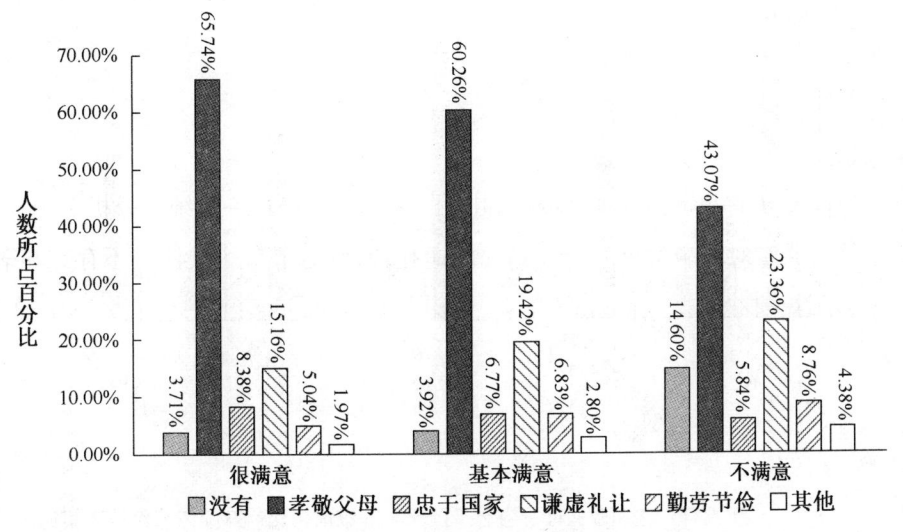

图1-27 传统美德与儿童生活满意度分布图

对生活基本满意的儿童看重勤劳节俭的人数比例略高于对生活很满意的儿童,差异比较显著($1.96<|AR|\leqslant 2.58$)。

不同生活满意度的儿童对忠于国家的关注均不存在显著差异($|AR|\leqslant 1.96$)。对生活不满意的儿童对谦虚礼让的关注和对生活很满意、对生活基本满意之间均不存在显著差异($|AR|\leqslant 1.96$)。对生活不满意的儿童对勤劳节俭的关注和对生活很满意的儿童、对生活不满意的儿童之间均不存在显著差异($|AR|\leqslant 1.96$)。

(5) 家庭生活方式差异。

对不同家庭生活方式儿童关注的传统美德进行差异检验发现,总体上存在非常显著的差异(卡方值$=49.240$,$P\leqslant 0.01$)。

家庭生活方式不同的儿童各选项百分比如图1-28所示,经进一步统计分析发现:

"单亲家庭"的儿童看重孝敬父母的人数比例高于"离异再组合家庭",差异非常显著($|AR|>2.58$)。

"和爸妈、爷爷奶奶经常住在一起"的儿童看重孝敬父母的人数比例略高于"单亲家庭""离异再组合家庭"的儿童,差异比较显著($1.96<|AR|\leqslant 2.58$)。

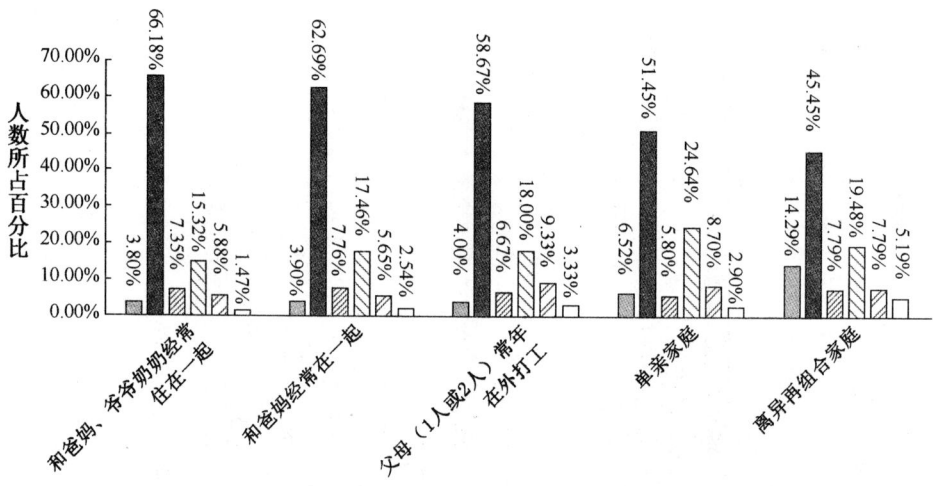

图1-28 传统美德与儿童家庭生活方式分布图

"和爸妈经常在一起""父母(1人或2人)常年在外打工"家庭的儿童之间均不存在显著差异($|AR|\leqslant 1.96$)。不同家庭生活方式的儿童对忠于国家、谦虚礼让、勤劳节俭的关注均不存在显著差异($|AR|\leqslant 1.96$)。

1.3 公共道德

公共道德方面,96.00%以上的深圳市儿童都有自己关注的公共道德。看重正义、按规则办事、不影响他人、廉洁奉公的人数比例分别为27.96%、18.19%、27.93%、21.21%。正义和不影响他人是受关注度较高的两项公共道德。(见图1-29)

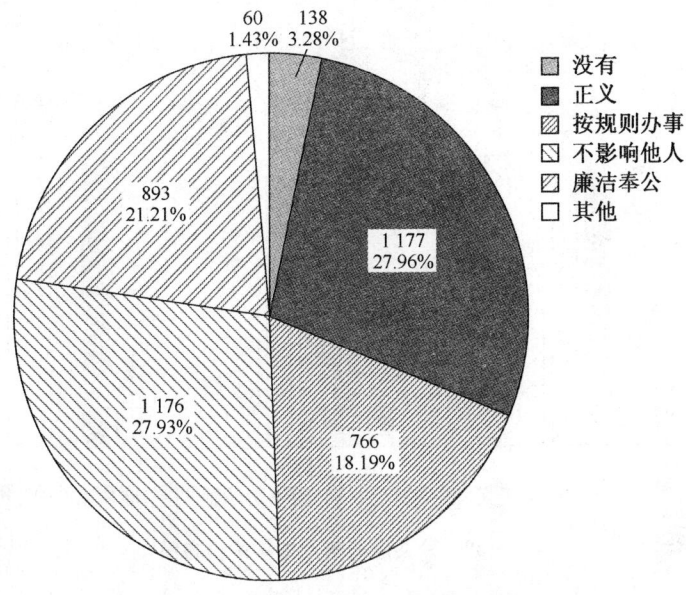

图1-29 公共道德与儿童人数百分比分布图

(1) 年段差异。

对不同年段儿童关注的公共道德进行差异检验发现,总体上存在显著的差异(卡方值=110.208,$P \leqslant 0.01$)。

年段不同的儿童各选项百分比如图1-30所示,经进一步统计分析发现:

初中儿童看重正义的人数比例高于高中儿童,差异非常显著($|AR|>2.58$)。小学儿童对按规则办事的关注与初中儿童相比,存在非常显著的差异,前者人数比例高于后者($|AR|>2.58$)。高中儿童看重不影响他人的人数比例高于小学儿童和初中儿童,差异非常显著($|AR|>2.58$)。初中儿童对不影响他人的关注与小学儿童相比,存在非常显著的差异,前者人数比例高于后者,差异非常显著($|AR|>2.58$)。小学儿童看重廉洁奉公的人数比例高于初中、高中儿童,差异非常显著($|AR|>2.58$)。初中儿童对廉洁奉公的关注与高中儿童相比,存在非常显著的差异,前者人数比例高于后者($|AR|>2.58$)。

小学儿童对正义的关注与初中、高中儿童相比,均不存在显著差异($|AR| \leqslant 1.96$)。高中儿童对按规则办事的关注与小学、初中儿童相比,均不存在显著差异($|AR| \leqslant 1.96$)。

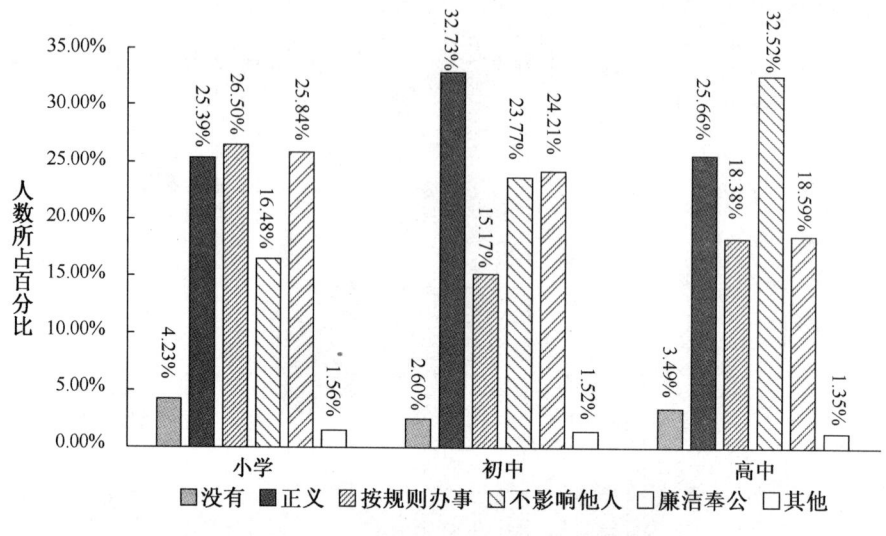

图1-30 公共道德与儿童年段分布图

从年段趋势图中可以看出,看重正义的人数比例随着年龄的增长呈上下波动状态;看重不影响他人公共道德的儿童总体上是呈上升趋势;随着年龄的增长看重廉洁奉公的人数比例整体上呈波动趋势;四年级(10岁)到初一(13岁)儿童对按规则办事的认同呈下降趋势,初二(14岁)到高三(18岁)的儿童则是呈缓慢上升的趋势。(见图1-31)

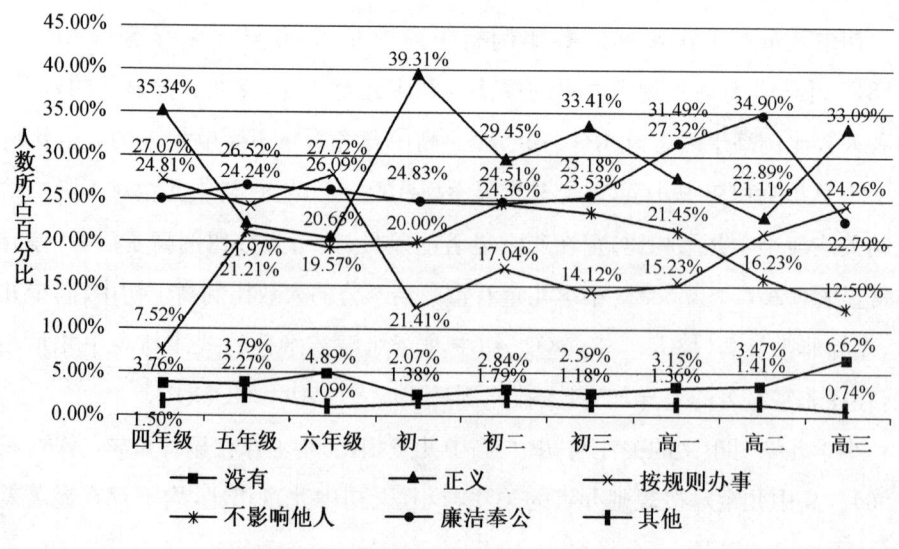

图1-31 公共道德与儿童年级变化趋势图

(2) 性别差异。

对不同性别儿童关注的公共道德进行差异检验发现,总体上存在非常显著的差异(卡方值=28.220,$P\leqslant0.01$)。

性别不同的儿童各选项百分比如图1-32所示,经进一步统计分析发现:

女生看重不影响他人的人数比例高于男生,二者存在非常显著的差异($|AR|>2.58$)。

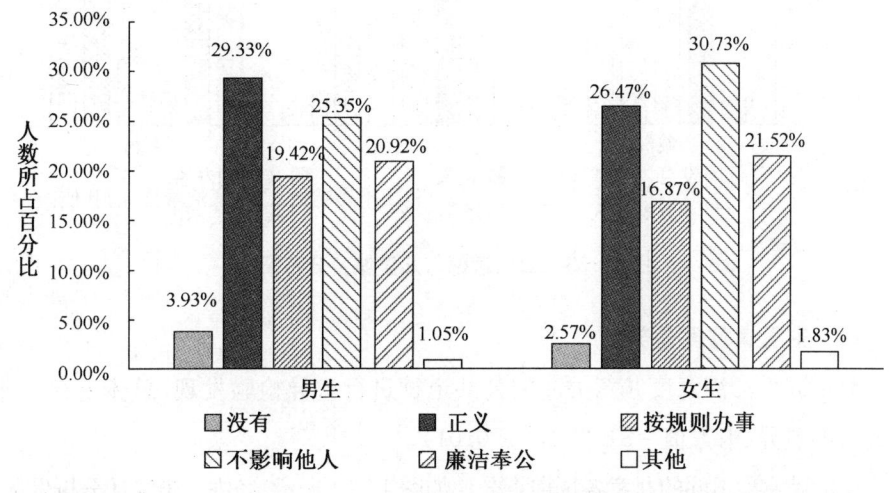

图1-32 公共道德与儿童性别分布图

男生看重正义和按规则办事的人数比例均略高于女生,且差异比较显著($1.96<|AR|\leqslant2.58$)。

男女生对廉洁奉公的关注不存在显著差异($|AR|\leqslant1.96$)。

(3) 城乡差异。

对城乡儿童关注的公共道德进行差异检验发现,总体上存在非常显著的差异(卡方值=36.594,$P\leqslant0.01$)。但差异集中体现在参加调查的儿童对"没有"项的选择上。

城乡儿童各选项百分比如图1-33所示,经进一步统计分析发现:

城乡儿童对正义、按规则办事、不影响他人、廉洁奉公的关注均不存在显著差异($|AR|\leqslant1.96$)。

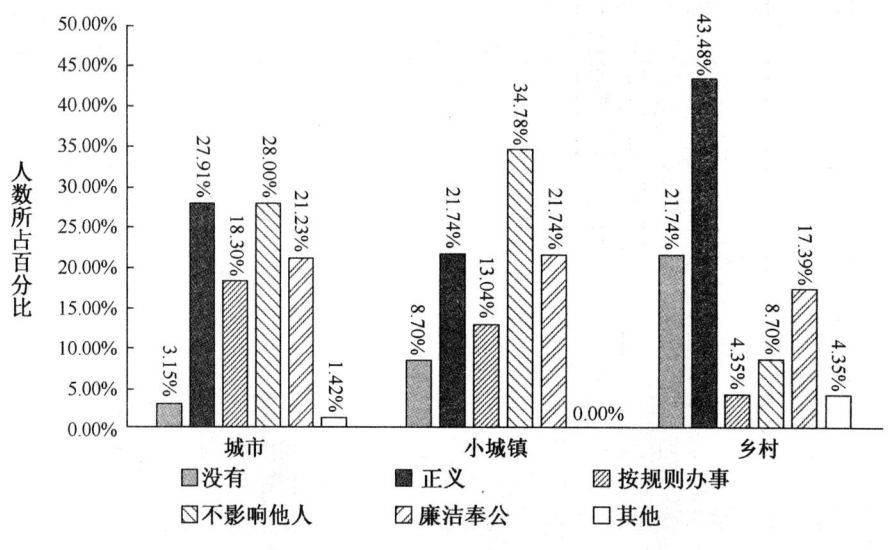

图1-33 公共道德与儿童城乡分布图

(4) 生活满意度差异。

对不同生活满意度儿童关注的公共道德进行差异检验发现,总体上存在非常显著的差异(卡方值=81.312,$P \leqslant 0.01$)。

生活满意度不同的儿童各选项百分比如图1-34所示,经进一步统计分析发现:

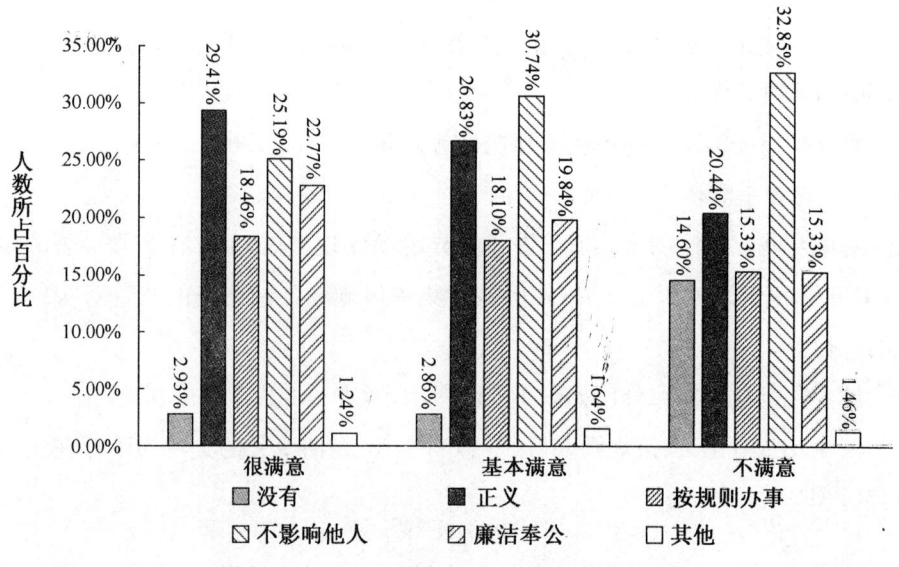

图1-34 公共道德与儿童生活满意度分布图

对生活基本满意的儿童看重不影响他人的人数比例高于对生活很满意的儿童,二者差异非常显著($|AR|>2.58$)。

对生活很满意的儿童看重正义的人数比例略高于对生活不满意的儿童,两者差异比较显著($1.96<|AR|\leqslant2.58$)。对生活很满意的儿童看重廉洁奉公的人数比例略高于对生活基本满意的儿童,二者差异比较显著($1.96<|AR|\leqslant2.58$)。

对生活基本满意的儿童对正义的关注和对生活很满意、对生活不满意的儿童之间均不存在显著差异($|AR|\leqslant1.96$)。不同生活满意度儿童对按规则办事的关注均不存在显著差异($|AR|\leqslant1.96$)。对生活不满意的儿童对不影响他人的关注和对生活很满意、对生活基本满意的儿童之间均不存在显著差异($|AR|\leqslant1.96$)。对生活不满意的儿童对廉洁奉公的关注与对生活很满意、对生活基本满意的儿童相比,均不存在显著差异($|AR|\leqslant1.96$)。

(5) 家庭生活方式差异。

对不同家庭生活方式儿童关注的公共道德进行差异检验发现,总体上不存在显著的差异(卡方值$=31.295$,$P=0.051>0.05$)。

家庭生活方式不同的儿童各选项百分比如图1-35所示,经进一步统计分析发现:

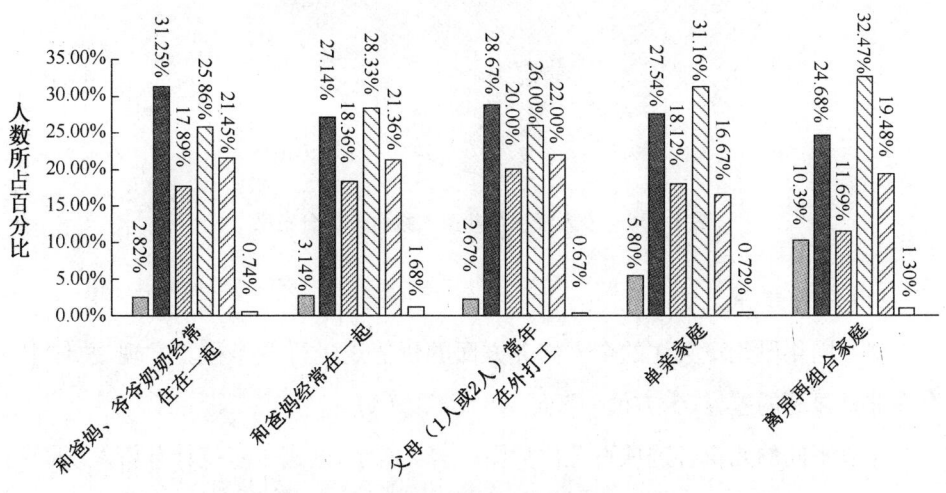

图1-35 公共道德与儿童家庭生活方式分布图

五种家庭生活方式的儿童对公共道德的关注主要集中在正义和不影响他人上。不同家庭生活方式的儿童对正义、按规则办事、不影响他人、重廉洁奉公的关注均不存在显著差异($|AR|\leqslant1.96$)。

1.4　个人修养

个人修养方面,近96.00%的深圳市儿童都有自己关注的价值观。看重自省、大度、勤奋、节制的儿童人数比例分别为29.05%、24.82%、25.87%、12.42%。自省是受儿童关注度最高的个人修养方面的价值观,其次是勤奋和大度。(见图1-36)

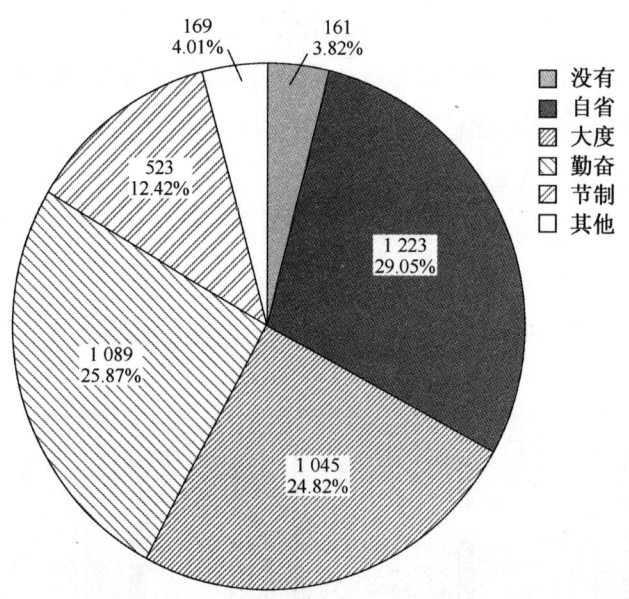

图1-36　个人修养与儿童人数百分比分布图

(1) 年段差异。

对不同年段儿童关注的个人修养方面的价值观进行差异检验发现,总体上存在非常显著的差异(卡方值=205.546,$P\leqslant0.01$)。

年段不同的儿童各选项百分比如图1-37所示,经进一步统计分析发现:

高中儿童看重自省的人数比例高于小学儿童和初中儿童,差异非常显著($|AR|>2.58$)。初中儿童对自省的关注比例高于小学儿童,差异非常显著

($|AR|>2.58$)。小学儿童看重勤奋的人数比例明显高于初中、高中儿童,差异非常显著($|AR|>2.58$)。

初中儿童对勤奋的关注与高中儿童相比,存在比较显著的差异,前者人数比例略高于后者($1.96<|AR|\leqslant 2.58$)。

不同年段的儿童对大度和节制的关注均不存在显著差异($|AR|\leqslant 1.96$)。

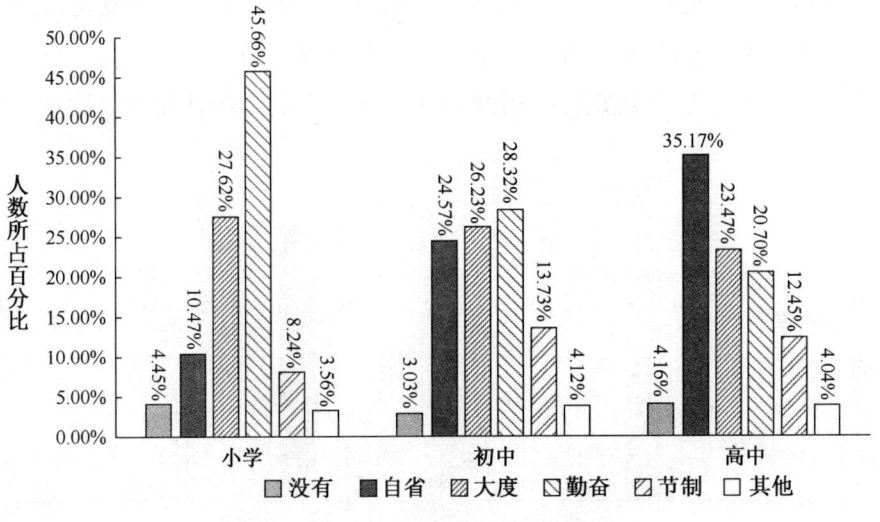

图1-37 个人修养与儿童年段分布图

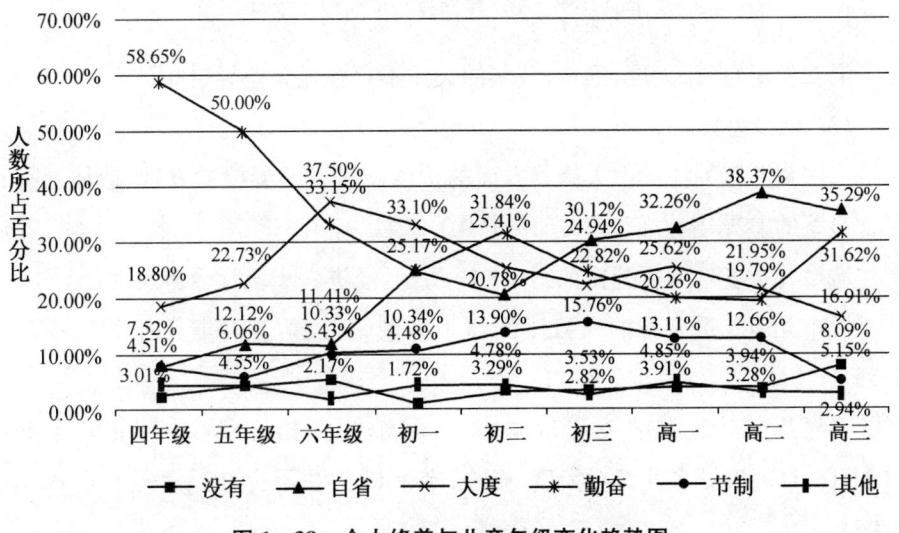

图1-38 个人修养与儿童年级变化趋势图

从年段趋势图中可以看出,随着年龄的增长,儿童对勤奋的关注程度整体上呈下降趋势;对自省的关注度逐渐增长,对节制的关注度则基本上不随年龄的增长而发生变化;四年级(10岁)到六年级(12岁)儿童对大度的关注度呈上升趋势,并随着年段的增长,儿童对大度的关注度呈下降趋势。(见图1-38)

(2)性别差异。

对不同性别儿童关注的个人修养方面的价值观进行差异检验发现,总体上存在比较显著的差异(卡方值=12.436,0.01<P≤0.05)。

性别不同的儿童各选项百分比如图1-39所示,经进一步统计分析发现:

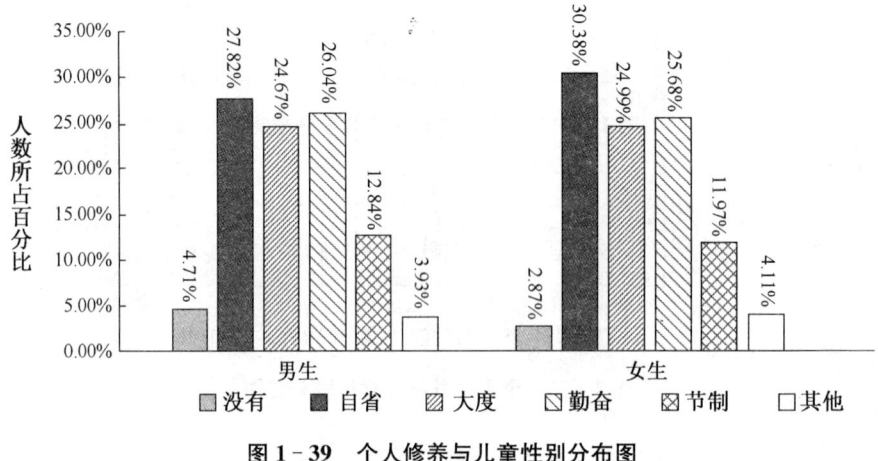

图1-39 个人修养与儿童性别分布图

男女生对自省、大度、勤奋、节制的关注不存在显著差异(|AR|≤1.96)。

(3)城乡差异。

对城乡儿童关注的个人修养方面的价值观进行差异检验发现,总体上存在非常显著的差异(卡方值=36.610,P≤0.01)。

城乡儿童各选项百分比如图1-40所示,经进一步统计分析发现:

城市儿童看重自省的人数比例高于小城镇儿童,差异非常显著(|AR|>2.58)。

乡村儿童对自省的关注与城市、小城镇儿童相比,均不存在显著差异(|AR|≤1.96)。城乡儿童对大度、勤奋、节制的关注不存在显著差异(|AR|≤1.96)。

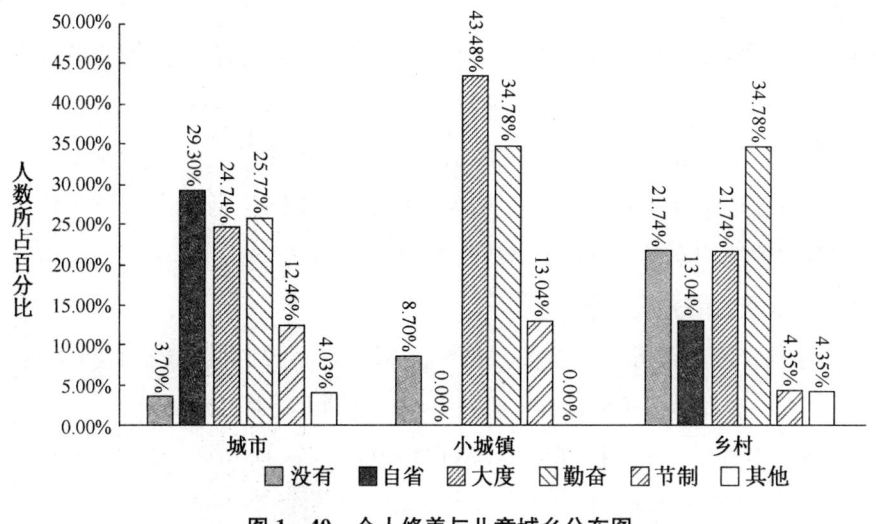

图 1-40 个人修养与儿童城乡分布图

(4) 生活满意度差异。

对不同生活满意度儿童关注的个人修养方面的价值观进行差异检验发现,总体上存在非常显著的差异(卡方值＝72.901,$P \leqslant 0.01$)。

生活满意度不同的儿童各选项百分比如图 1-41 所示,经进一步统计分析发现:

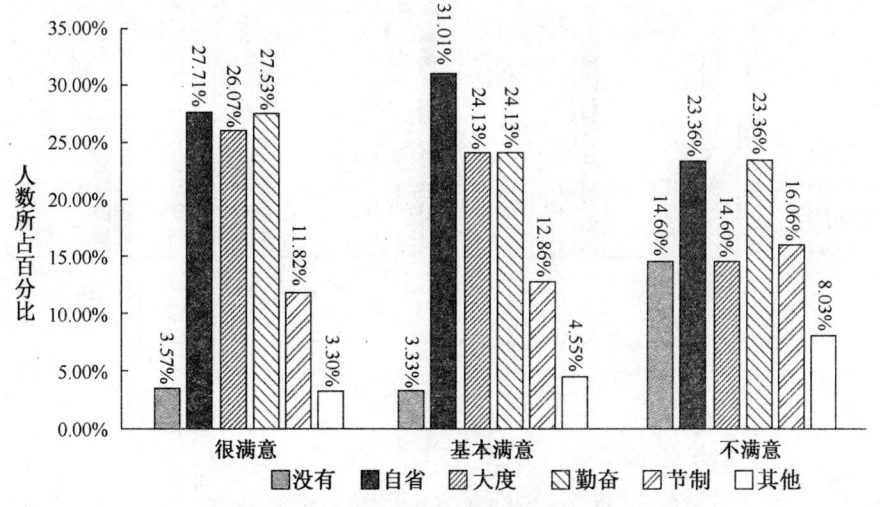

图 1-41 个人修养与儿童生活满意度分布图

对生活基本满意的儿童看重自省的人数比例略高于对生活很满意的儿童，差异比较显著($1.96<|AR|\leqslant2.58$)。对生活很满意的儿童看重勤奋的人数比例略高于对生活基本满意的儿童，差异比较显著($1.96<|AR|\leqslant2.58$)。

对生活不满意的儿童对自省、勤奋的关注与对生活很满意、对生活基本满意的儿童相比，均不存在显著差异($|AR|\leqslant1.96$)。不同生活满意度的儿童对大度、节制的关注均不存在显著差异($|AR|\leqslant1.96$)。

(5) 家庭生活方式差异。

对不同家庭生活方式儿童关注的个人修养方面的价值观进行差异检验发现，总体上存在非常显著的差异(卡方值$=39.709, P\leqslant0.01$)。

家庭生活方式不同的儿童各选项百分比如图1-42所示，经进一步统计分析发现：

"和爸妈、爷爷奶奶经常住在一起"的儿童对勤奋的关注与"和爸妈经常在一起"的儿童相比存在非常显著的差异，前者人数比例高于后者($|AR|>2.58$)。

不同家庭生活方式类型的儿童对自省、大度、节制的关注均不存在显著差异($|AR|\leqslant1.96$)。"父母(1人或2人)常年在外打工""单亲家庭""离异再组合家庭"的儿童对勤奋的关注均不存在显著差异($|AR|\leqslant1.96$)。

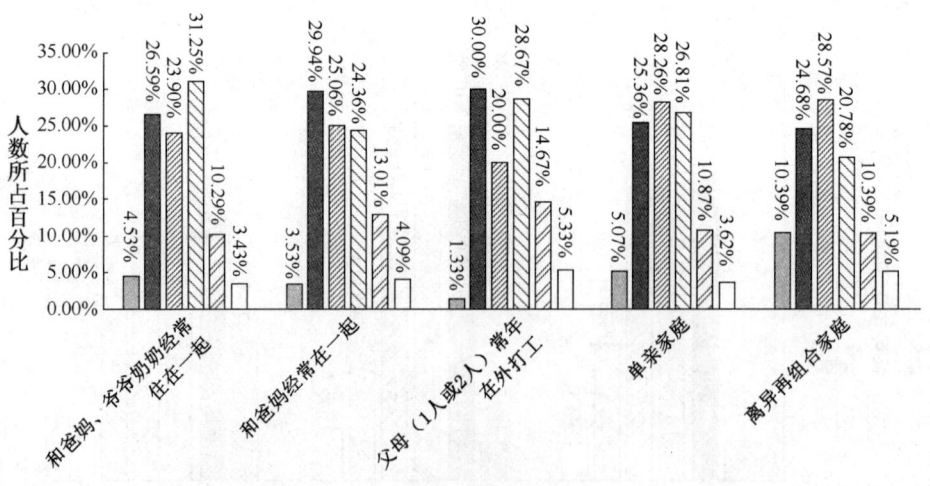

图1-42 个人修养与儿童家庭生活方式分布图

2 深圳市儿童道德情感发展状况

儿童道德情感发展方面主要涉及爱国情感、关爱感、集体责任感、自尊感、羞耻感等方面的发展。据统计分析显示,深圳市儿童在这些具体的道德情感发展方面整体表现良好。

2.1 爱国情感

统计发现,中小学儿童普遍具有爱国情感。77.22%的儿童因中国运动员在国际比赛中获得冠军而激动和骄傲,其中31.54%的儿童十分激动,觉得中国人

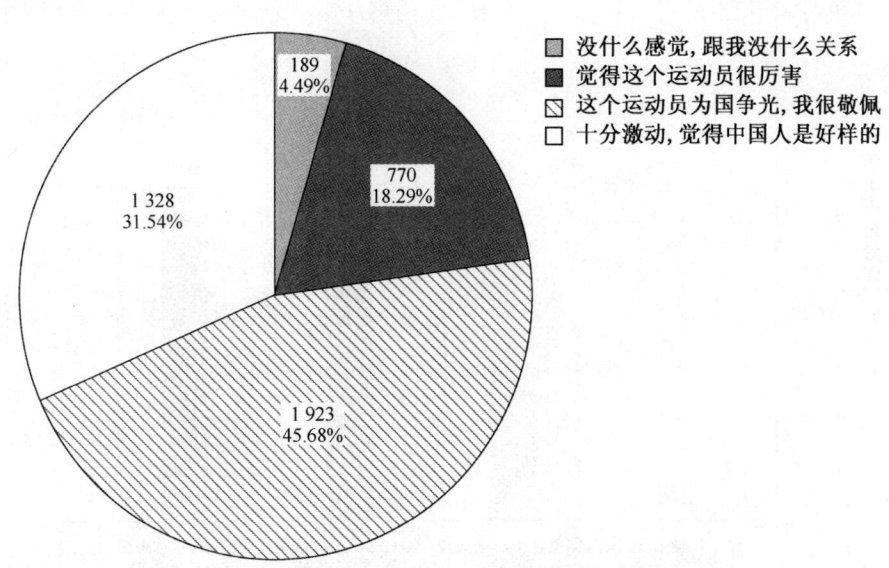

图 2-1 爱国情感与儿童人数百分比分布图

是好样的,45.68%的儿童认为这个运动员为国争光,表示很敬佩(本调查视此两种选择为具有爱国情感的表现)。同时,4.49%的儿童认为中国运动员在国际比赛中获得冠军与自己没有什么关系,18.29%的儿童仅仅认为这个运动员很厉害。深圳市儿童的爱国情感表现不尽相同,整体发展良好。(见图2-1)

(1) 年段差异。

对不同年段的儿童在爱国情感上进行差异检验发现,总体差异非常显著(卡方值＝26.457,$P\leqslant0.01$)。

不同年段儿童各选项百分比如图2-2所示,进一步统计分析发现:

初中和高中儿童在"觉得这个运动员很厉害"选项上,差异非常显著($|AR|>2.58$)。小学年段的儿童在"这个运动员为国争光,我很敬佩"选项上,和高中年段儿童的差异非常显著($|AR|>2.58$)。

小学、初中、高中的儿童在"没什么感觉,跟我没什么关系"和"十分激动,觉得中国人是好样的"选项上,差异均不显著($|AR|\leqslant1.96$)。

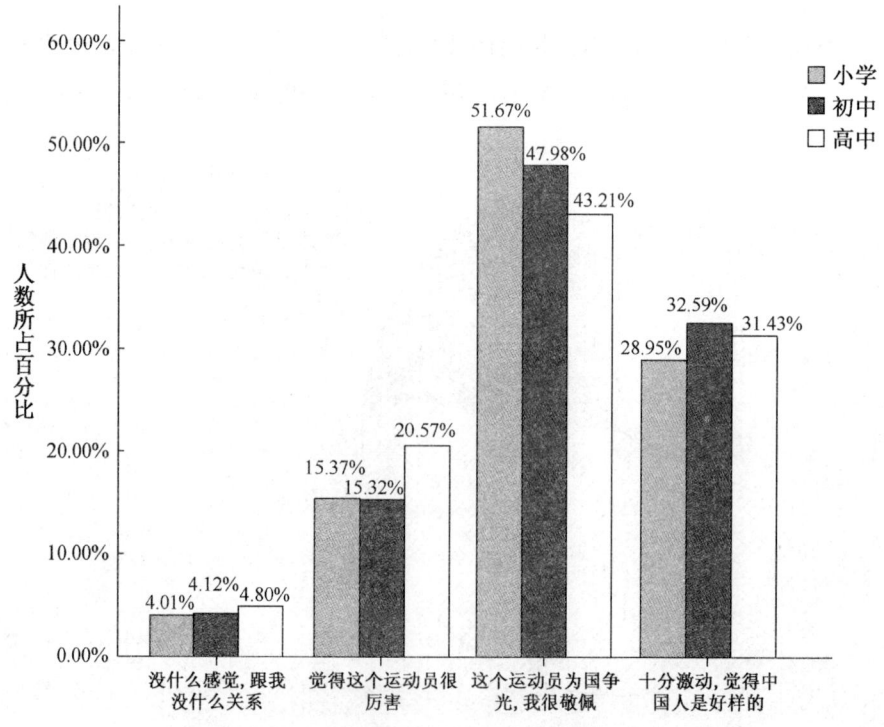

图2-2　爱国情感与儿童年段分布图

对不同年级的儿童在爱国情感方面进行差异检验发现,总体差异非常显著(卡方值=74.726,$P\leqslant 0.01$)。

不同年级儿童各选项百分比如图2-3所示,进一步统计分析发现:

当中国运动员在国际比赛中获得冠军时,各年级儿童选择"十分激动,觉得中国人是好样的"人数比例随着年级的升高变化幅度不大;选择"这个运动员为国争光,我很敬佩"的人数比例随着年级的升高整体呈波动下降的趋势;选择"没什么感觉,跟我没什么关系"的人数比例随着年级的升高变化不大;选择"觉得这个运动员很厉害"的比例随着年级的升高整体有波动上升趋势。

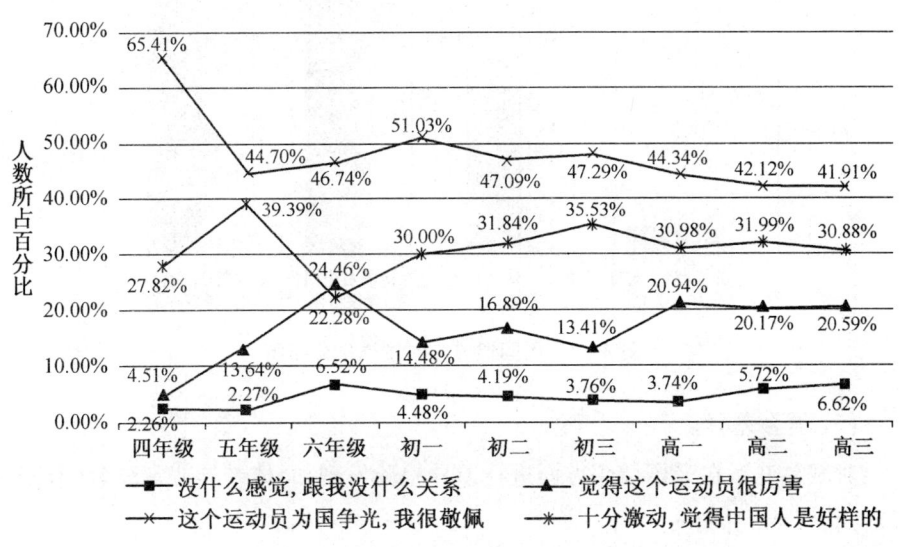

图2-3 爱国情感与儿童年级变化趋势图

(2) 性别差异。

对不同性别的儿童在爱国情感上进行差异检验发现,总体差异非常显著(卡方值=50.565,$P\leqslant 0.01$)。

不同性别儿童各选项百分比如图2-4所示,进一步统计分析发现:

男女生在"没什么感觉,跟我没什么关系""十分激动,觉得中国人是好样的"上,差异非常显著($|AR|>2.58$)。

男女生在"觉得这个运动员很厉害""这个运动员为国争光,我很敬佩"上,差异不显著($|AR|\leqslant 1.96$)。

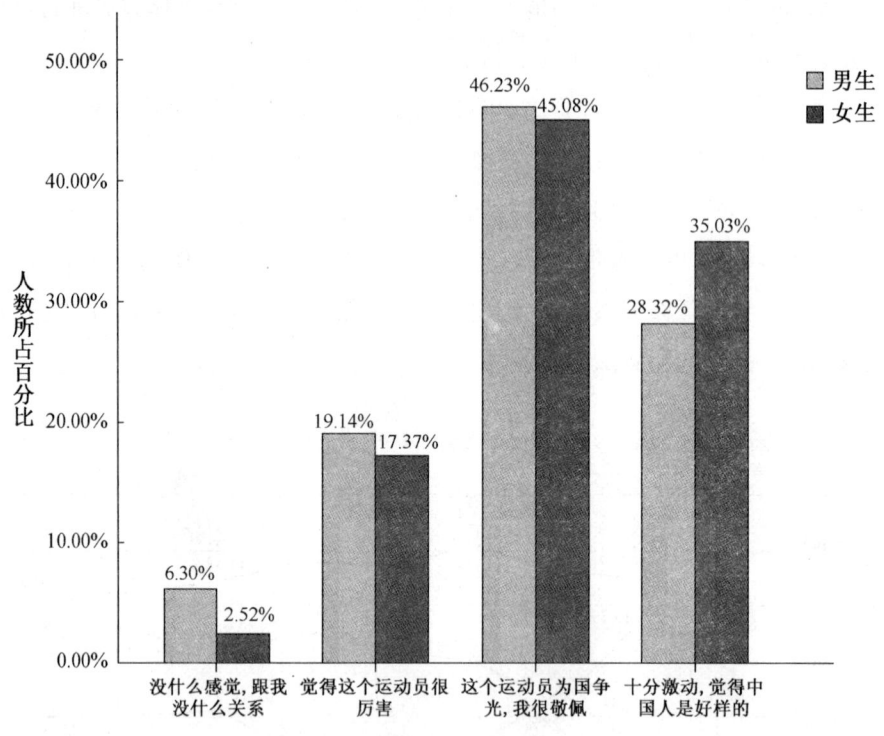

图 2-4 爱国情感与儿童性别分布图

(3) 城乡差异。

对城乡儿童在爱国情感方面进行差异检验发现,总体差异非常显著(卡方值 $=31.496, P \leqslant 0.01$)。

城乡儿童各选项百分比如图 2-5 所示,进一步统计分析发现:

城市儿童在"没什么感觉,跟我没什么关系"选项上,和乡村之间差异非常显著($|AR|>2.58$)。

城乡儿童在"觉得这个运动员很厉害""十分激动,觉得中国人是好样的"选项上,差异不显著($|AR| \leqslant 1.96$)。城市儿童在"这个运动员为国争光,我很敬佩"选项上,和小城镇儿童之间差异不显著($|AR| \leqslant 1.96$)。

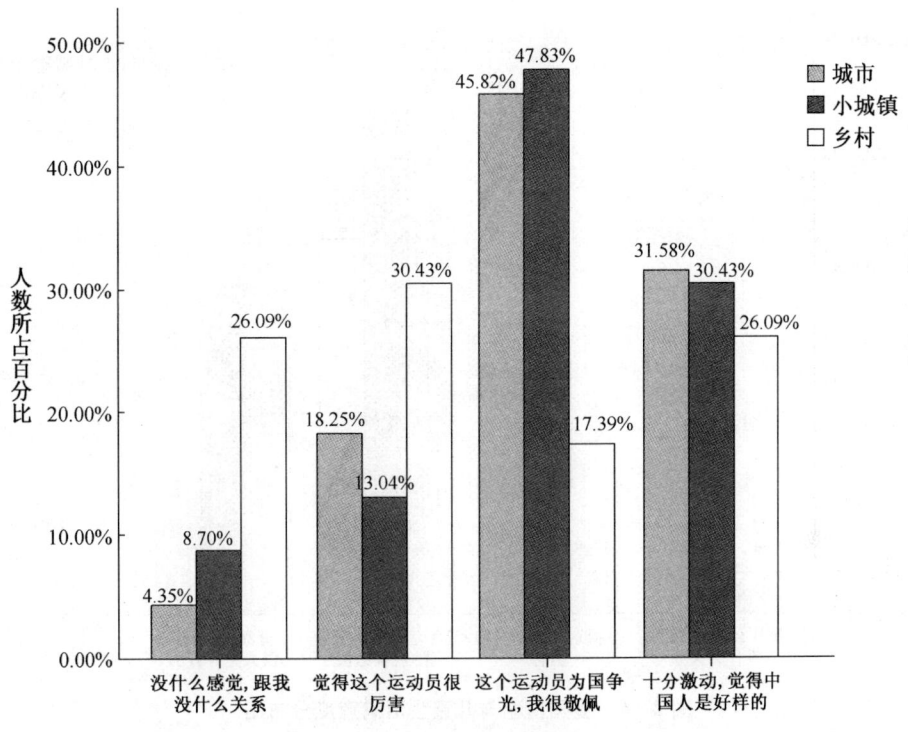

图 2-5 爱国情感与儿童城乡分布图

(4) 生活满意度差异。

对不同生活满意度的儿童在爱国情感方面进行差异检验发现,总体差异非常显著(卡方值=150.255,$P \leqslant 0.01$)。

不同生活满意度的儿童各选项百分比如图 2-6 所示,进一步统计分析发现:

对生活很满意的儿童在"没什么感觉,跟我没什么关系"和"这个运动员为国争光,我很敬佩"选项上,与生活不满意的儿童之间差异非常显著($|AR|>2.58$)。对生活很满意的儿童在"觉得这个运动员很厉害"选项上,和对生活基本满意的儿童之间差异非常显著($|AR|>2.58$)。

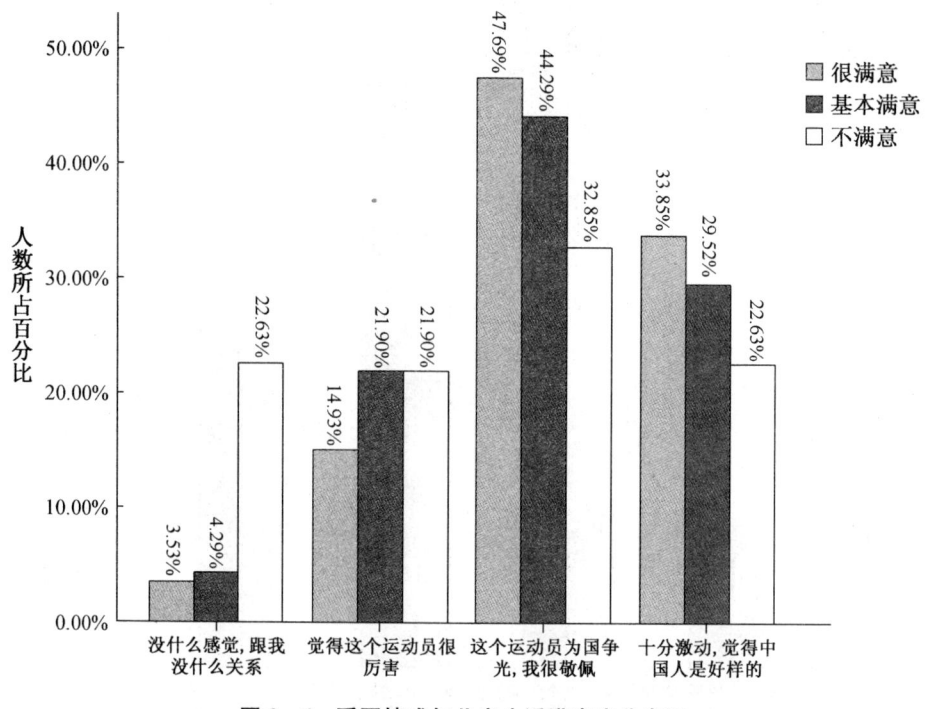

图 2-6 爱国情感与儿童生活满意度分布图

对生活基本满意的儿童在"十分激动,觉得中国人是好样的"选项上,和对生活不满意的儿童之间差异比较显著($1.96 < |AR| \leqslant 2.58$)。

(5) 家庭生活方式差异。

对不同家庭生活方式的儿童在爱国情感上进行差异检验,总体差异非常显著(卡方值=52.647,$P \leqslant 0.01$)。

家庭生活方式不同的儿童各选项百分比如图 2-7 所示,进一步统计分析发现:

"和爸妈经常在一起""单亲家庭"和"离异再组合家庭"的儿童在"没什么感觉,跟我没什么关系"选项上,差异均非常显著($|AR| > 2.58$)。

"和爸妈、爷爷奶奶经常住在一起"与"父母(1人或2人)常年在外打工"的儿童在"没什么感觉,跟我没什么关系"选项上,差异不显著($|AR| \leqslant 1.96$)。不同家庭生活方式的儿童选择"觉得这个运动员很厉害""这个运动员为国争光,我很敬佩"上,差异均不显著($|AR| \leqslant 1.96$)。"和爸妈、爷爷奶奶经常住在一起"

"和爸妈经常在一起""父母(1人或2人)常年在外打工""离异再组合家庭"的儿童在"十分激动,觉得中国人是好样的"选项上,差异均不显著($|AR|\leqslant 1.96$)。

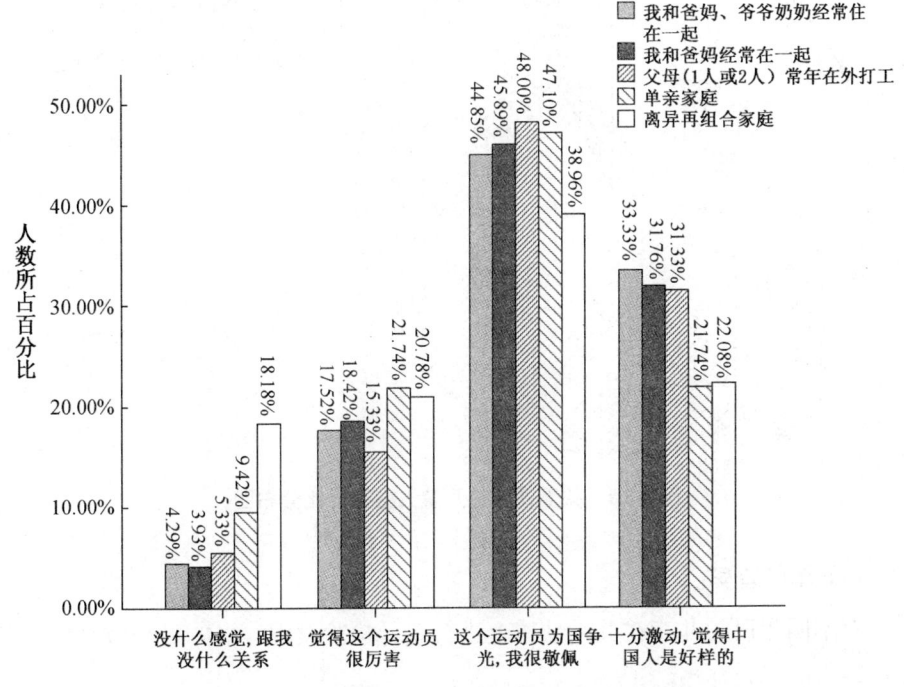

图2-7 爱国情感与儿童家庭生活方式分布图

2.2 关爱情感

统计显示,深圳市92.33%的儿童具有明显的关爱情感;4.77%的儿童当从新闻中知道山区孩子上不了学时,觉得无所谓,跟自己无关;2.90%的儿童不相信我国还有这样贫穷的地方。儿童表现关爱情感的方式不同,64.28%的儿童对贫困地区的孩子上不了学给予的关爱和同情是寄托在好心人身上,希望有好心人能帮助他们;28.05%的儿童想尽自己的努力帮助关爱他人。(见图2-8)

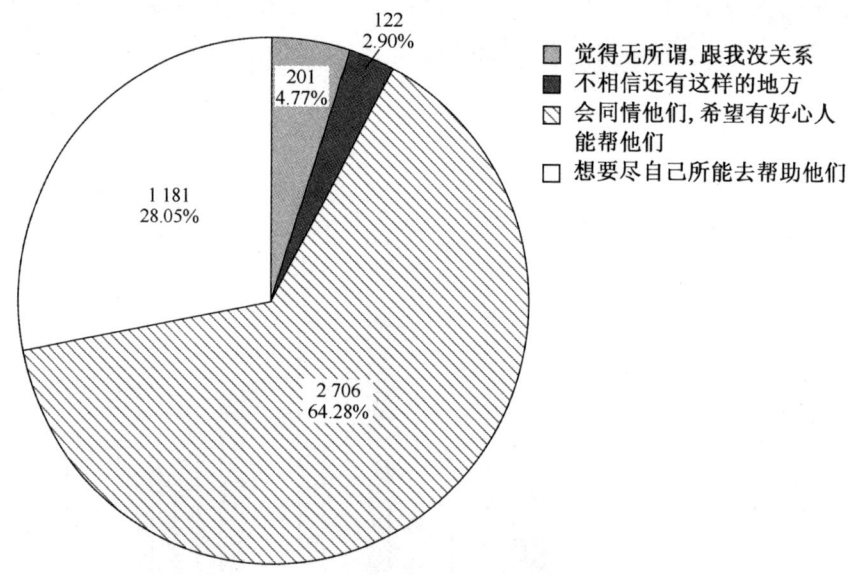

图 2-8　关爱情感与儿童人数百分比分布图

(1) 年段差异。

对不同年段的儿童在关爱情感上进行差异检验发现,总体差异非常显著(卡方值＝216.957,$P \leqslant 0.01$)。

不同年段的儿童各选项百分比如图 2-9 所示,进一步统计分析发现:

小学年段的儿童"不相信还有这样的地方"的人数比例高于初中和高中儿童,且小学和初中儿童之间差异非常显著($|AR|>2.58$)。小学、初中和高中的儿童在选择"会同情他们,希望有好心人能帮他们""想要尽自己所能去帮助他们"选项上,差异均非常显著($|AR|>2.58$)。

小学、初中、高中的儿童在"觉得无所谓,跟我没关系"选项上,差异均不显著($|AR| \leqslant 1.96$)。

对不同年级的儿童在关爱情感方面进行差异检验发现,总体差异非常显著(卡方值＝345.862,$P \leqslant 0.01$)。

统计发现,当从新闻中得知许多贫困地区的孩子上不了学时,各年级的儿童均具有良好的关爱情感,且随着年级的升高,儿童寄希望于好心人身上的人数比例整体呈波动上升的趋势,想要尽己所能去帮助贫困地区的孩子的人数比例整

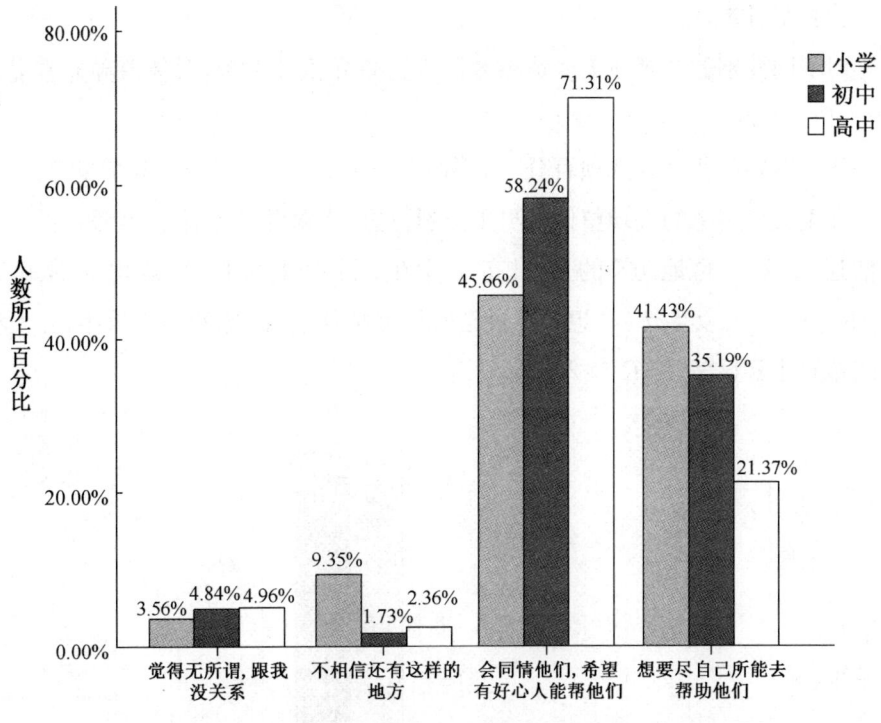

图2-9 关爱情感与儿童年段分布图

体呈波动下降的趋势。选择"觉得无所谓,跟我没关系"和"不相信还有这样的地方"的人数比例,随着年级的上升变化幅度不大,略有上升趋势。(见图2-10)

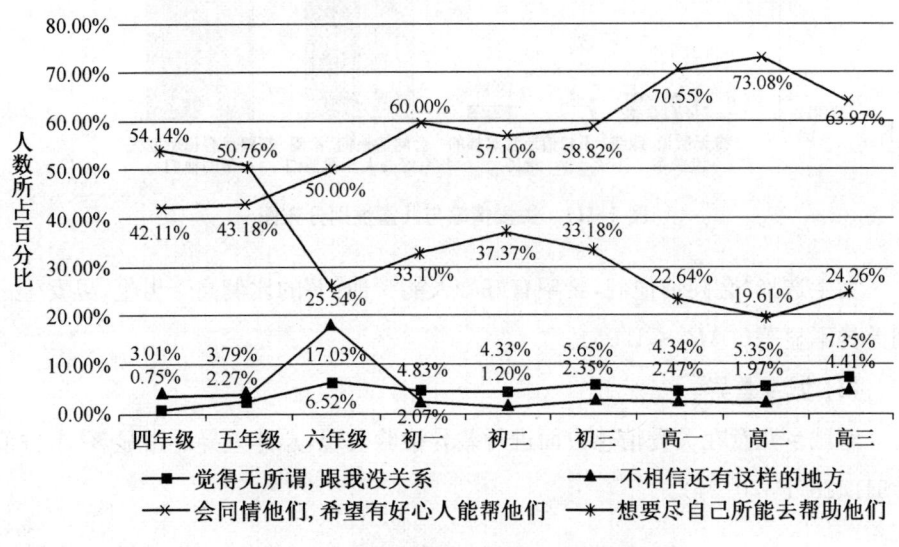

图2-10 关爱情感与儿童年级变化趋势图

(2) 性别差异。

对不同性别的儿童在关爱情感方面进行差异检验发现,总体差异非常显著(卡方值=42.460,$P\leqslant0.01$)。

不同性别的儿童各选项百分比如图2-11所示,进一步统计分析发现:

女生关爱情感的表现整体比男生强烈。男生"觉得无所谓,跟我没关系""不相信还有这样的地方"的比例高于女生,男女生之间差异均非常显著($|AR|>2.58$)。女生选择"想要尽自己所能去帮他们"的比例高于男生,男女生之间差异非常显著($|AR|>2.58$)。

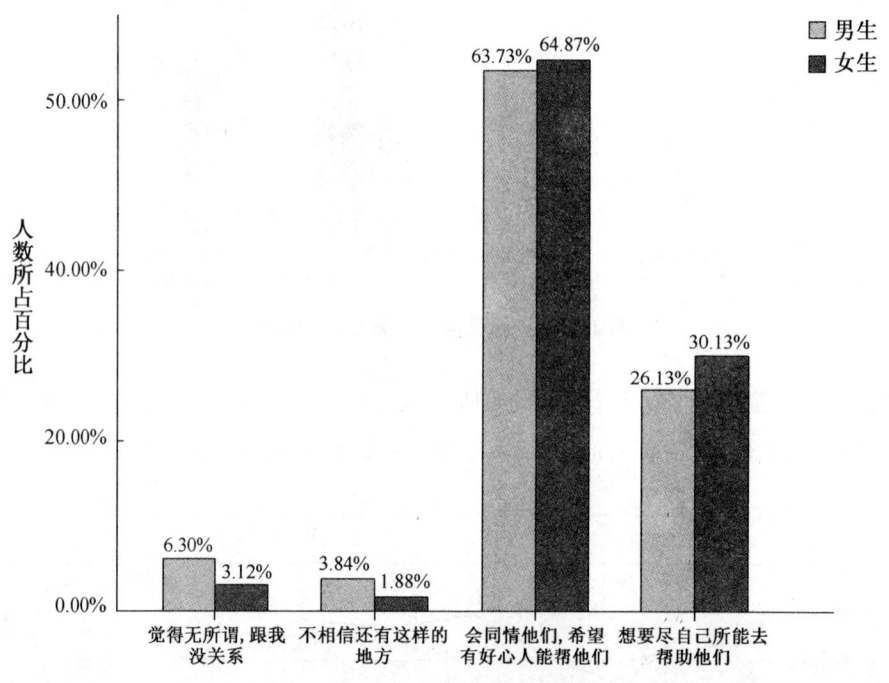

图2-11 关爱情感与儿童性别分布图

女生选择"会同情他们,希望有好心人能帮他们"的比例高于男生,男女生之间差异不显著($|AR|\leqslant1.96$)。

(3) 城乡差异。

对城乡儿童在关爱情感方面进行差异检验发现,总体差异非常显著(卡方值=51.426,$P\leqslant0.01$)。

城乡儿童各选项百分比如图2-12所示,进一步统计分析发现:

城市的儿童在"觉得无所谓,跟我没关系""不相信还有这样的地方""会同情他们,希望有好心人能帮他们"选项上和乡村儿童之间差异非常显著($|AR|>2.58$)。

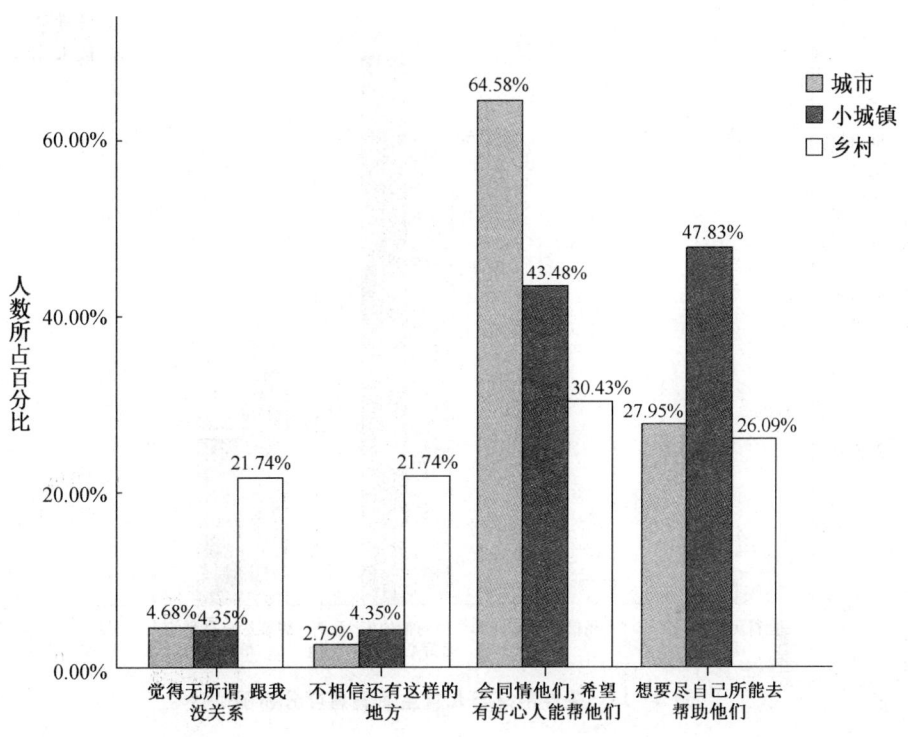

图2-12　关爱情感与儿童城乡分布图

城市儿童和乡村儿童在"想要尽自己所能去帮助他们"选项上,差异不显著($|AR|\leqslant 1.96$)。小城镇儿童选择"想要尽自己所能去帮助他们"的人数比例最高。

(4) 生活满意度差异。

对不同生活满意度的儿童在关爱情感方面进行差异检验,发现整体上差异非常显著(卡方值=145.951,$P\leqslant 0.01$)。

不同生活满意度的儿童各选项百分比如图2-13所示,进一步统计分析发现:

对生活很满意的儿童选择"会同情他们,希望有好心人能帮他们"和对生活基本满意的儿童之间差异非常显著($|AR|>2.58$)。不同生活满意度的儿童在"想要尽自己所能去帮助他们"选项上,差异均非常显著($|AR|>2.58$)。

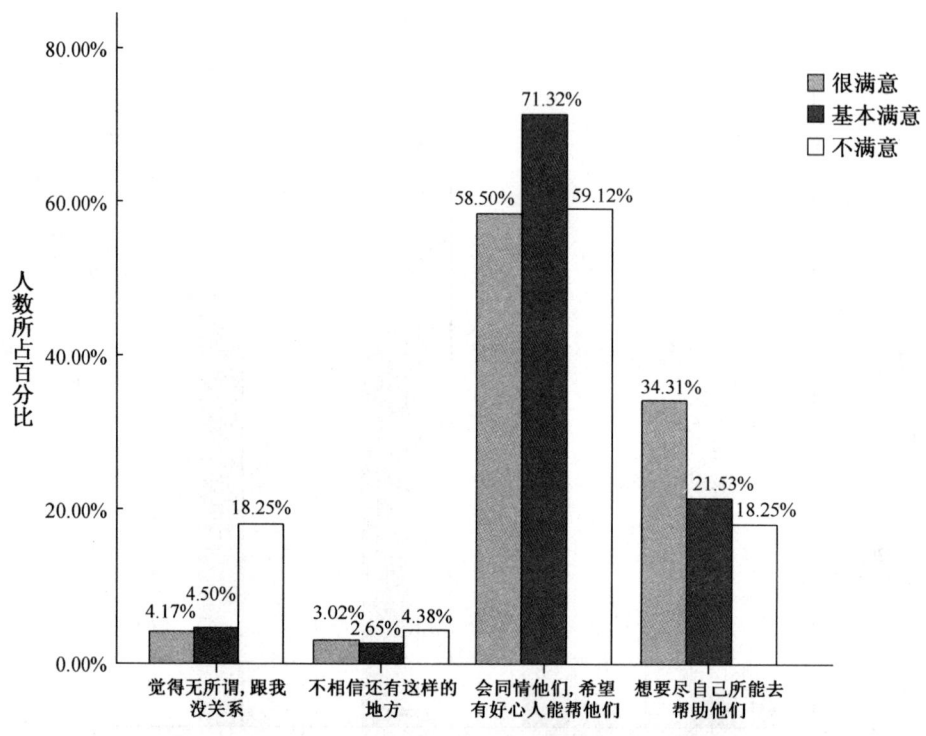

图 2-13 关爱情感与儿童生活满意度分布图

对生活很满意的儿童选择"觉得无所谓,跟我没关系"和对生活基本满意的儿童之间差异不显著($|AR|\leqslant 1.96$)。不同生活满意度的儿童在"不相信还有这样的地方"的选择上,差异均不显著($|AR|\leqslant 1.96$)。

(5) 家庭生活方式差异。

对不同家庭生活方式的儿童在关爱情感方面进行差异检验发现,总体差异非常显著(卡方值=51.379,$P\leqslant 0.01$)。

不同家庭生活方式的儿童各选项百分比如图 2-14 所示,进一步统计分析发现:

不同家庭生活方式的儿童在关爱情感方面整体发展良好,大部分儿童希望

好心人或者尽己所能帮助贫穷地区的孩子上学,但不同家庭生活方式的儿童在关爱情感表现方式上存在差异。"和爸妈经常在一起""单亲家庭""离异再组合家庭"之间在"觉得无所谓,跟我没关系"选项上,差异非常显著($|AR|>2.58$)。

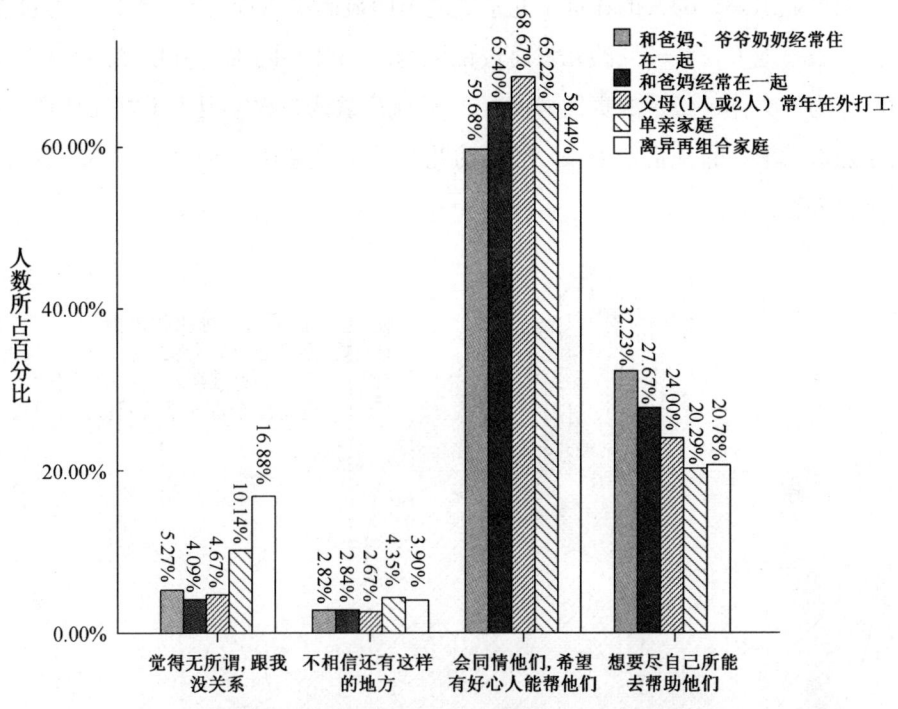

图2-14 关爱情感与儿童家庭生活方式分布图

不同家庭生活方式的儿童在"不相信还有这样的地方"选项上,差异不显著($|AR|\leqslant1.96$)。"父母(1人或2人)常年在外打工""单亲家庭"和"离异再组合家庭"的儿童在"会同情他们,希望有好心人能帮他们"选项上,差异均不显著($|AR|\leqslant1.96$)。"和爸妈经常在一起""父母(1人或2人)常年在外打工""离异再组合家庭"的儿童在"想要尽自己所能去帮助他们"选项上,差异不显著($|AR|\leqslant1.96$)。

2.3 集体责任感

统计显示,81.83%的深圳市儿童表现出明显的集体责任感,57.20%通过管好自己表率他人,24.63%的儿童通过说服全班同学共同维护班集体的卫生,承担起作为班集体一份子的责任。仅有3.87%儿童认为教室卫生不好无所谓,自己会随着大家一起乱扔垃圾,14.30%的儿童看到教室卫生不好时,虽然不开心,但不会去管。(见图2-15)

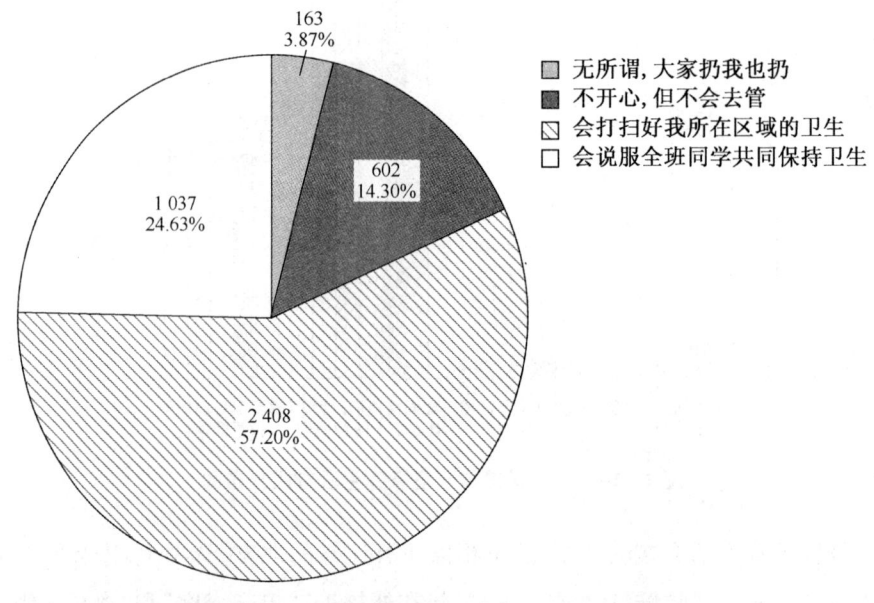

图2-15 集体责任感与儿童人数百分比分布图

(1) 年段差异。

对不同年段的儿童在责任感上进行差异检验发现,总体差异非常显著(卡方值=267.098,$P \leqslant 0.01$)。

不同年段的儿童各选项百分比如图2-16所示,进一步统计分析发现:

初中和高中年段的儿童在"不开心,但不会去管"选项上,差异非常显著($|AR|>2.58$)。小学、初中和高中三个年段的儿童在"会打扫好我所在区域的卫生""会说服全班同学共同保持卫生"选项上,差异均非常显著($|AR|>2.58$)。

小学和初中年段的儿童在"无所谓,大家扔我也扔"选项上,差异不显著($|AR|\leqslant 1.96$)。

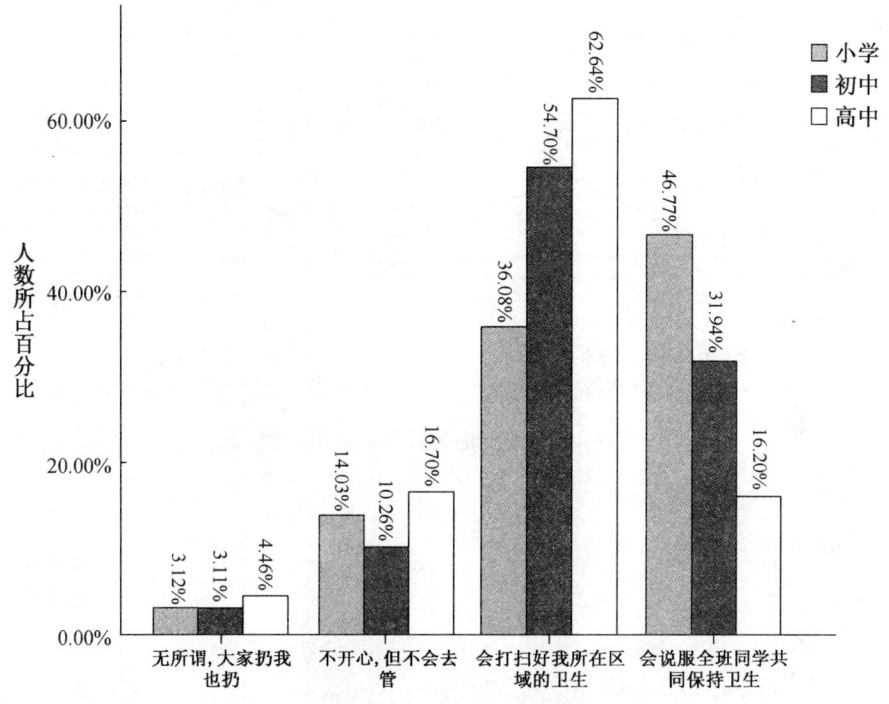

图 2-16 集体责任感与儿童年段分布图

对不同年级的儿童在集体责任感方面进行差异检验发现,总体差异非常显著(卡方值=361.054,$P\leqslant 0.01$)。

统计显示,随着年级的升高,选择"会说服全班同学共同保持卫生"的儿童人数比例整体呈波动下降的趋势,选择"会打扫好我所在区域的卫生"的儿童人数比例随年级的升高整体呈波动上升的趋势。儿童选择"无所谓,大家扔我也扔"的人数比例随年级的升高变化幅度不大,有上升趋势。选择"不开心,但不会去管"的人数比例随年级升高整体有波动上升的趋势。(见图 2-17)

(2) 性别差异。

对不同性别的儿童在集体责任感方面进行差异检验发现,总体差异非常显著(卡方值=25.630,$P\leqslant 0.01$)。

不同性别的儿童各选项百分比如图 2-18 所示,进一步统计分析发现:

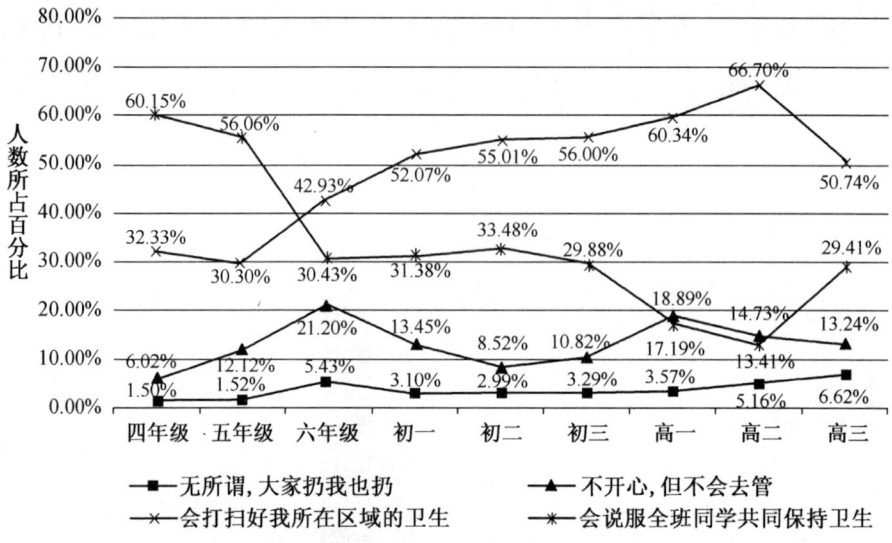

图 2-17 集体责任感与儿童年级变化趋势图

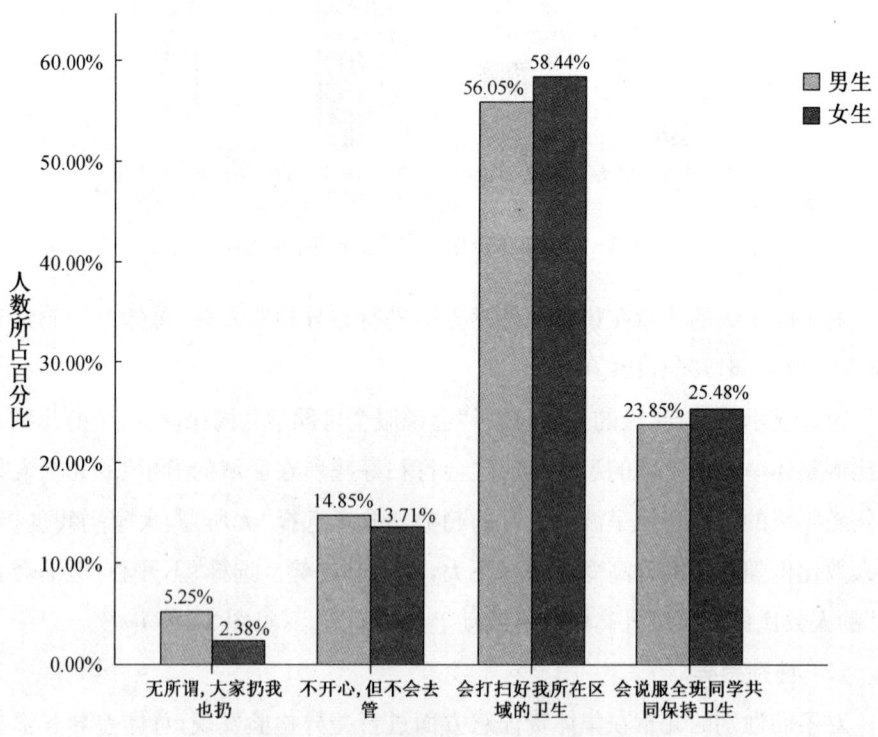

图 2-18 集体责任感与儿童性别分布图

男生和女生在"无所谓,大家扔我也扔"选项上,差异非常显著($|AR|>2.58$)。

男生和女生在"不开心,但不会去管""会打扫好我所在区域的卫生""会说服全班同学共同保持卫生"选项上,差异均不显著($|AR|\leqslant 1.96$)。

(3) 城乡差异。

对城乡儿童在集体责任感方面进行差异检验发现,总体差异非常显著(卡方值=66.210,$P\leqslant 0.01$)。

不同城乡的儿童各选项百分比如图2-19所示,进一步统计分析发现:

城市和乡村儿童在"无所谓,大家扔我也扔"选项上,差异非常显著($|AR|>2.58$)。

城市和小城镇儿童在"会打扫好我所在区域的卫生"选项上,差异比较显著($1.96<|AR|\leqslant 2.58$)。

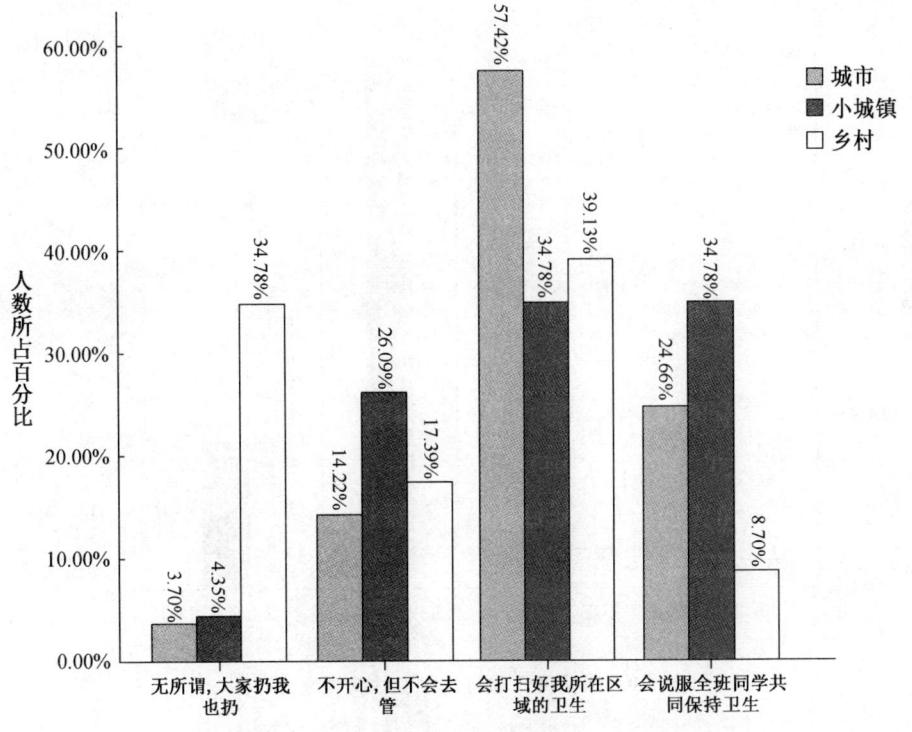

图2-19 集体责任感与儿童城乡分布图

城乡儿童在"不开心,但不会去管""会说服全班同学共同保持卫生"选项上,差异均不显著($|AR|\leqslant 1.96$)。

(4) 生活满意度差异。

对生活满意度不同的儿童在集体责任感方面进行差异检验发现,总体差异非常显著(卡方值=189.544,$P\leqslant 0.01$)。

生活满意度不同的儿童各选项百分比如图2-20所示,进一步统计分析发现:

不同生活满意度的儿童在"不开心,但不会去管""会说服全班同学共同保持卫生"选项上,差异均非常显著($|AR|>2.58$)。对生活很满意和对生活基本满意的儿童在"会打扫好我所在区域的卫生"选项上,差异非常显著($|AR|>2.58$)。

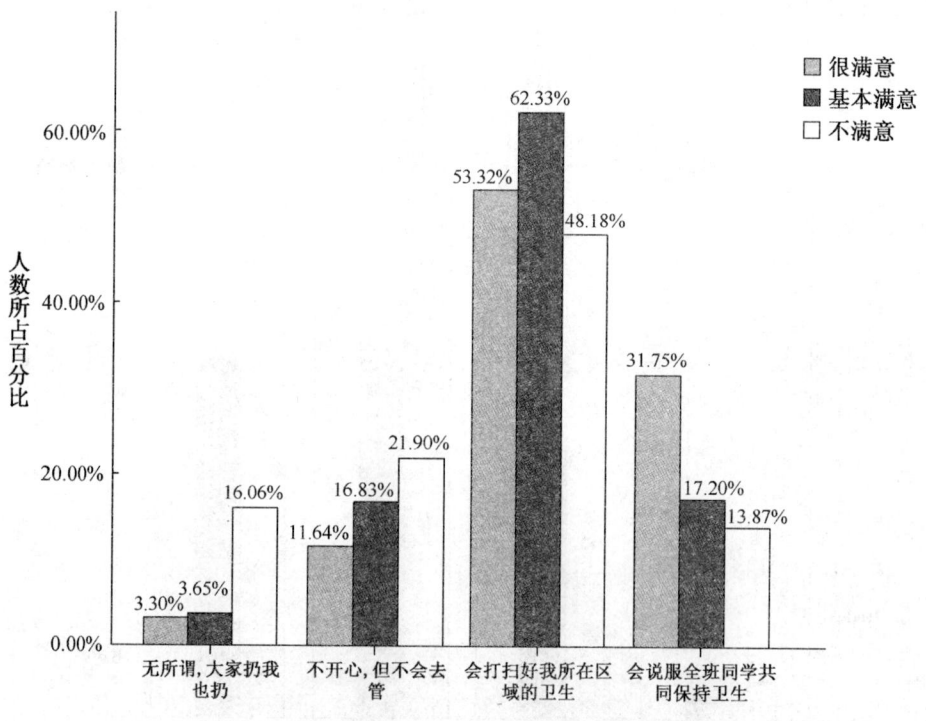

图2-20 集体责任感与儿童生活满意度分布图

对生活很满意和对生活基本满意的儿童在"无所谓,大家扔我也扔"选项上,差异比较显著($1.96<|AR|\leqslant 2.58$)。

(5) 家庭生活方式差异。

对不同家庭生活方式的儿童在集体责任感方面进行差异检验发现,总体差异非常显著(卡方值＝71.981,$P \leqslant 0.01$)。

家庭生活方式不同的儿童各选项百分比如图2－21所示,进一步统计分析发现:

"和爸妈经常在一起"和"离异再组合家庭"的儿童在选择"无所谓,大家扔我也扔"选项上差异非常显著($|AR|>2.58$)。

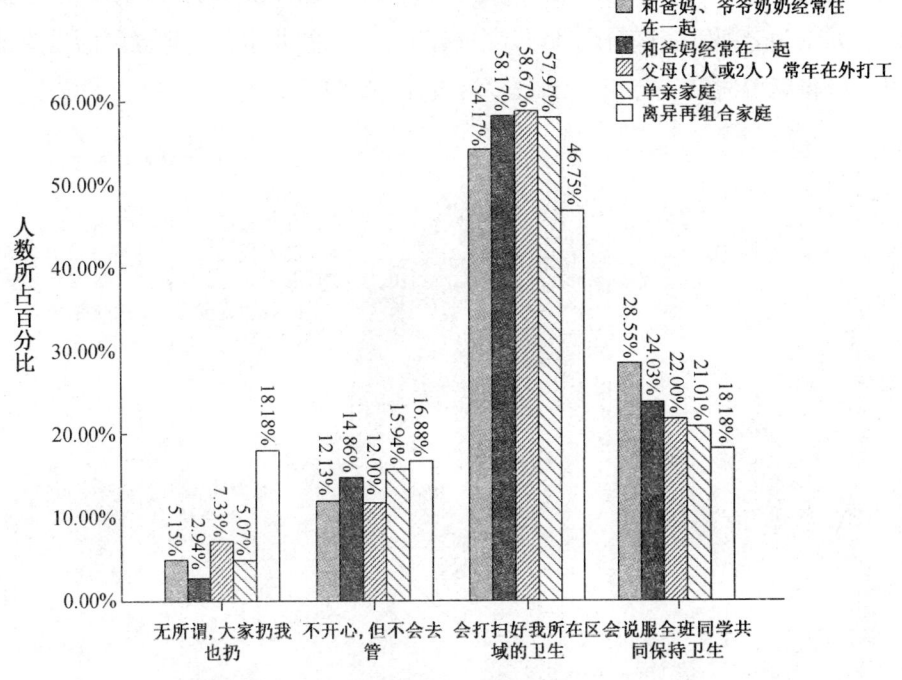

图2－21 集体责任感与儿童家庭生活方式分布图

"和爸妈经常在一起""父母(1人或2人)常年在外打工""单亲家庭""离异再组合家庭"的儿童在选择"不开心,但不会去管"的选项上,彼此之间差异均不显著($|AR| \leqslant 1.96$)。"和爸妈、爷爷奶奶经常住在一起""父母(1人或2人)常年在外打工""单亲家庭""离异再组合家庭"的儿在童选择"会打扫好我所在区域的卫生"的选项上,彼此之间差异均不显著($|AR| \leqslant 1.96$)。"和爸妈经常在一起""父母(1人或2人)常年在外打工""单亲家庭""离异再组合家庭"的儿童在选

择"会说服全班同学共同保持卫生"的选项上,彼此之间差异均不显著($|AR|\leq 1.96$)。

2.4 自尊感

统计显示,深圳市75.49%的儿童自尊感普遍表现强烈,60.19%的儿童在犯错误被老师当众批评后,都会决心日后要改正,找回尊严。15.30%的儿童觉得当众被老师批评很丢人,没面子;14.18%的儿童受到老师的当众批评,表示很难过,并认为老师不应该当众批评自己;有10.33%的儿童在受到老师的当众批评时,觉得无所谓,反正又不只自己受过批评。(见图2-22)

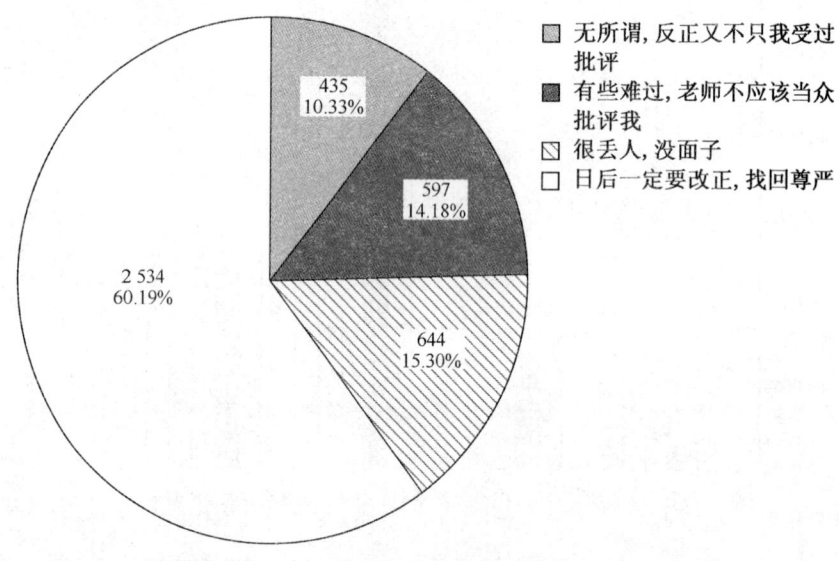

图2-22 自尊感与儿童人数百分比分布图

(1) 年段差异。

对不同年段的儿童在自尊感上进行差异检验发现,总体差异非常显著(卡方值=118.951,$P\leq 0.01$)。

年段不同的儿童各选项百分比如图2-23所示,进一步统计分析发现:

小学、初中、高中年段的儿童在"无所谓,反正又不只我受过批评""日后一定要改正,找回尊严"选项上,彼此之间差异均非常显著($|AR|>2.58$)。初中和高

中的儿童在"有些难过,老师不应该当众批评我"选项上,差异非常显著(|AR|>2.58)。

初中和高中儿童在"很丢人,没面子"选项上,差异比较显著(1.96<|AR|≤2.58)。

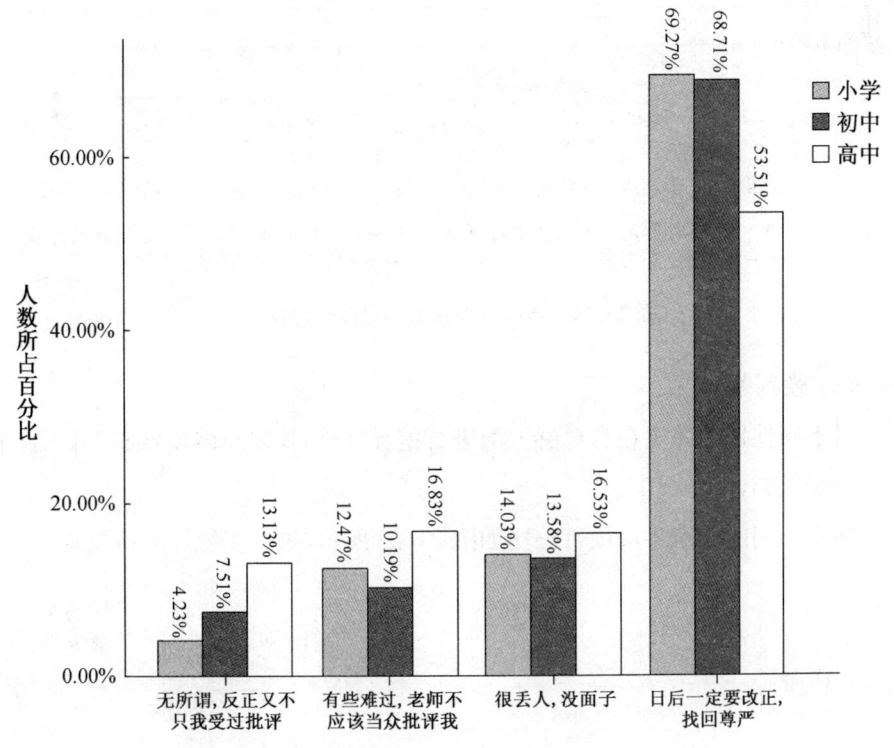

图 2-23　自尊感与儿童年段分布图

对不同年级的儿童在自尊感方面进行差异检验发现,总体差异非常显著(卡方值=175.563,$P \leqslant 0.01$)。

据图显示,各年级儿童都有强烈的自尊感,对比不同年级儿童自尊感的表现发现,年级越低的儿童,自尊感表现得更加明显。随着年级的升高,选择"日后一定要改正,找回尊严"的儿童人数比例整体呈波动下降的趋势。选择"无所谓,反正又不只我受过批评""有些难过,老师不应该当众批评我"以及"很丢人,没面子"的儿童人数比例,整体都略呈波动上升的趋势,但变化幅度不大。(见图2-24)

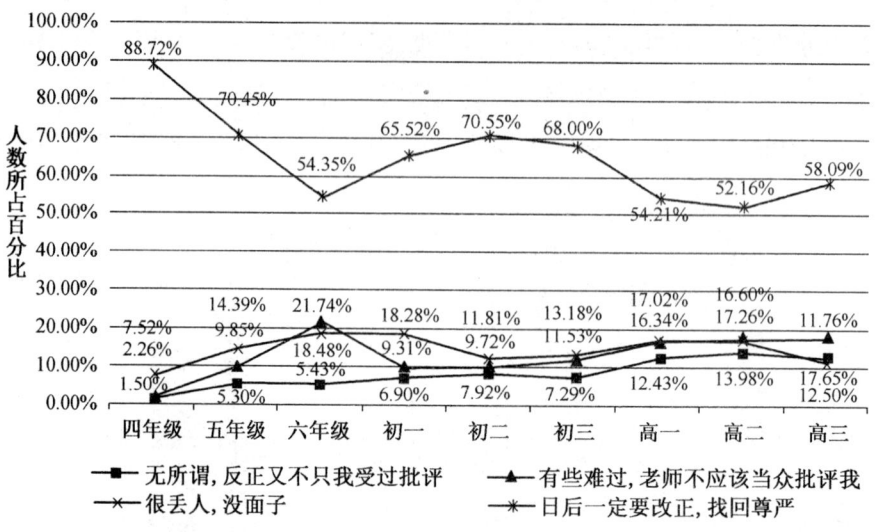

图 2-24 自尊感与儿童年级变化趋势图

(2) 性别差异。

对不同性别的儿童在自尊感方面进行差异检验,发现总体差异非常显著(卡方值=40.035,$P \leqslant 0.01$)。

性别不同的儿童各选项百分比如图 2-25 所示,进一步统计分析发现:

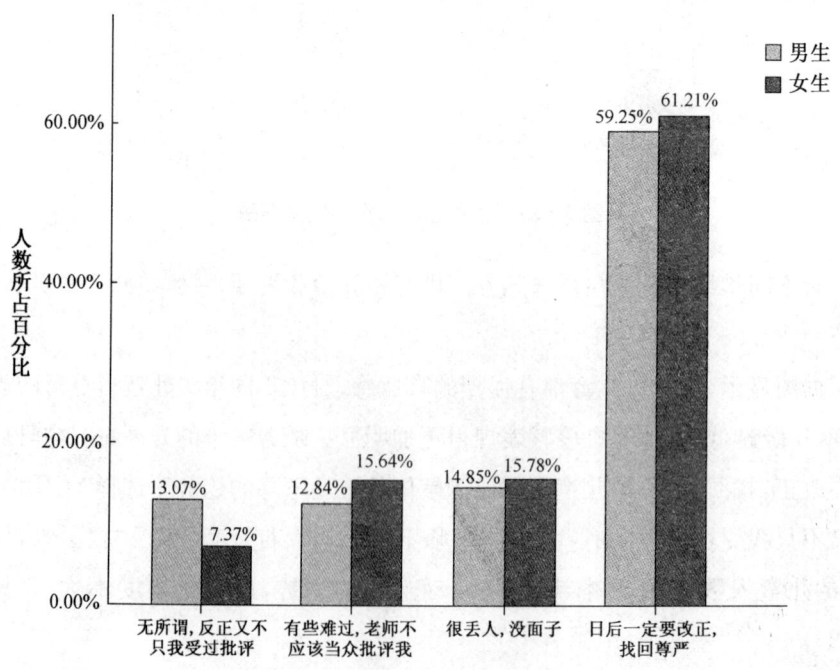

图 2-25 自尊感与儿童性别分布图

男生和女生在"无所谓,反正又不只我受过批评""有些难过,老师不应该当众批评我"选项上,差异均非常显著($|AR|>2.58$)。

男生和女生在"很丢人,没面子""日后一定要改正,找回尊严"选项上,差异均不显著($|AR|\leqslant 1.96$)。

(3) 城乡差异。

对城乡儿童在自尊感方面进行差异检验发现,总体差异非常显著(卡方值=21.939,$P=0.0012\leqslant 0.01$)。

城乡不同的儿童各选项百分比如图 2-26 所示,进一步统计分析发现:

城市和乡村的儿童在"无所谓,反正又不只我受过批评"选项上,差异非常显著($|AR|>2.58$)。

城乡儿童在"有些难过,老师不应该当众批评我""很丢人,没面子"选项上,差异均不显著($|AR|\leqslant 1.96$)。城市和小城镇儿童在"日后一定要改正,找回尊严"选项上,差异不显著($|AR|\leqslant 1.96$)。

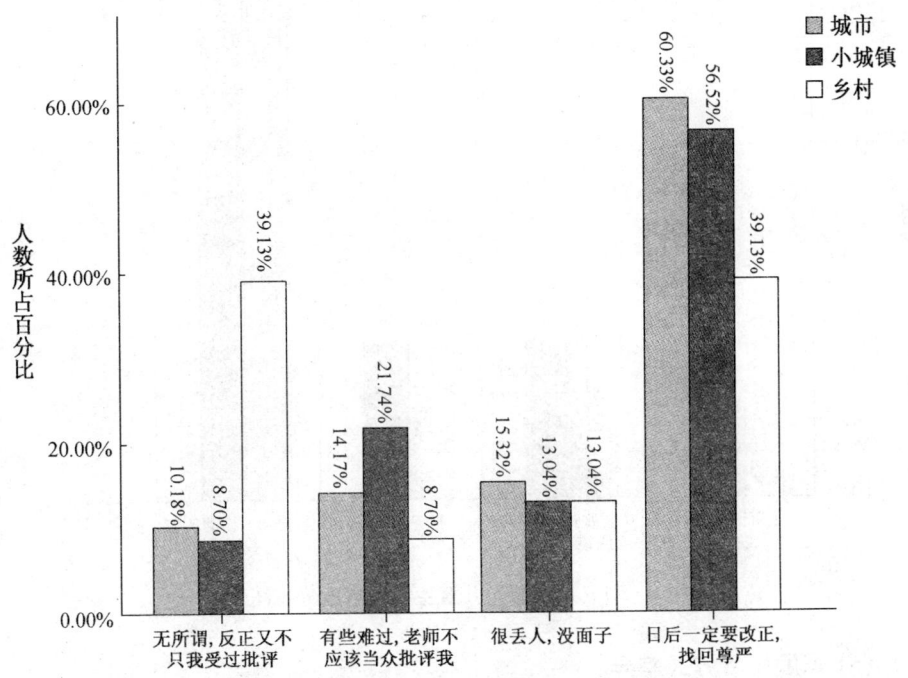

图 2-26 自尊感与儿童城乡分布图

(4) 生活满意度差异。

对生活满意度不同的儿童在自尊感方面进行差异检验发现,总体差异非常显著(卡方值=159.143,$P\leqslant0.01$)。

不同生活满意度的儿童各选项百分比如图2-27所示,进一步统计分析发现:

对生活很满意和生活不满意的儿童在"无所谓,反正又不只我受过批评"选项上,差异非常显著($|AR|>2.58$)。对生活很满意和对生活基本满意的儿童在"有些难过,老师不应该当众批评我""很丢人,没面子"选项上,差异非常显著($|AR|>2.58$)。不同生活满意度的儿童在"日后一定要改正,找回尊严"选项上,差异均非常显著($|AR|>2.58$)。

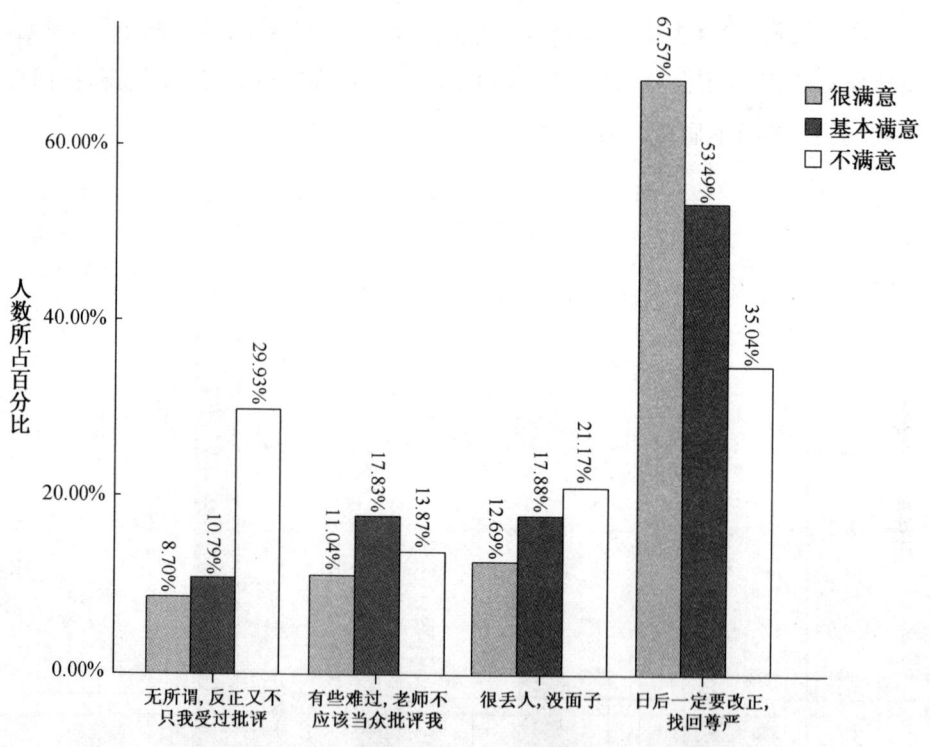

图2-27 自尊感与儿童生活满意度分布图

(5) 家庭生活方式差异。

对不同家庭生活方式的儿童在自尊感方面进行差异检验发现,总体差异非常显著(卡方值=29.324,$P=0.004\leqslant0.01$)

家庭生活方式不同的儿童各选项百分比如图2-28所示,进一步统计分析发现:

"和爸妈、爷爷奶奶经常住在一起"与"离异再组合家庭"的儿童在"日后一定要改正,找回尊严"选项上,差异非常显著($|AR|>2.58$)。

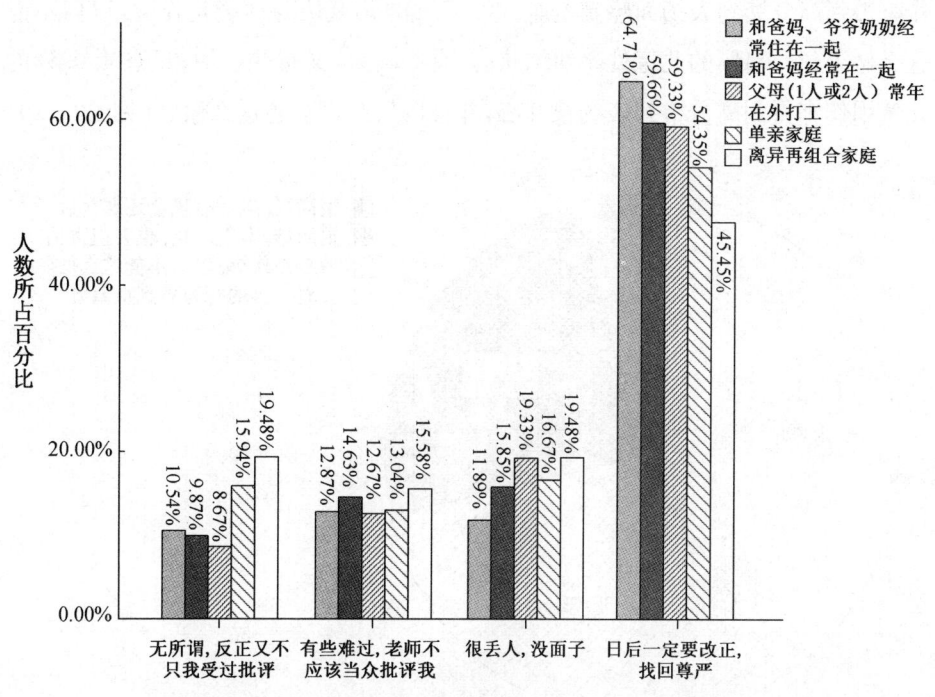

图2-28 自尊感与儿童家庭生活方式分布图

"和爸妈、爷爷奶奶经常住在一起""和爸妈经常在一起"与"父母(1人或2人)常年在外打工"的儿童在"无所谓,反正又不只我受过批评"选项上,差异均不显著($|AR|\leqslant1.96$)。不同家庭生活方式的儿童在"有些难过,老师不应该当众批评我"选项上,差异不显著($|AR|\leqslant1.96$)。"和爸妈经常在一起""父母(1人或2人)常年在外打工""单亲家庭""离异再组合家庭"的儿童在"很丢人,没面子"选项上,彼此之间差异均不显著($|AR|\leqslant1.96$)。"和爸妈经常在一起""父母(1人或2人)常年在外打工""单亲家庭"的儿童在"日后一定要改正,找回尊严"选项上,差异均不显著($|AR|\leqslant1.96$)。

2.5 羞耻感

据统计分析,深圳市儿童普遍具有较强的羞耻感。40.76%的儿童会为自己作弊得到高分受到表扬而感到羞耻;30.62%的儿童认为抄袭是作弊,以后不能这么做了;24.54%的儿童处于纠结状态,有些高兴,又有些害怕;只有4.09%的儿童因作弊得到高分得到表扬很开心,并且以后有机会还这么做。(见图2-29)

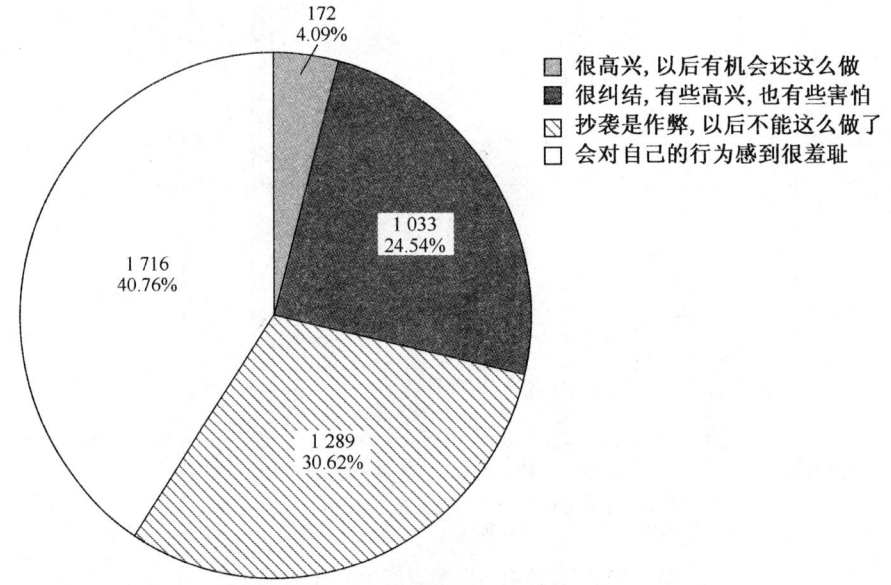

图2-29 羞耻感与儿童人数百分比分布图

(1) 年段差异。

对不同年段的儿童在自尊感上进行差异检验发现,总体差异非常显著(卡方值=38.199,$P \leqslant 0.01$)。

不同年段的儿童各选项百分比如图2-30所示,进一步统计分析发现:

初中和高中儿童在"很高兴,以后有机会还这么做""抄袭是作弊,以后不能这么做了"选项上差异非常显著($|AR|>2.58$)。小学、初中、高中的儿童在"很纠结,有些高兴,也有些害怕"选项上,差异均非常显著($|AR|>2.58$)。

初中和高中儿童在"会对自己的行为感到很羞耻"选项上差异不显著($|AR| \leqslant 1.96$)。

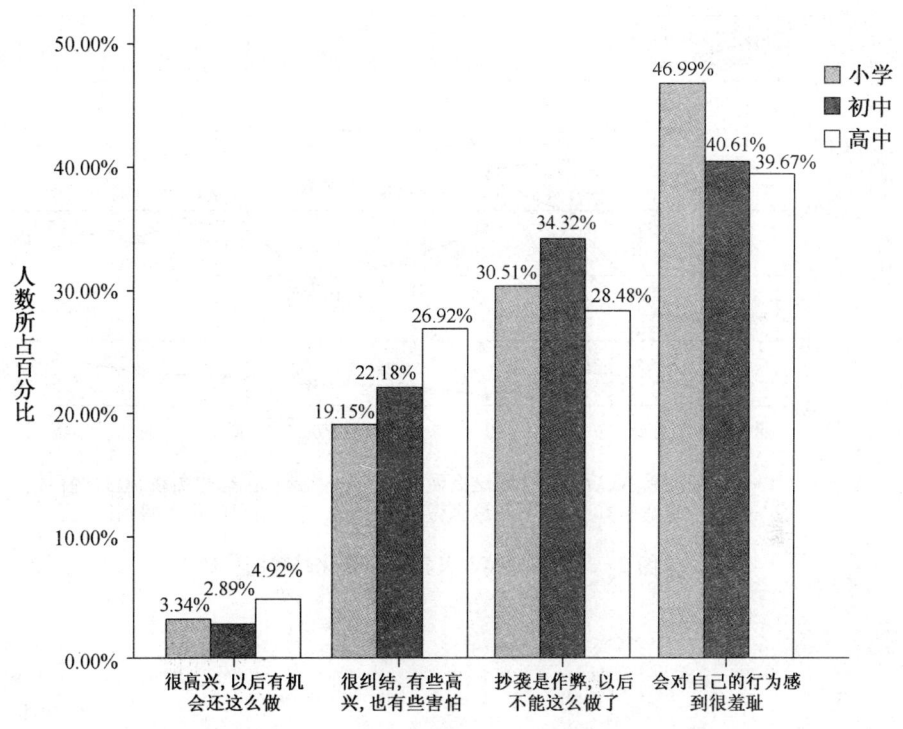

图 2-30 羞耻感与儿童年段分布图

对不同年级的儿童在羞耻感方面进行差异检验发现,总体差异非常显著(卡方值=86.855,$P \leqslant 0.01$)。

统计显示,选择"很高兴,以后有机会还这么做"的儿童人数比例,随着年级的升高变化幅度不大,整体有波动上升的趋势。选择"很纠结,有些高兴,也有些害怕"的儿童人数比例,小学年段呈上升趋势,初中和高中年段整体呈下降趋势。儿童选择"抄袭是作弊,以后不能这么做了"的人数比例整体有波动下降的趋势。选择"会对自己的行为感到羞耻"的人数比例,小学年段整体呈下降趋势,初中年段波动幅度不大,高中年段中高三的人数比例(52.21%)最高。(见图2-31)

(2) 性别差异。

对不同性别的儿童在羞耻感方面进行差异检验,发现总体差异非常显著(卡方值=47.551,$P \leqslant 0.01$)。

不同性别的儿童各选项百分比如图2-32所示,进一步统计分析发现:

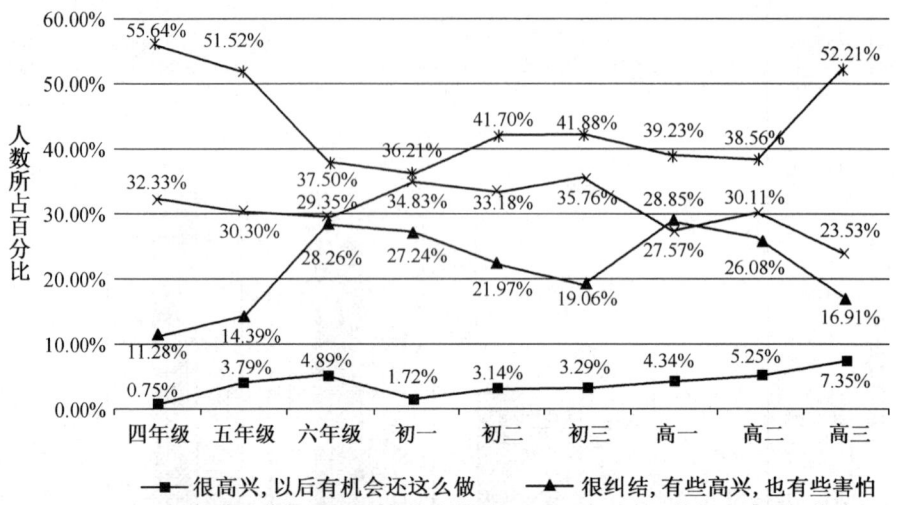

图 2-31 羞耻感与儿童年级变化趋势图

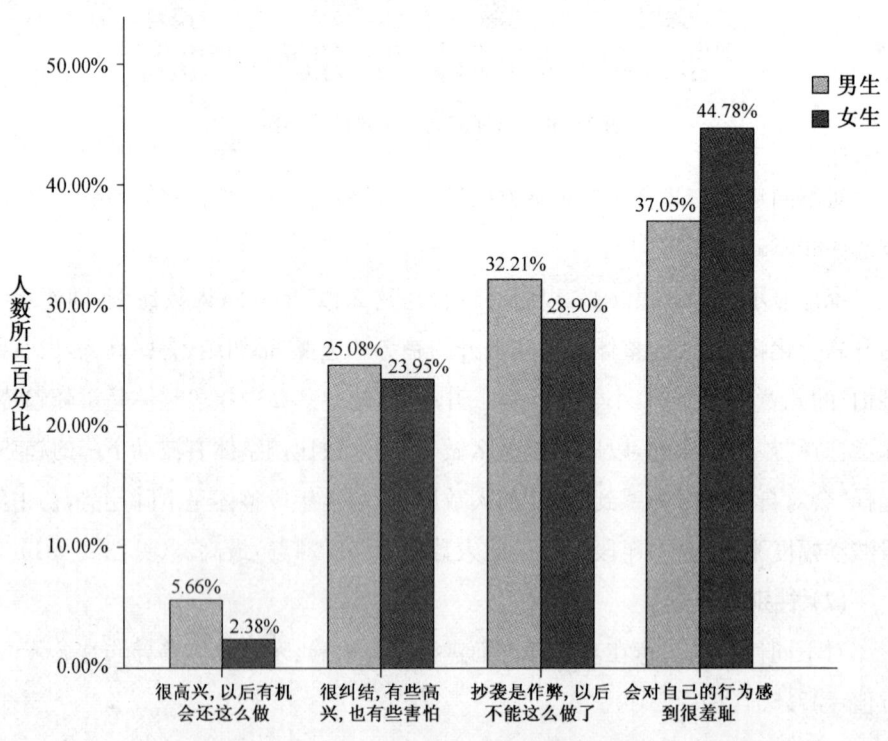

图 2-32 羞耻感与儿童性别分布图

男生和女生在"很高兴,以后有机会还这么做""会对自己的行为感到很羞耻"选项上,差异均非常显著($|AR|>2.58$)。

男生和女生在"抄袭是作弊,以后不能这么做了"选项上,差异比较显著($1.96<|AR|\leqslant 2.58$)。

男生和女生在"很纠结,有些高兴,也有些害怕"选项上,差异不显著($|AR|\leqslant 1.96$)。

(3) 城乡差异。

对城乡儿童在羞耻感方面进行差异检验发现,总体差异非常显著(卡方值=50.131,$P\leqslant 0.01$)。

城乡儿童各选项百分比如图2-33所示,进一步统计分析发现:

城市和乡村儿童在"很高兴,以后有机会还这么做"选项上,差异非常显著($|AR|>2.58$)。

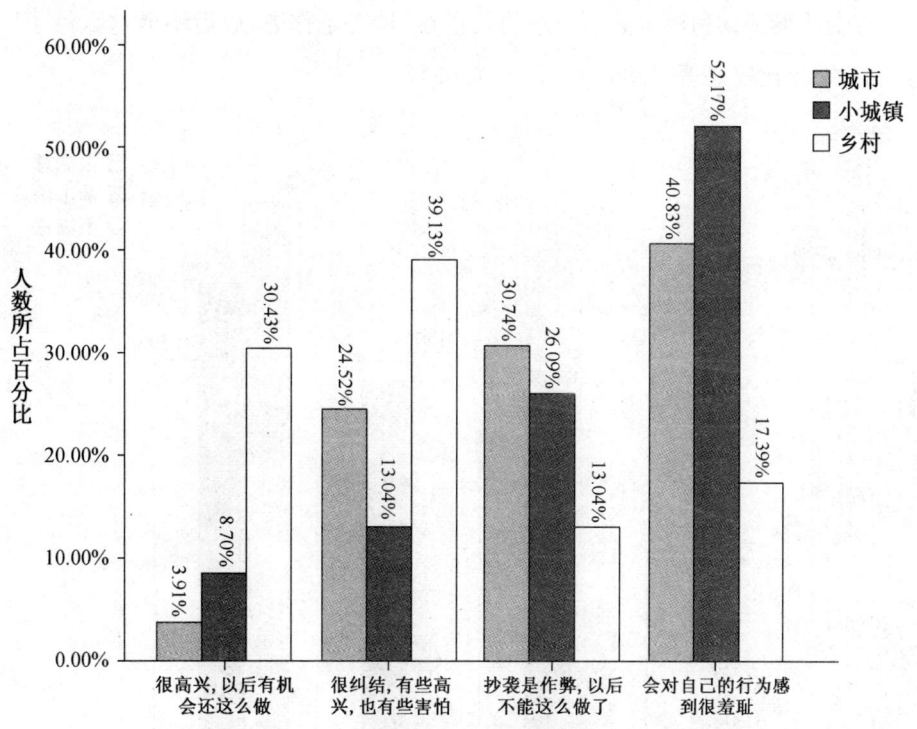

图2-33 羞耻感与儿童城乡差异分布图

城乡儿童在"很纠结,有些高兴,也有些害怕""抄袭是作弊,以后不能这么做了"选项上,差异均不显著($|AR|\leqslant1.96$)。城市和小城镇儿童在"会对自己的行为感到很羞耻"选项上,差异不显著($|AR|\leqslant1.96$)。

(4) 生活满意度差异。

对不同生活满意度的儿童在羞耻感方面进行差异检验发现,总体差异非常显著(卡方值$=94.871,P\leqslant0.01$)。

生活满意度不同的儿童各选项百分比如图 2-34 所示,进一步统计分析发现:

对生活很满意和对生活不满意的儿童在选择"很高兴,以后有机会还这么做"上差异非常显著($|AR|>2.58$)。对生活很满意和对生活基本满意的儿童在"很纠结,有些高兴,也有些害怕""会对自己的行为感到很羞耻"选项上,差异非常显著($|AR|>2.58$)。

对生活很满意和对生活不满意的儿童在"抄袭是作弊,以后不能这么做了"选项上,差异比较显著($1.96<|AR|\leqslant2.58$)。

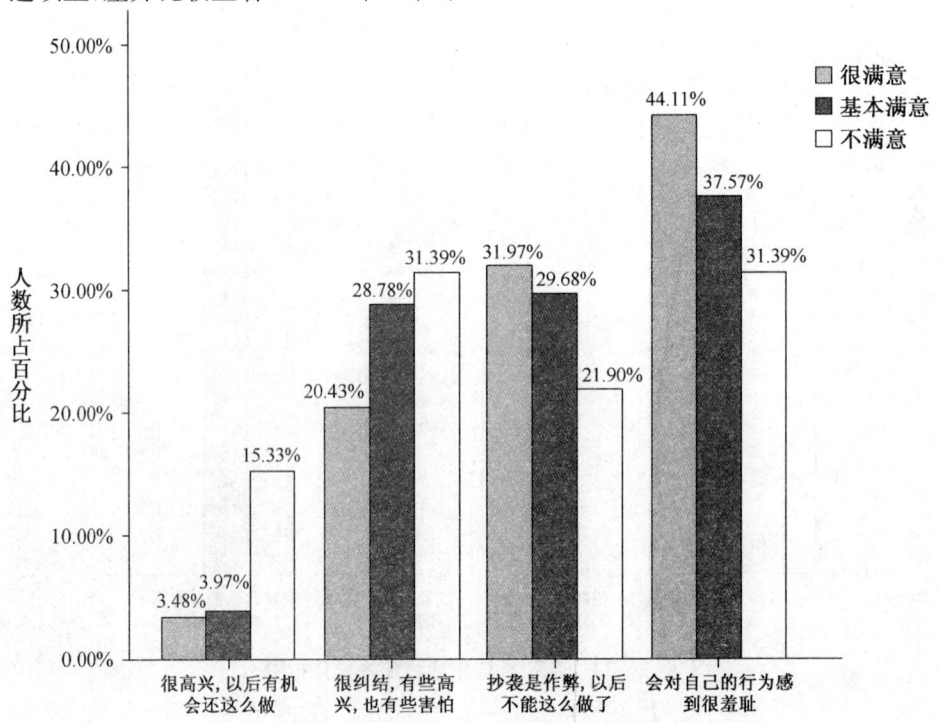

图 2-34　羞耻感与儿童生活满意度分布图

(5) 家庭生活方式差异。

对不同家庭生活方式的儿童在羞耻感方面进行差异检验,发现总体差异非常显著(卡方值=36.203,$P \leqslant 0.01$)。

不同家庭生活方式的儿童各选项百分比如图 2-35 所示,进一步统计分析发现:

"和爸妈经常在一起""单亲家庭""离异再组合家庭"的儿童在"很高兴,以后有机会还这么做"选项上,差异均非常显著($|AR|>2.58$)。

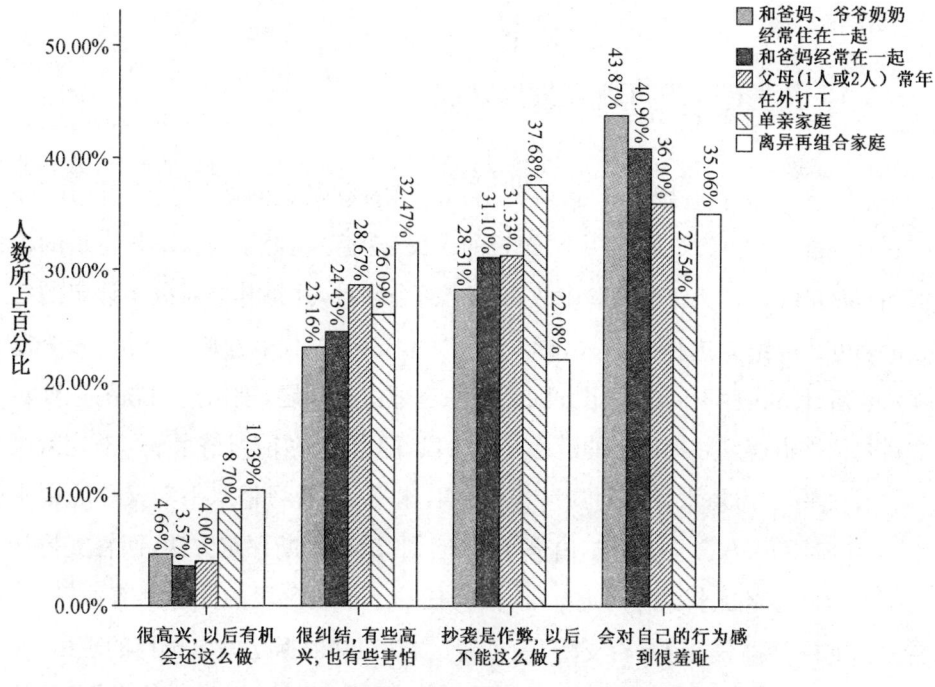

图 2-35 羞耻感与儿童家庭生活方式分布图

"和爸妈、爷爷奶奶经常住在一起""父母(1人或2人)常年在外打工"的儿童在"很高兴,以后有机会还这么做"选项上,差异均不显著($|AR| \leqslant 1.96$)。不同家庭生活方式的儿童在"很纠结,有些高兴,也有些害怕""抄袭是作弊,以后不能这么做了"选项上,差异不显著($|AR| \leqslant 1.96$)。"和爸妈经常在一起""父母(1人或2人)常年在外打工""离异再组合家庭"的儿童在"会对自己的行为感到很羞耻"选项上,差异不显著($|AR| \leqslant 1.96$)。

3 深圳市儿童道德理性发展状况

3.1 儿童道德判断水平发展状况

本维度选取了詹姆斯·莱斯特（James Rest）限定问题测验法（Defining Issues Test, DIT）修订版中一个"饥饿的农民（李德）能否偷为富不仁富翁的粮食"的两难故事，只保留原测验中故事评定一个题目，并将其中对故事评定的三点量表方式改编为选择题形式（即"支持""不支持""不知道是否支持"三个选项），然后针对三种不同的评定分别设置一道理由追问题，理由追问题的选项对应科尔伯格道德发展理论中的三水平六阶段，即水平一"前习俗水平"，对应阶段一、二，水平二"习俗水平"，对应阶段三、四，水平三"后习俗水平"，又称原则水平，对应阶段五、六。根据科尔伯格"两难问题"道德判断评定方法，回答支持与否不作为道德判断水平的判定标准，因为任一水平或阶段的儿童都有回答"支持""不支持"和"不知道是否支持"的可能，主要判别依据是做出选择的理由，即"为什么支持""为什么不支持"和"为什么不知道是否支持"。我们主要从作答的理由来对儿童道德判断水平的发展状况进行分析。

"支持"的即"肯定性"道德判断的理由有五项，其包含的内容以及相对应的发展阶段分别是：第一项为"偷来粮食可以救自己家人的命"，选择此选项的儿童处于道德判断水平的阶段二"以个人的功利主义与交换为价值取向"；第二项为"父亲应该为家人想出解决问题的办法"，选择此选项的儿童处于阶段三"以协调人际关系为价值取向"；第三项为"如果法律不合理，就不用遵守法律"，选择此选项的儿童处于阶段四"以法律与秩序为价值取向"；第四项为"富人不仁，穷人就可以违法",选择此选项的儿童处于阶段五"以法定的社会契约为价值取向";第五项为"生命最重要,其他都可以不考虑",选择此选项的儿童处于阶段六"以普遍伦理原则为价值取向"。

"不支持"的即"否定性"道德判断的理由有五项,其包含的内容以及相对应的发展阶段分别是:第一项为"偷粮食会被惩罚",选择此选项的儿童处于道德判断水平的阶段一"以惩罚和服从为价值取向";第二项为"他成了小偷,就不是好爸爸了",选择此选项的儿童处于阶段三"以协调人际关系为价值取向";第三项为"偷东西是违反法律和道德的",选择此选项的儿童处于阶段四"以法律与秩序为价值取向";第四项为"富人不道德,但这不是穷人违反道德的理由",选择此选项的儿童处于阶段五"以法定的社会契约为价值取向";第五项为"不管怎么样,好人不能偷东西",选择此选项的儿童处于阶段六"以普遍伦理原则为价值取向"。

"不知道是否支持"的即"两难性"道德判断理由有六项,其包含的内容以及相对应的发展阶段分别是:第一项为"家人饿死,李德会很伤心,但偷东西,可能会被抓住受惩罚",选择此选项的儿童处于道德判断水平的阶段一"惩罚与服从"。第二项为"偷东西可以让家人活下来,但如果被抓住,他就不能再照顾家人",选择此选项的儿童处于阶段二"以个人的功利主义与交换为价值取向";第三项为"救家人是好父亲,但是偷东西就成了坏人",选择此选项的儿童处于阶段三"以协调人际关系为价值取向";第四项为"法律没有保护穷人,但做事不能违反法律",选择此选项的儿童处于阶段四"以法律与秩序为价值取向";第五项为"一个好父亲应当照顾好家人,但如果人人都这么做,天下会大乱",选择此选项的儿童处于阶段五"以法定的社会契约为价值取向";第六项为"不能救自己家人的性命,良心会过不去,但是偷别人的东西,即使没被抓住,还是会觉得人生有了污点",选择此选项的儿童处于阶段六"以普遍伦理原则为价值取向"。

3.1.1 儿童能否作出道德判断的情况

35.18%的深圳市儿童表示不支持李德去偷粮食;31.64%的儿童表示不知道是否支持李德去偷粮食;33.18%的儿童表示支持李德去偷粮食。(见图3-1)

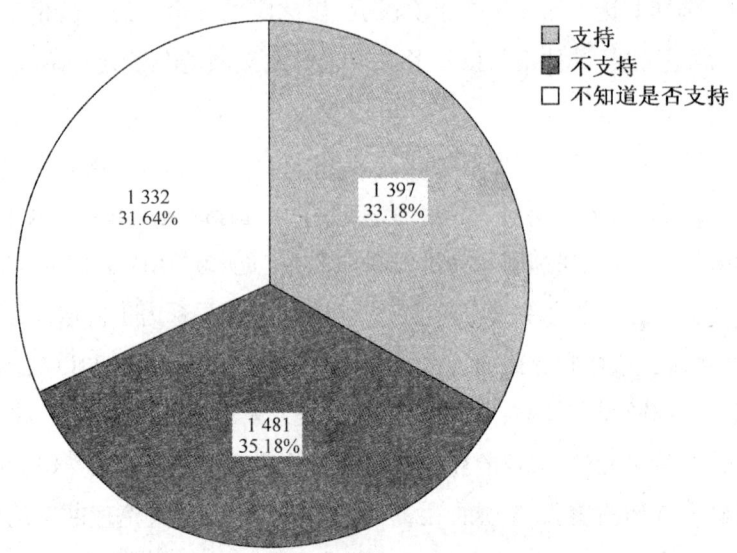

图 3-1 道德判断与儿童人数百分比分布图

(1) 年段差异。

对不同年段儿童的道德判断情况进行差异检验发现,总体上存在非常显著的差异(卡方值=115.080,$P \leqslant 0.01$)。

不同年段的儿童各选项百分比如图 3-2 所示,进一步统计分析发现:

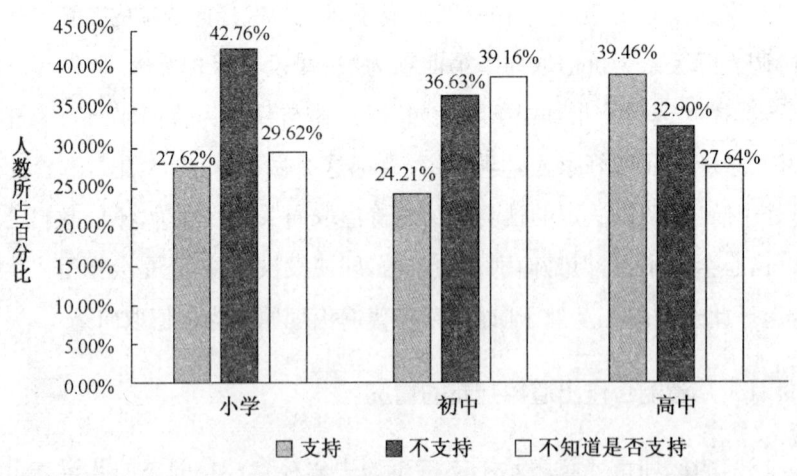

图 3-2 道德判断与儿童年段分布图

选择支持李德偷粮食,高中儿童的人数比例高于小学、初中儿童,且差异非常显著($|AR|>2.58$),小学儿童人数比例高于初中儿童,且差异非常显著($|AR|>2.58$)。

选择不支持李德偷粮食,小学儿童的人数比例高于初中、高中儿童,且差异非常显著($|AR|>2.58$),初中儿童和高中儿童之间不存在显著差异($|AR|\leqslant1.96$)。

不知道是否支持李德偷粮食,初中儿童人数比例高于小学、高中儿童,且差异非常显著($|AR|>2.58$),小学儿童和高中儿童之间不存在显著差异($|AR|\leqslant1.96$)。

从道德判断与儿童年级变化趋势图中可以看出,随着年龄的增加,儿童选择支持李德偷粮食的人数比例整体呈上升的趋势;选择不支持的儿童人数比例整体上呈先下降,初中之后人数比例保持平稳的趋势;选择不知道是否支持的人数比例整体呈上升的趋势。(见图3-3)

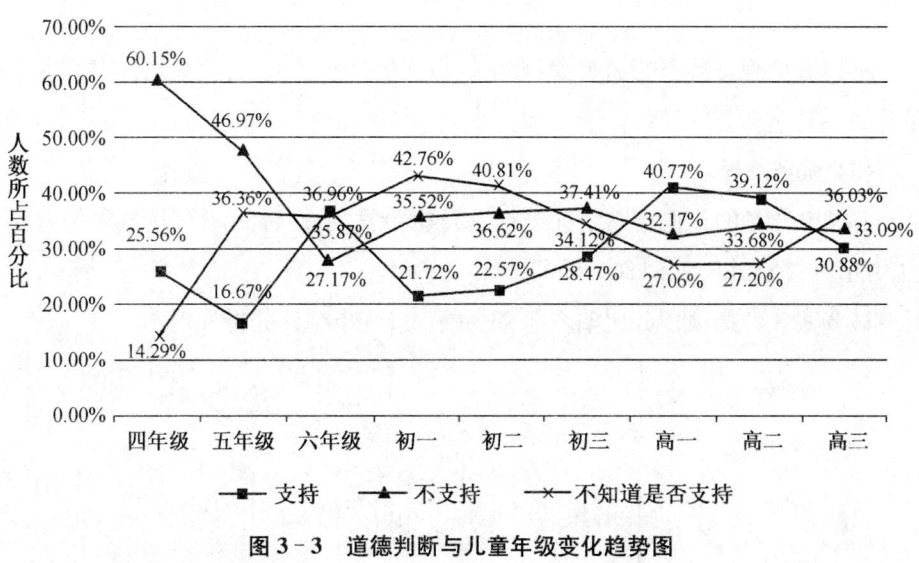

图3-3 道德判断与儿童年级变化趋势图

(2) 性别差异。

对不同性别儿童的道德判断情况进行差异检验发现,总体上存在非常显著的差异(卡方值=94.567,$P\leqslant0.01$)。

不同性别的儿童各选项百分比如图3-4所示,进一步统计分析发现:

选择支持李德偷粮食,男生人数比例高于女生,男女生之间存在非常显著的差异($|AR|>2.58$)。

选择不支持李德偷粮食,男女生之间不存在显著差异($|AR|\leqslant 1.96$)。

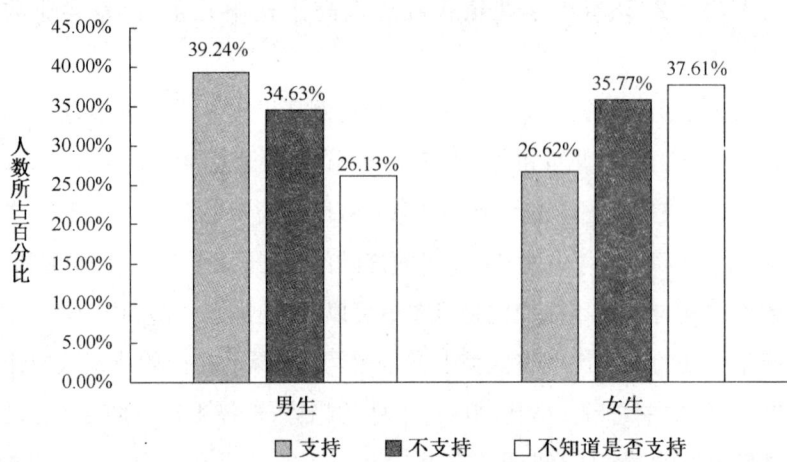

图3-4 道德判断与儿童性别分布图

不知道是否支持李德偷粮食,女生人数比例高于男生,男女生之间存在非常显著的差异($|AR|>2.58$)。

(3) 城乡差异。

对城乡儿童的道德判断情况进行差异检验发现,总体上不存在显著的差异(卡方值=7.315,$P=0.120>0.05$)。

城乡儿童各选项百分比如图3-5所示,进一步统计分析发现:

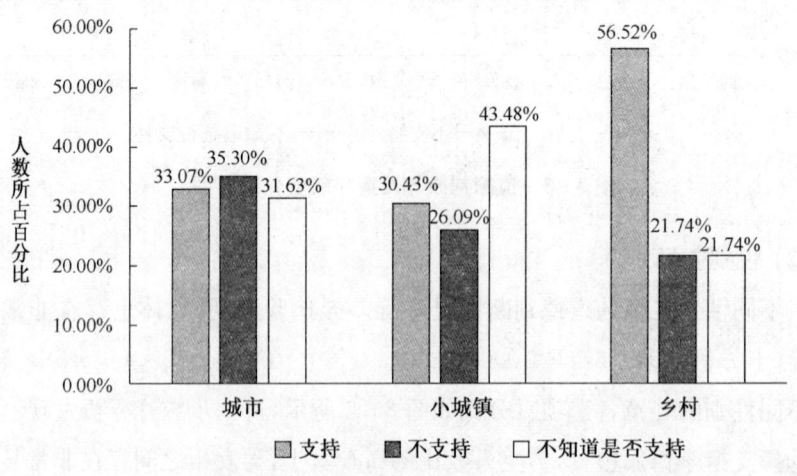

图3-5 道德判断与儿童城乡分布图

选择支持李德偷粮食,城乡儿童之间均不存在显著差异(|AR|≤1.96)。

选择不支持李德偷粮食,城乡儿童之间均不存在显著差异(|AR|≤1.96)。

不知道是否支持李德偷粮食,城乡的儿童之间均不存在显著差异(|AR|≤1.96)。

(4) 生活满意度差异。

对不同生活满意度儿童的道德判断情况进行差异检验发现,总体上存在非常显著的差异(卡方值=30.947,P≤0.01)。

生活满意度不同的儿童各选项百分比如图 3-6 所示,进一步统计分析发现:

选择支持李德偷粮食,对生活不满意的儿童人数比例高于对生活很满意、对生活基本满意的儿童,且差异非常显著(|AR|>2.58);对生活基本满意的儿童人数比例高于对生活很满意的儿童,且差异非常显著(|AR|>2.58)。

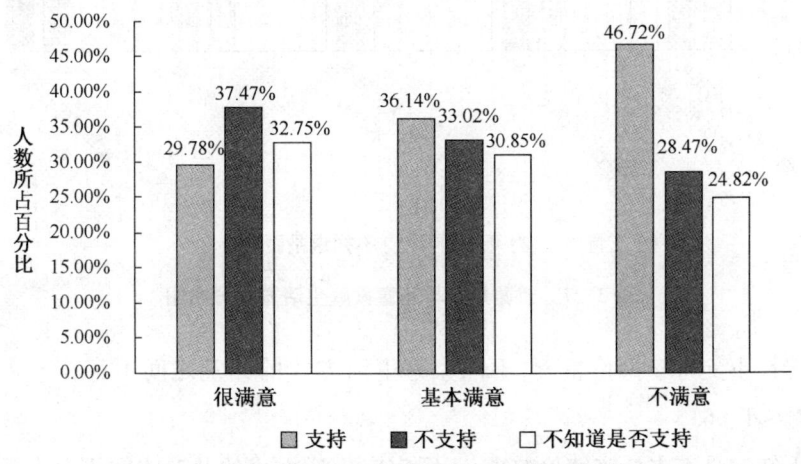

图 3-6　道德判断与儿童生活满意度分布图

选择不支持李德偷粮食,对生活很满意的儿童人数比例高于对生活基本满意、对生活不满意的儿童,且差异非常显著(|AR|>2.58);对生活基本满意的儿童与对生活不满意的儿童之间不存在显著差异(|AR|≤1.96)。

不知道是否支持李德偷粮食,不同生活满意度的儿童之间不存在显著差异(|AR|≤1.96)。

(5) 家庭生活方式差异。

对不同家庭生活方式儿童的道德判断情况进行差异检验发现,总体上不存在显著的差异(卡方值=6.411,P=0.601>0.05)。

不同家庭生活方式的儿童各选项百分比如图3-7所示,进一步统计分析发现:

选择支持李德偷粮食,不同家庭生活方式的儿童之间不存在显著差异($|AR|\leqslant$1.96)。

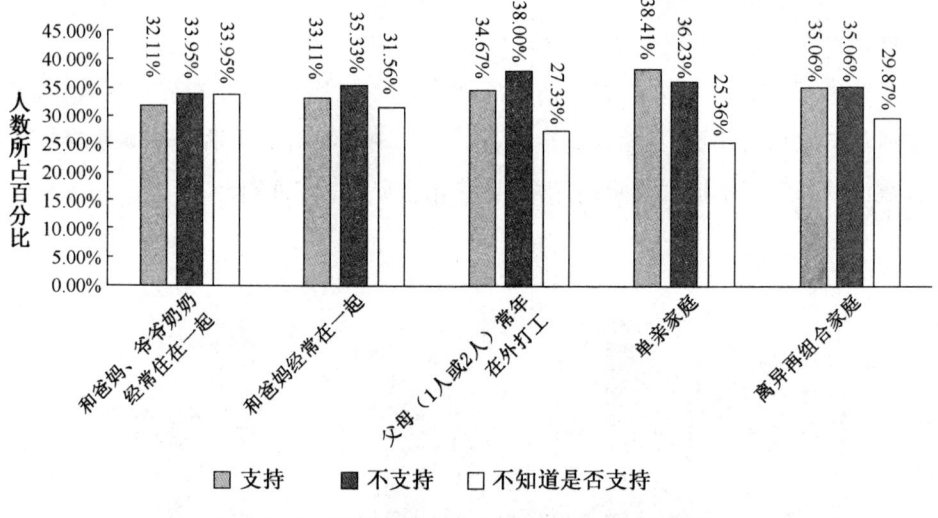

图3-7 道德判断与儿童家庭生活方式分布图

选择不支持李德偷粮食,不同家庭生活方式的儿童之间不存在显著差异($|AR|\leqslant$1.96)。

不知道是否支持李德偷粮食,不同家庭生活方式的儿童之间不存在显著差异($|AR|\leqslant$1.96)。

3.1.2 儿童"肯定性"道德判断理由与水平

在支持偷粮的深圳市儿童中,有45.10%的儿童认为"偷来粮食可以救自己家人的命",表明这部分儿童的道德判断水平可能处于前习俗水平的阶段二"以个人的功利主义与交换为价值取向"。

20.76%的儿童认为"富人不仁(吝惜自己的粮食),穷人就可以不义(违法)",表明这部分儿童的道德判断水平达到了后习俗水平的阶段五"以社会契约为价值取向"。

16.25%的儿童认为"生命最重要,其他都可以不考虑",表明这部分儿童的道德判断水平处在后习俗水平的阶段六"以普遍伦理原则为价值取向"。

10.38%的儿童认为"如果法律不合理,就不用遵守法律",表明这部分儿童的道德判断水平处在习俗水平的阶段四"以法律与秩序为价值取向"。

7.52%的儿童认为"好父亲应该为家人想出解决问题的办法",表明这部分儿童的道德判断水平处在习俗水平的阶段三"以协调人际关系为价值取向"。(见图3-8)

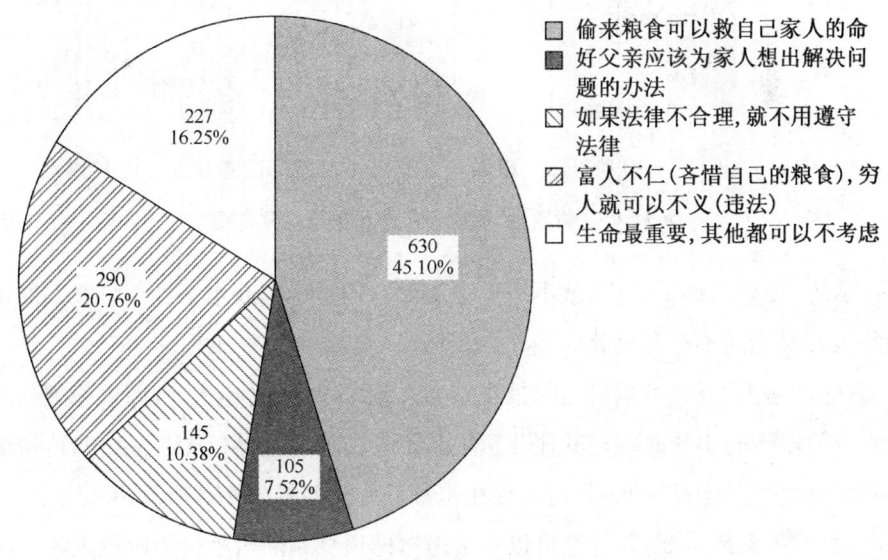

图3-8 "肯定性"道德判断与儿童人数百分比分布图

(1) 年段差异。

对不同年段儿童的道德判断水平进行检验发现,总体上存在非常显著的差异(卡方值=51.468,$P \leqslant 0.01$)。

不同年段的儿童各选项百分比如图3-9所示,进一步统计分析发现:

认为"偷来粮食可以救自己家人的命",即道德判断水平处于阶段二的高中儿童人数比例高于小学、初中儿童,且差异非常显著($|AR|>2.58$),初中儿童人数比例高于小学儿童,且差异非常显著($|AR|>2.58$)。

认为"好父亲应该为家人想出解决问题的办法",即道德判断水平处于阶段三的小学儿童人数比例高于初中、高中儿童,且差异非常显著($|AR|>2.58$),初中儿童和高中儿童之间不存在显著差异($|AR|\leqslant1.96$)。

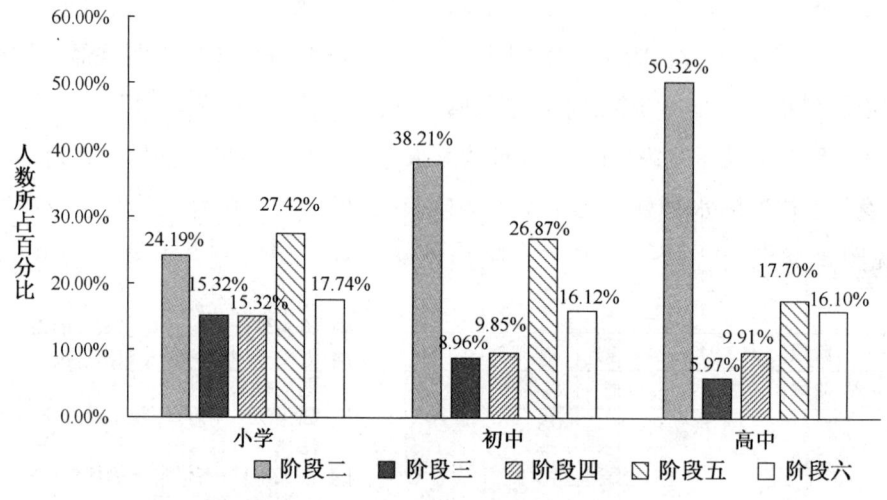

图3-9 "肯定性"道德判断与儿童年段分布图

认为"如果法律不合理,就不用遵守法律",即道德判断水平处于阶段四的不同年段儿童之间不存在显著的差异($|AR|\leqslant1.96$)。

认为"富人不仁(吝惜自己的粮食),穷人就可以不义(违法)",即道德判断水平处于阶段五的小学儿童与其他儿童之间不存在显著差异($|AR|\leqslant1.96$),初中儿童人数比例高于高中儿童,两者存在非常显著的差异($|AR|>2.58$)。

认为"生命最重要,其他都可以不考虑",即道德判断水平处于阶段六的不同年段儿童之间不存在显著差异($|AR|\leqslant1.96$)。

从"肯定性"道德判断与儿童年级变化趋势图可以看出,从道德判断水平处于阶段二的角度分析,从小学到高中,整体呈上升趋势;从阶段三、阶段四水平上分析,各年级人数比例基本都在20%以下,但波动较大;在阶段五水平上,整体呈下降趋势;在阶段六水平上,四年级到五年级人数比例骤减,从五年级到高三,变化趋于平稳,稳定在10%到20%之间。(见图3-10)

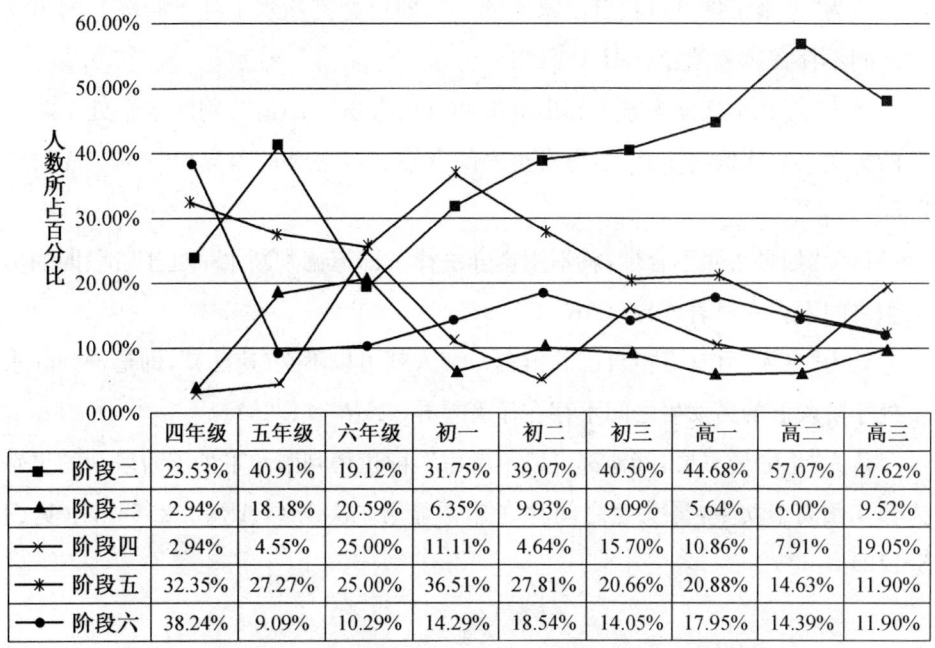

图 3-10 "肯定性"道德判断与儿童年级变化趋势图

(2)性别差异。

对不同性别儿童的道德判断水平进行检验发现,总体上存在非常显著的差异(卡方值=14.446,$P \leqslant 0.01$)。

不同性别的儿童各选项百分比如图 3-11 所示,进一步统计分析发现:

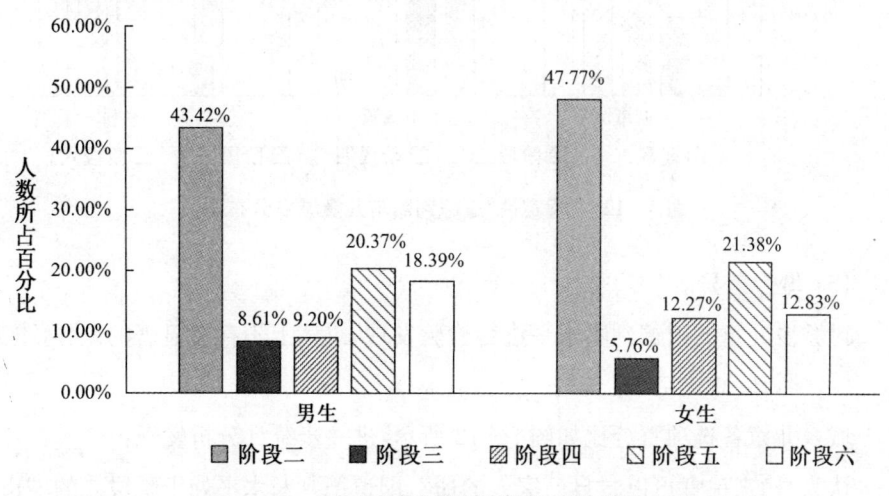

图 3-11 "肯定性"道德判断与儿童性别分布图

认为"偷来粮食可以救自己家人的命",即道德判断水平处于阶段二的男女生之间不存在显著差异($|AR|\leqslant 1.96$)。

认为"好父亲应该为家人想出解决问题的办法",即道德判断水平处于阶段三的男生人数比例高于女生,男女生之间存在比较显著的差异($1.96<|AR|\leqslant 2.58$)。

认为"如果法律不合理,就不用遵守法律",即道德判断水平处于阶段四的男女生之间不存在显著差异($|AR|\leqslant 1.96$)。

认为"富人不仁(吝惜自己的粮食),穷人就可以不义(违法)",即道德判断水平处于阶段五的男女生之间不存在显著差异($|AR|<1.96$)。

认为"生命最重要,其他都可以不考虑",即道德判断水平处于阶段六的男生人数比例高于女生,男女生之间存在非常显著的差异($|AR|>2.58$)。(见图3-12)

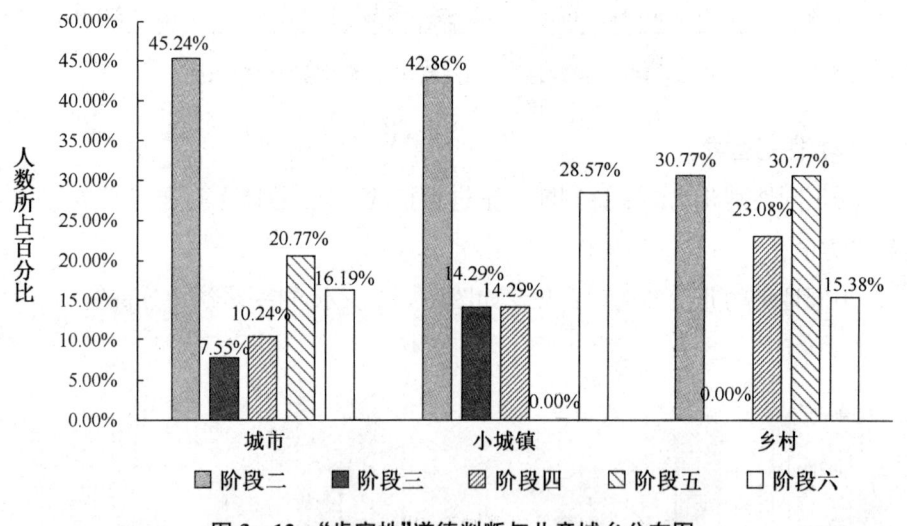

图3-12 "肯定性"道德判断与儿童城乡分布图

(3) 城乡差异。

对城乡儿童的道德判断水平进行检验发现,总体上不存在显著的差异(卡方值=6.904,$P=0.547>0.05$)。

城乡儿童各选项百分比如图3-12所示,进一步统计分析发现:

认为"偷来粮食可以救自己家人的命",即道德判断水平处于阶段二的城市、

小城镇、乡村的儿童之间不存在显著差异（$|AR|\leqslant 1.96$）。

认为"好父亲应该为家人想出解决问题的办法"，即道德判断水平处于阶段三的城市、小城镇、乡村的儿童之间不存在显著差异（$|AR|\leqslant 1.96$）。

认为"如果法律不合理，就不用遵守法律"，即道德判断水平处于阶段四的城市、小城镇、乡村的儿童之间不存在显著差异（$|AR|\leqslant 1.96$）。

认为"富人不仁（吝惜自己的粮食），穷人就可以不义（违法）"，即道德判断水平处于阶段五的城市、小城镇、乡村三者之间不存在显著差异（$|AR|\leqslant 1.96$）。

认为"生命最重要，其他都可以不考虑"，即道德判断水平处于阶段六的城市、小城镇、乡村的儿童之间不存在显著差异（$|AR|\leqslant 1.96$）。

(4) 生活满意度差异。

对不同生活满意度儿童的道德判断水平进行检验发现，总体上不存在显著差异（卡方值＝12.449，$P＝0.123＞0.05$）。

生活满意度不同的儿童各选项百分比如图 3-13 所示，进一步统计分析发现：

认为"偷来粮食可以救自己家人的命"，即道德判断水平处于阶段二的对生活很满意、对生活基本满意、对生活不满意的儿童之间不存在显著差异（$|AR|\leqslant 1.96$）。

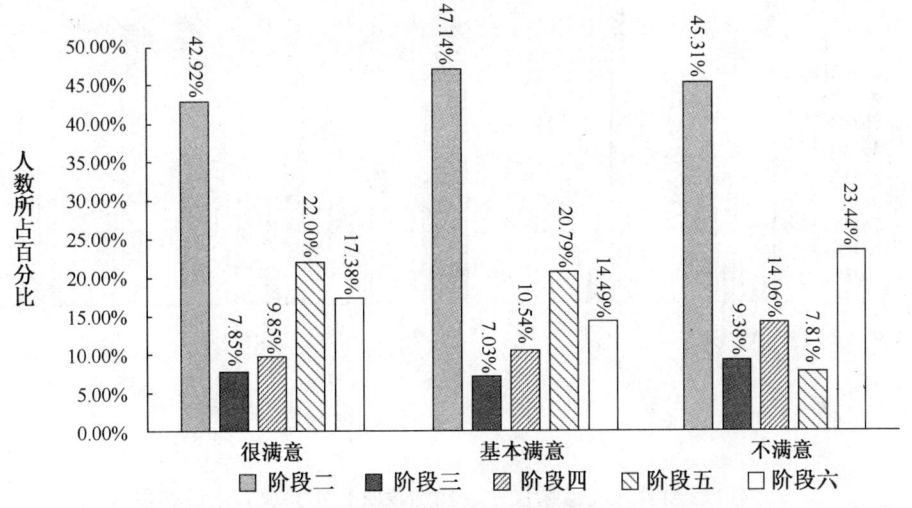

图 3-13 "肯定性"道德判断与儿童生活满意度分布图

认为"好父亲应该为家人想出解决问题的办法",即道德判断水平处于阶段三的对生活很满意、对生活基本满意、对生活不满意的儿童之间不存在显著差异($|AR|\leqslant 1.96$)。

认为"如果法律不合理,就不用遵守法律",即道德判断水平处于阶段四的对生活很满意、对生活基本满意、对生活不满意的儿童之间不存在显著差异($|AR|\leqslant 1.96$)。

认为"富人不仁(吝惜自己的粮食),穷人就可以不义(违法)",即道德判断水平处于阶段五的对生活很满意、对生活基本满意、对生活不满意的儿童之间不存在显著差异($|AR|\leqslant 1.96$)。

认为"生命最重要,其他都可以不考虑",即道德判断水平处于阶段六的对生活很满意、对生活基本满意、对生活不满意的儿童之间不存在显著差异($|AR|\leqslant 1.96$)。

(5) 家庭生活方式差异。

对不同家庭生活方式儿童的道德判断水平进行检验发现,总体上存在比较显著的差异(卡方值＝29.843,P＝0.019＜0.05)。

家庭生活方式不同的儿童各选项百分比如图3-14所示,进一步统计分析发现:

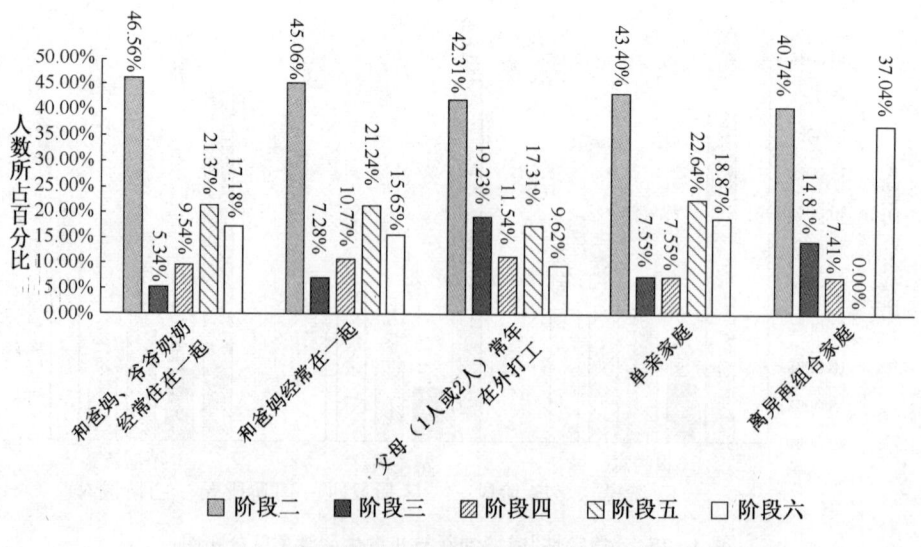

图3-14 "肯定性"道德判断与儿童家庭生活方式分布图

认为"偷来粮食可以救自己家人的命",即道德判断水平处于阶段二的不同家庭生活方式的儿童之间不存在显著差异($|AR|\leq 1.96$)。

认为"好父亲应该为家人想出解决问题的办法",即道德判断水平处于阶段三的不同家庭生活方式的儿童不存在显著差异($|AR|\leq 1.96$)。

认为"如果法律不合理,就不用遵守法律",即道德判断水平处于阶段四的不同家庭生活方式的儿童之间不存在显著差异($|AR|\leq 1.96$)。

认为"富人不仁(吝惜自己的粮食),穷人就可以不义(违法)",即道德判断水平处于阶段五的不同家庭生活方式的儿童之间不存在显著差异($|AR|\leq 1.96$)。

认为"生命最重要,其他都可以不考虑",即道德判断水平处于阶段六的不同家庭生活方式的儿童之间不存在显著差异($|AR|\leq 1.96$)。

3.1.3 儿童"否定性"道德判断理由与水平

60.63%的深圳市儿童不支持李德去偷粮食,认为"富人不道德,但这不是穷人违反法律的理由",表明这部分儿童的道德判断水平可能处于后习俗水平的阶段五"以社会契约为价值取向"。

27.28%的深圳市儿童不支持李德去偷粮食,认为"偷东西都是违反道德和法律的",表明这部分儿童的道德判断水平可能处于习俗水平的阶段四"以法律与秩序为价值取向"。

5.74%的深圳市儿童不支持李德偷粮食,认为"不管怎样,好人不能偷东西",表明这部分儿童的道德判断水平可能达到了后习俗水平的阶段六"以普遍伦理原则为价值取向"。

3.24%的深圳市儿童不支持李德去偷粮食,认为"他成了小偷,就不是好爸爸了",表明这部分儿童的道德判断水平可能处于习俗水平的阶段三"以协调人际关系为价值取向"。

3.11%的深圳市儿童不支持李德去偷粮食,认为"偷粮食会被惩罚的",表明这部分儿童的道德判断水平可能处于前习俗水平的阶段一"以惩罚和服从为价值取向"。(见图3-15)

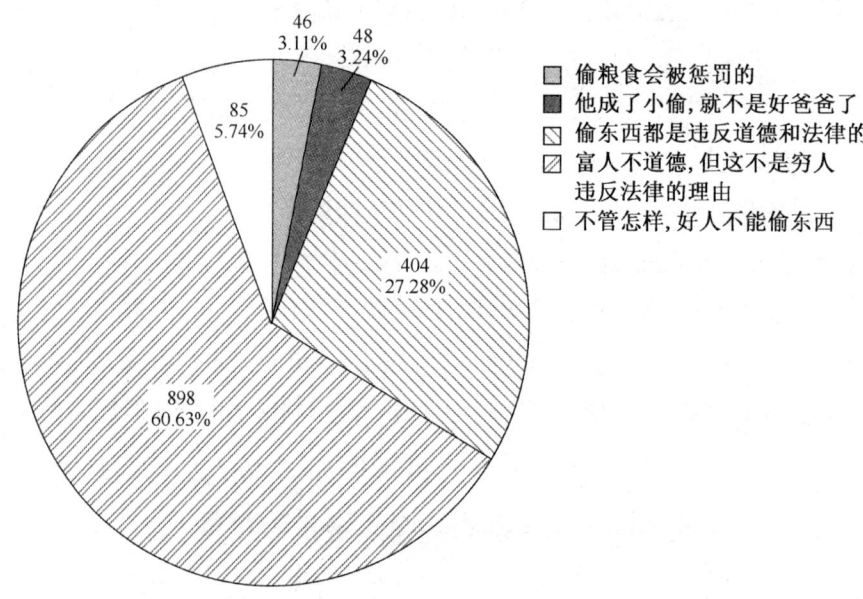

图 3‐15 "否定性"道德判断与儿童人数百分比分布图

(1) 年段差异。

对不同年段儿童的道德判断水平进行检验发现,总体上存在非常显著的差异(卡方值=81.189,$P \leqslant 0.01$)。

不同年段的儿童各选项百分比如图 3‐16 所示,进一步统计分析发现:

认为"偷粮食会被惩罚的",即道德判断水平处于阶段一的初中儿童人数比例高于小学、高中儿童,存在比较显著的差异($1.96 < |AR| \leqslant 2.58$),高中儿童与小学儿童之间不存在显著差异($|AR| \leqslant 1.96$)。

认为"他成了小偷,就不是好爸爸了",即道德判断水平处于阶段三的小学儿童人数比例高于初中、高中儿童,且存在显著差异($|AR| > 2.58$),初中儿童与高中儿童之间不存在显著差异($|AR| \leqslant 1.96$)。

认为"偷东西都是违反道德和法律的",即道德判断水平处于阶段四的小学儿童人数比例高于初中、高中儿童,且存在显著差异($|AR| > 2.58$),初中儿童与高中儿童之间不存在显著差异($|AR| \leqslant 1.96$)。

认为"富人不道德,但这不是穷人违反法律的理由",即道德判断水平处于阶段五的高中儿童人数比例高于小学、初中儿童,且存在显著差异($|AR| > 2.58$),

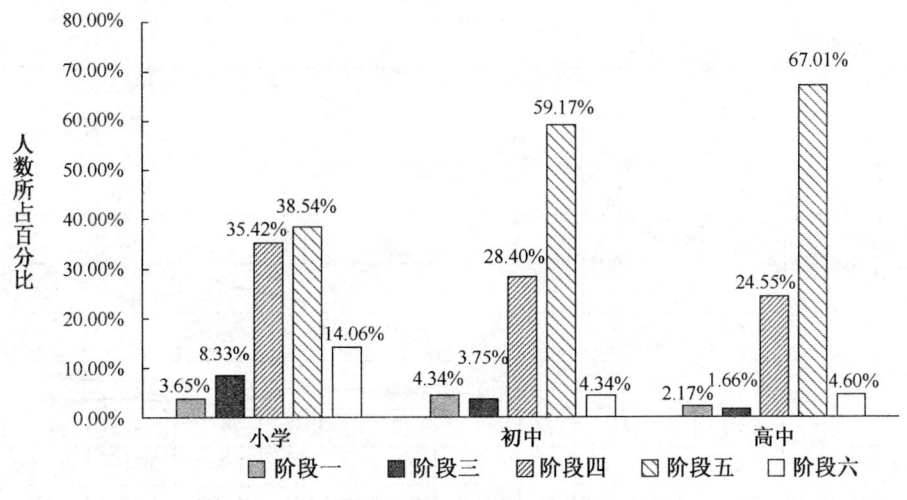

图 3-16 "否定性"道德判断与儿童年段分布图

小学儿童和初中儿童之间不存在显著差异（$|AR|\leqslant 1.96$）。

认为"不管怎样,好人不能偷东西",即道德判断水平处于阶段六的小学儿童人数比例高于初中、高中儿童,且存在显著差异（$|AR|>2.58$）,初中儿童与高中儿童之间不存在显著差异（$|AR|\leqslant 1.96$）。

从"否定性"道德判断与儿童年段分布图可以看出,从小学四年级至高中三年级儿童的道德判断水平普遍处于阶段四和阶段五,且随着年龄的增长,处于阶段五的人数比例呈上升趋势,处于阶段四的人数比例呈下降趋势,处于阶段一、阶段三和阶段六的不同年段儿童的人数比例都比较小,且随着年龄的增长总体呈下降趋势。（见图 3-17）

(2) 性别差异。

对不同性别儿童的道德判断水平进行检验发现,总体上不存在显著的差异（卡方值$=4.562, P=0.335>0.05$）。

不同性别的儿童各选项百分比如图 3-18 所示,进一步统计分析发现：

认为"偷粮食会被惩罚的",即道德判断水平处于阶段一的男女生之间不存在显著差异（$|AR|\leqslant 1.96$）。

认为"他成了小偷,就不是好爸爸了",即道德判断水平处于阶段三的男女生之间不存在显著差异（$|AR|\leqslant 1.96$）。

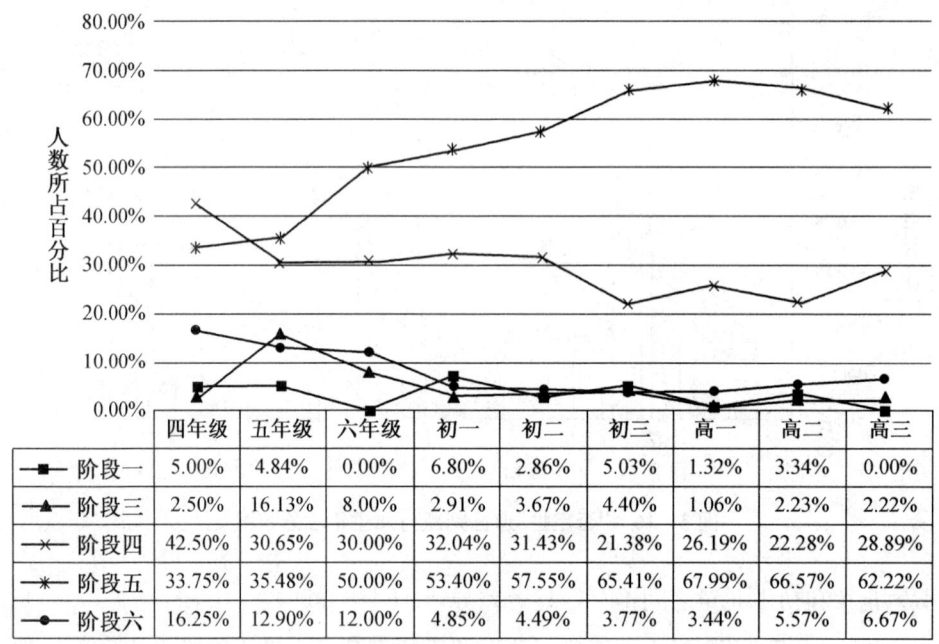

	四年级	五年级	六年级	初一	初二	初三	高一	高二	高三
阶段一	5.00%	4.84%	0.00%	6.80%	2.86%	5.03%	1.32%	3.34%	0.00%
阶段三	2.50%	16.13%	8.00%	2.91%	3.67%	4.40%	1.06%	2.23%	2.22%
阶段四	42.50%	30.65%	30.00%	32.04%	31.43%	21.38%	26.19%	22.28%	28.89%
阶段五	33.75%	35.48%	50.00%	53.40%	57.55%	65.41%	67.99%	66.57%	62.22%
阶段六	16.25%	12.90%	12.00%	4.85%	4.49%	3.77%	3.44%	5.57%	6.67%

图3-17 "否定性"道德判断与儿童年级变化趋势图

认为"偷东西都是违反道德和法律的",即道德判断水平处于阶段四的男女生之间不存在显著差异($|AR|\leqslant 1.96$)。

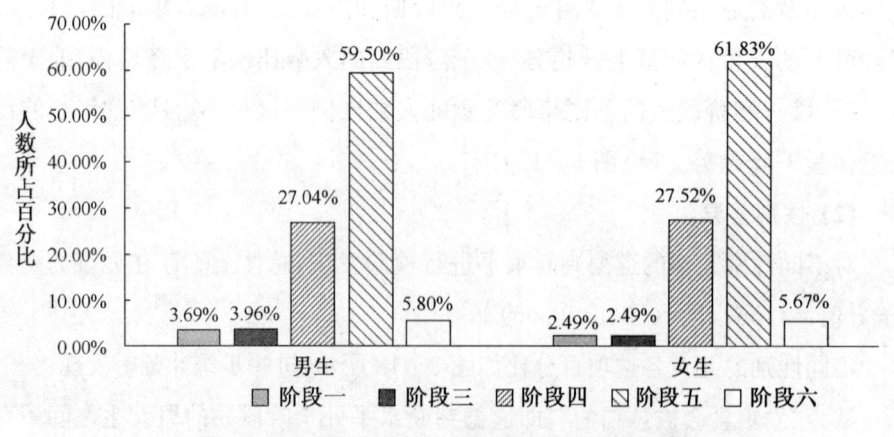

图3-18 "否定性"道德判断与儿童性别分布图

认为"富人不道德,但这不是穷人违反法律的理由",即道德判断水平处于阶段五的男女生之间不存在显著差异($|AR|\leqslant 1.96$)。

认为"不管怎样,好人不能偷东西",即道德判断水平处于阶段六的男女生之间不存在显著差异($|AR|\leqslant 1.96$)。

(3) 城乡差异。

对城乡儿童的道德判断水平进行检验发现,总体上不存在显著的差异(卡方值＝9.214,P＝0.325＞0.05)。

城乡儿童各选项百分比如图3-19所示,进一步统计分析发现:

认为"偷粮食会被惩罚的",即道德判断水平处于阶段一的城市、小城镇、乡村儿童之间不存在显著差异($|AR|\leqslant 1.96$)。

认为"他成了小偷,就不是好爸爸了",即道德判断水平处于阶段三的城市、小城镇、乡村儿童之间不存在显著差异($|AR|\leqslant 1.96$)。

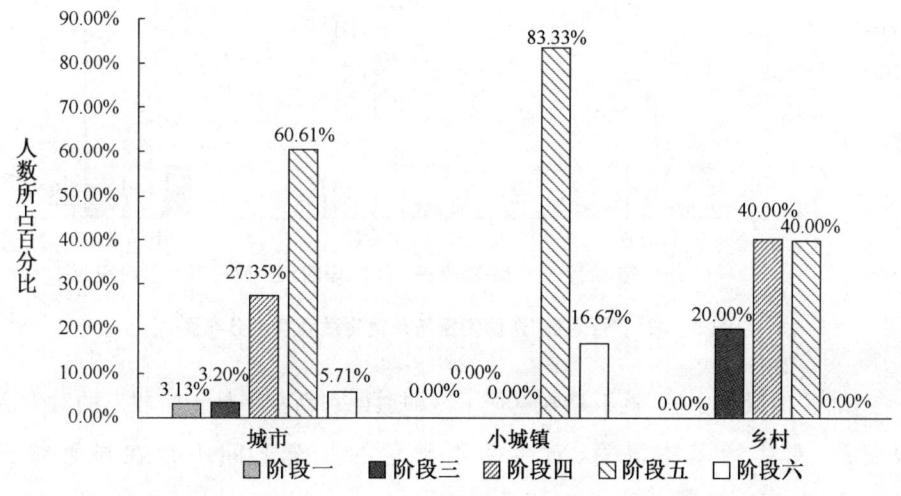

图3-19 "否定性"道德判断与儿童城乡分布图

认为"偷东西都是违反道德和法律的",即道德判断水平处于阶段四的城市、小城镇、乡村儿童之间不存在显著差异($|AR|\leqslant 1.96$)。

认为"富人不道德,但这不是穷人违反法律的理由",即道德判断水平处于阶段五的城市、小城镇、乡村儿童之间不存在显著差异($|AR|\leqslant 1.96$)。

认为"不管怎样,好人不能偷东西",即道德判断水平处于阶段六的城市、小城镇、乡村儿童之间不存在显著差异($|AR|\leqslant 1.96$)。

(4) 生活满意度差异。

对不同生活满意度儿童的道德判断水平进行检验发现,总体上存在比较显著的差异(卡方值=16.972,$P=0.030<0.05$)。

生活满意度不同的儿童各选项百分比如图3-20所示,进一步统计分析发现:

认为"偷粮食会被惩罚的",即道德判断水平处于阶段一的对生活很满意、对生活基本满意、对生活不满意的儿童之间不存在显著差异($|AR|\leqslant 1.96$)。

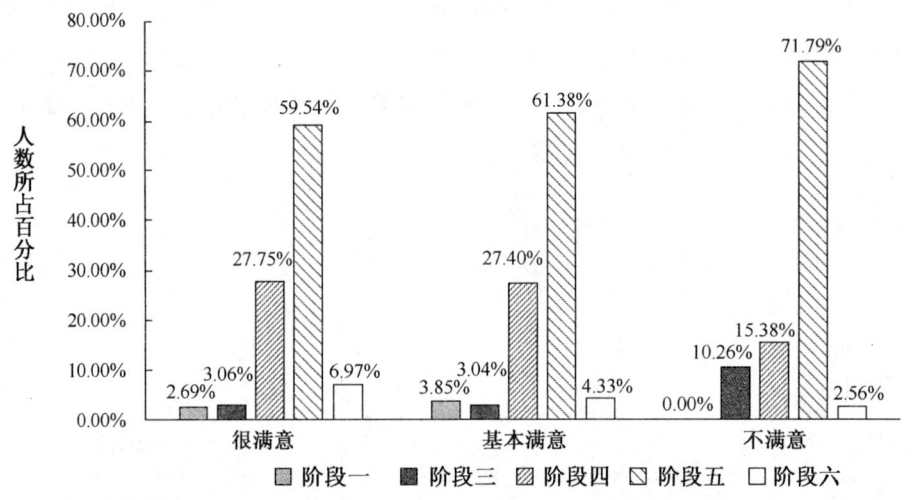

图3-20 "否定性"道德判断与儿童生活满意度分布图

认为"他成了小偷,就不是好爸爸了",即道德判断水平处于阶段三的对生活很满意、对生活基本满意、对生活不满意的儿童之间不存在显著差异($|AR|\leqslant 1.96$)。

认为"偷东西都是违反道德和法律的",即道德判断水平处于阶段四的对生活很满意、对生活基本满意、对生活不满意的儿童之间不存在显著差异($|AR|\leqslant 1.96$)。

认为"富人不道德,但这不是穷人违反法律的理由",即道德判断水平处于阶段五的对生活很满意、对生活基本满意、对生活不满意的儿童之间不存在显著差异($|AR|\leqslant 1.96$)。

认为"不管怎样,好人不能偷东西",即道德判断水平处于阶段六的对生活很满意的儿童人数比例高于对生活基本满意和对生活不满意的儿童,且差异非常

显著($|AR|>2.58$),对生活基本满意的儿童和对生活不满意的儿童之间不存在显著差异($|AR|\leqslant1.96$)。

(5) 家庭生活方式差异。

对不同家庭生活方式儿童的道德判断水平进行检验发现,总体上不存在显著差异(卡方值=21.919,$P=0.146>0.05$)。

家庭生活方式不同的儿童各选项百分比如图 3-21 所示,进一步统计分析发现:

认为"偷粮食会被惩罚的",即道德判断水平处于阶段一的"和爸妈、爷爷奶奶经常住在一起""和爸妈经常在一起""父母(1人或2人)常年在外打工""单亲家庭""离异再组合家庭"的儿童之间均不存在显著差异($|AR|\leqslant1.96$)。

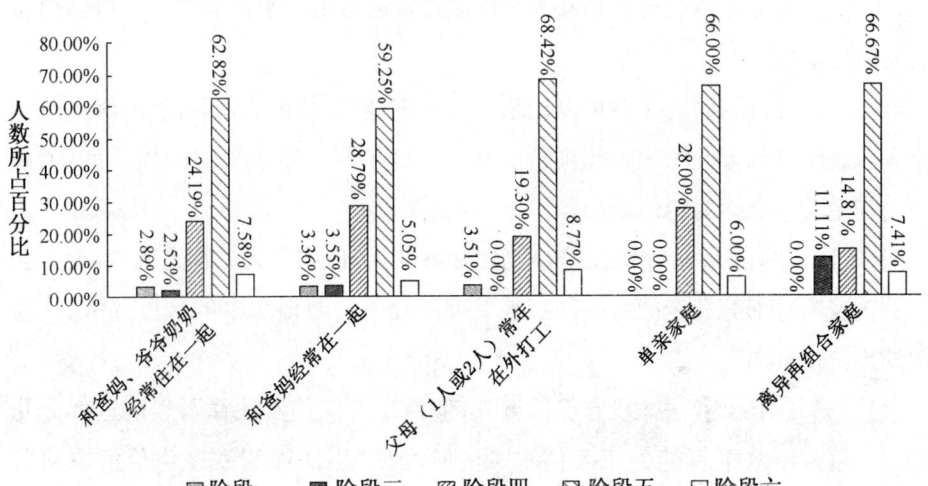

图 3-21 "否定性"道德判断与儿童家庭生活方式分布图

认为"他成了小偷,就不是好爸爸了",即道德判断水平处于阶段三的不同家庭生活方式的儿童之间均不存在显著差异($|AR|\leqslant1.96$)。

认为"偷东西都是违反道德和法律的",即道德判断水平处于阶段四的不同家庭生活方式的儿童之间均不存在显著差异($|AR|\leqslant1.96$)。

认为"富人不道德,但这不是穷人违反法律的理由",即道德判断水平处于阶段五的不同家庭生活方式的儿童之间均不存在显著差异($|AR|\leqslant1.96$)。

认为"不管怎样,好人不能偷东西",即道德判断水平处于阶段六的不同家庭生活方式的儿童之间均不存在显著差异($|AR|\leqslant1.96$)。

3.1.4 儿童"两难性"道德判断理由与水平

在不知道是否该支持李德偷粮食的深圳市儿童中,有28.15%的认为"不能救自己家人的生命,良心会过意不去;但是偷别人的东西,即使没被抓住,还是会觉得人生有了污点",表明这部分儿童的道德判断水平可能达到了后习俗水平的阶段六"以普遍伦理原则为价值取向"。

8.48%的认为"救家人是好父亲;但偷东西就成了坏人",表明这部分儿童的道德判断水平可能处于习俗水平的阶段三"以协调人际关系为价值取向"。

15.47%的认为"家人饿死,李德会很伤心;但偷东西,可能会被抓住受惩罚",表明这部分儿童的道德判断水平可能处于前习俗水平的阶段一,"以惩罚和服从为价值取向"。

15.77%的认为"偷东西可以让家人活下来;但如果被抓住,他就不能再照顾家人",表明这部分儿童的道德判断水平可能处于前习俗水平的阶段二"以个人的功利主义与交换为价值取向"。

13.14%的认为"一个好父亲应当照顾好家人;但如果人人都这么做,天下会大乱",表明这部分儿童的道德判断水平可能处于后习俗水平的阶段五"以社会契约为价值取向"。

15.39%的认为"法律没有保护穷人;但做事不能违反法律",表明这部分儿童的道德判断水平可能处于习俗水平的阶段四"以法律与秩序为价值取向"。(见图3-22)

(1) 年段差异。

对不同年段儿童的道德判断水平进行检验发现,总体上存在非常显著的差异(卡方值=41.416,$P \leqslant 0.01$)。

年段不同的儿童各选项百分比如图3-23所示,进一步统计分析发现:

认为"家人饿死,李德会很伤心;但偷东西,可能会被抓住受惩罚",即道德判断水平处于阶段一的各年段儿童之间不存在显著差异($|AR| \leqslant 1.96$)。

认为"偷东西可以让家人活下来;但如果被抓住,他就不能再照顾家人",即道德判断水平处于阶段二的各年段儿童之间不存在显著差异($|AR| \leqslant 1.96$)。

认为"救家人是好父亲;但偷东西就成了坏人",即道德判断水平处于阶段三

3 深圳市儿童道德理性发展状况

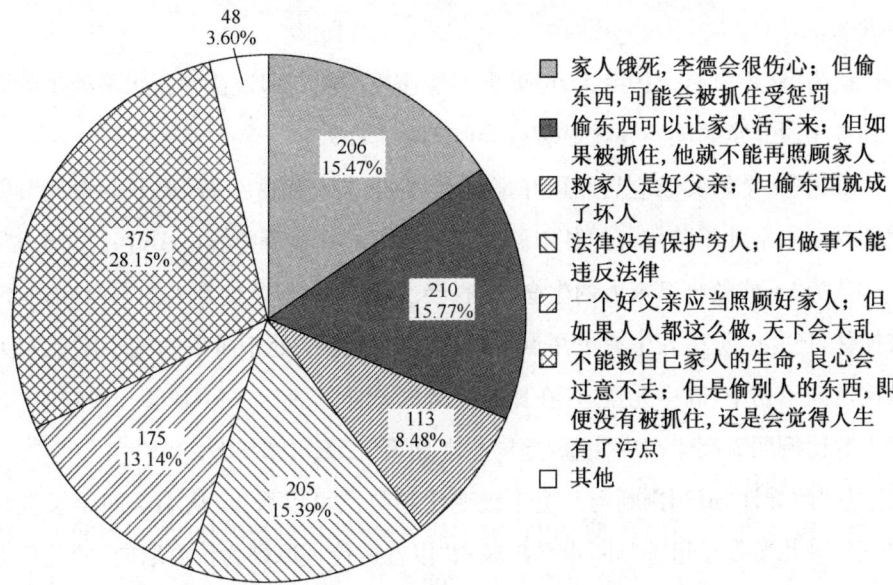

图3-22 "两难性"道德判断与儿童人数百分比分布图

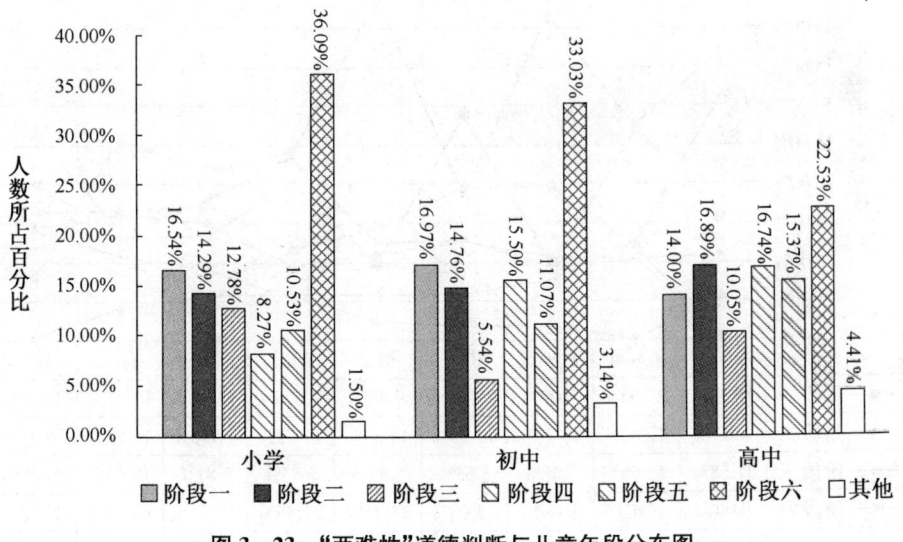

图3-23 "两难性"道德判断与儿童年段分布图

的高中儿童人数比例高于初中儿童,两者之间存在比较显著的差异($1.96 \leq |AR| \leq 2.58$)。

认为"法律没有保护穷人;但做事不能违反法律",即道德判断水平处于阶段四的各年段儿童之间不存在显著差异($|AR| \leq 1.96$)。

认为"一个好父亲应当照顾好家人;但如果人人都这么做,天下会大乱",即道德判断水平处于阶段五的各年段儿童之间不存在显著差异($|AR| \leq 1.96$)。

认为"不能救自己家人的生命,良心会过意不去;但是偷别人的东西,即使没被抓住,还是会觉得人生有了污点",即道德判断水平处于阶段六的小学儿童人数比例高于初中、高中儿童,存在比较显著的差异($1.96 < |AR| \leq 2.58$),初中儿童人数比例明显高于高中儿童,差异非常显著($|AR| > 2.58$)。

从"两难性"道德判断与儿童年级变化趋势图可以看出,从小学四年级至高中三年级儿童处于道德判断水平阶段六"以普遍伦理原则为价值取向"的儿童人数比例高于处于其他阶段水平的人数比例,其次是处于阶段一的儿童人数比例较高。(见图3-24)

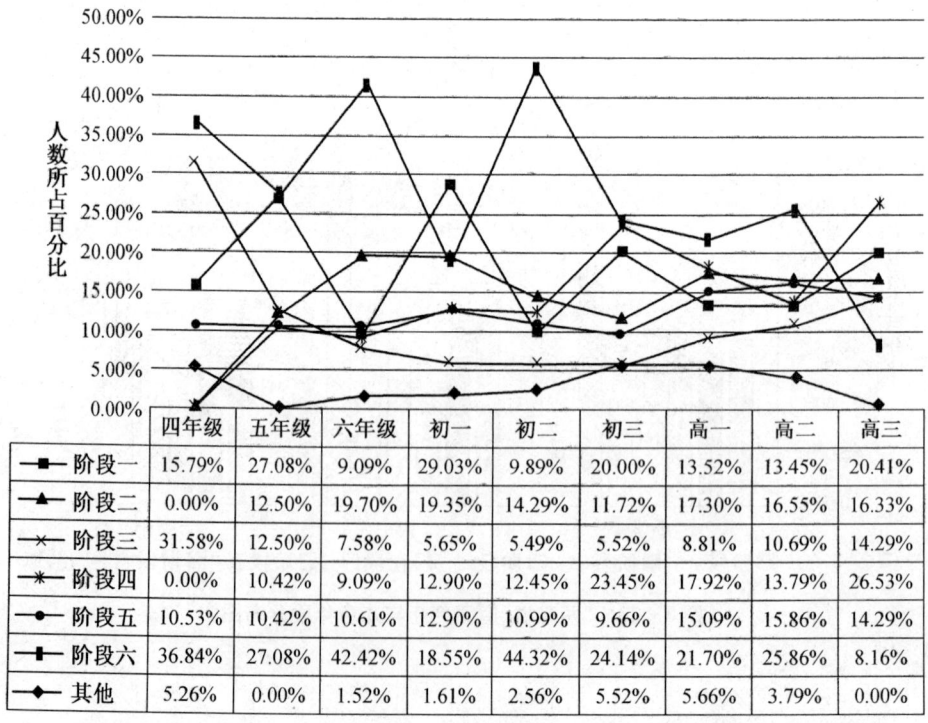

	四年级	五年级	六年级	初一	初二	初三	高一	高二	高三
阶段一	15.79%	27.08%	9.09%	29.03%	9.89%	20.00%	13.52%	13.45%	20.41%
阶段二	0.00%	12.50%	19.70%	19.35%	14.29%	11.72%	17.30%	16.55%	16.33%
阶段三	31.58%	12.50%	7.58%	5.65%	5.49%	5.52%	8.81%	10.69%	14.29%
阶段四	0.00%	10.42%	9.09%	12.90%	12.45%	23.45%	17.92%	13.79%	26.53%
阶段五	10.53%	10.42%	10.61%	12.90%	10.99%	9.66%	15.09%	15.86%	14.29%
阶段六	36.84%	27.08%	42.42%	18.55%	44.32%	24.14%	21.70%	25.86%	8.16%
其他	5.26%	0.00%	1.52%	1.61%	2.56%	5.52%	5.66%	3.79%	0.00%

图3-24 "两难性"道德判断与儿童年级变化趋势图

(2) 性别差异。

对不同性别儿童的道德判断水平进行检验发现,总体上不存在显著的差异(卡方值=8.361,P=0.213>0.05)。

性别不同的儿童各选项百分比如图 3-25 所示,进一步统计分析发现:

认为"家人饿死,李德会很伤心;但偷东西,可能会被抓住受惩罚",即道德判断水平处于阶段一的男生、女生之间不存在显著差异($|AR|$≤1.96)。

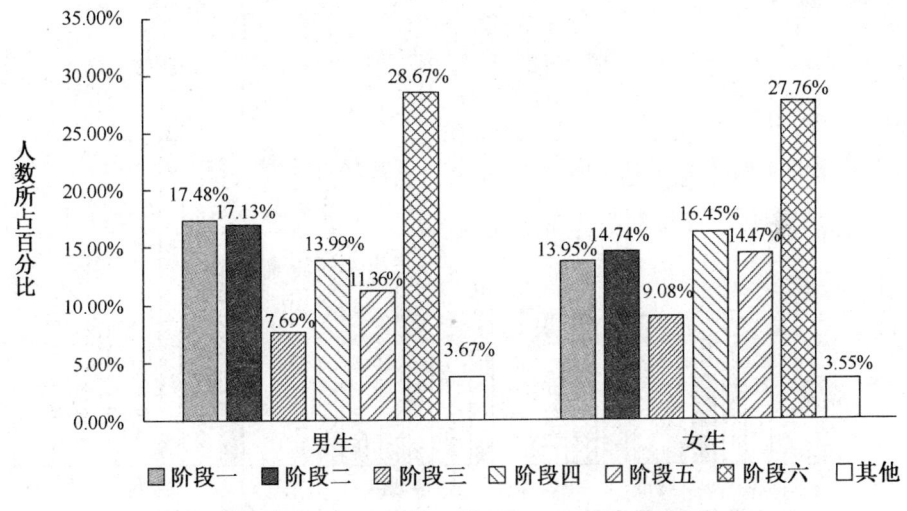

图 3-25 "两难性"道德判断与儿童性别分布图

认为"偷东西可以让家人活下来;但如果被抓住,他就不能再照顾家人",即道德判断水平处于阶段二的男女生之间不存在显著差异($|AR|$≤1.96)。

认为"救家人是好父亲;但偷东西就成了坏人",即道德判断水平处于阶段三的男生、女生之间不存在显著差异($|AR|$≤1.96)。

认为"法律没有保护穷人;但做事不能违反法律",即道德判断水平处于阶段四的男女生之间不存在显著差异($|AR|$≤1.96)。

认为"一个好父亲应当照顾好家人;但如果人人都这么做,天下会大乱",即道德判断水平处于阶段五的男女生之间不存在显著差异($|AR|$≤1.96)。

认为"不能救自己家人的生命,良心会过意不去;但是偷别人的东西,即使没被抓住,还是会觉得人生有了污点",即道德判断水平处于阶段六的男女生之间不存在显著差异($|AR|$≤1.96)。

(3) 城乡差异。

对城乡儿童的道德判断水平进行检验发现,总体上存在非常显著的差异(卡方值=27.169,$P \leqslant 0.01$)。

城乡儿童各选项百分比如图 3-26 所示,进一步统计分析发现:

认为"家人饿死,李德会很伤心;但偷东西,可能会被抓住受惩罚",即道德判断水平处于阶段一的城市、小城镇、乡村的儿童之间不存在显著差异($|AR| \leqslant 1.96$)。

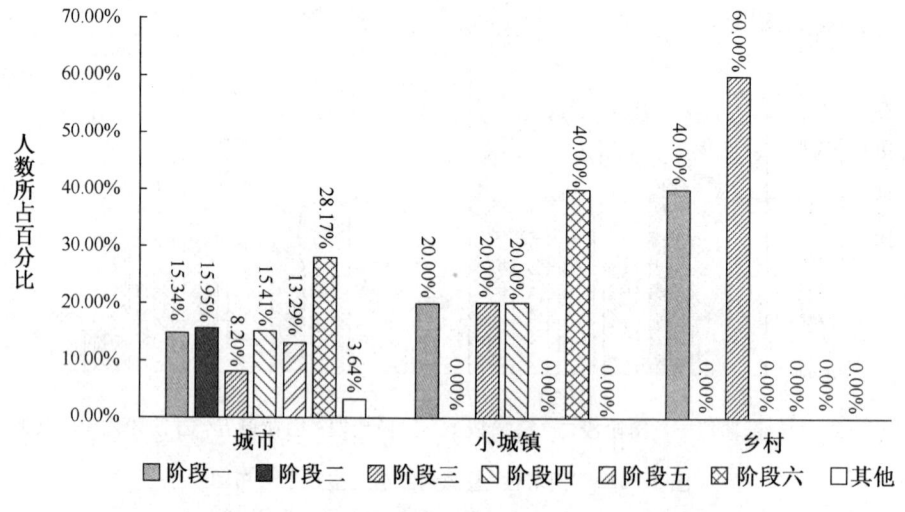

图 3-26 "两难性"道德判断与儿童城乡分布图

认为"偷东西可以让家人活下来;但如果被抓住,他就不能再照顾家人",即道德判断水平处于阶段二的城市、小城镇、乡村的儿童之间不存在显著差异($|AR| \leqslant 1.96$)。

认为"救家人是好父亲;但偷东西就成了坏人",即道德判断水平处于阶段三的小城镇儿童和其他儿童之间不存在显著差异($|AR| \leqslant 1.96$),乡村儿童的人数比例高于城市儿童,且差异非常显著($|AR| > 2.58$)。

认为"法律没有保护穷人;但做事不能违反法律",即道德判断水平处于阶段四的城市、小城镇、乡村的儿童之间不存在显著差异($|AR| \leqslant 1.96$)。

认为"一个好父亲应当照顾好家人;但如果人人都这么做,天下会大乱",即道德判断水平处于阶段五的城市、小城镇、乡村的儿童之间不存在显著差异

($|AR|\leqslant 1.96$)。

认为"不能救自己家人的生命,良心会过意不去;但是偷别人的东西,即使没被抓住,还是会觉得人生有了污点",即道德判断水平处于阶段六的城市、小城镇、乡村的儿童之间不存在显著差异($|AR|\leqslant 1.96$)。

(4) 生活满意度差异。

对不同生活满意度儿童的道德判断水平进行检验发现,总体上不存在显著的差异(卡方值=11.519,P=0.485>0.05)。

不同生活满意度的儿童各选项百分比如图3-27所示,进一步统计分析发现:

认为"家人饿死,李德会很伤心;但偷东西,可能会被抓住受惩罚",即道德判断水平处于阶段一的不同生活满意度的儿童之间不存在显著差异($|AR|\leqslant 1.96$)。

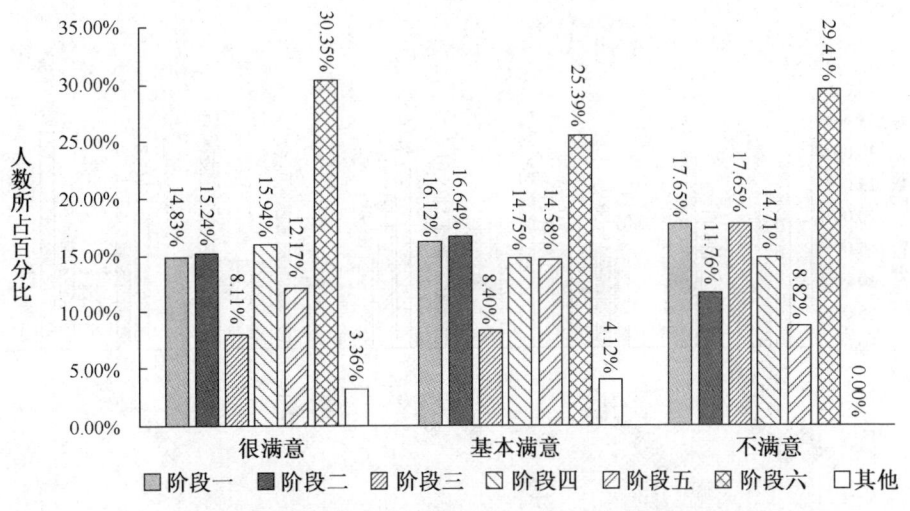

图3-27 "两难性"道德判断与儿童生活满意度分布图

认为"偷东西可以让家人活下来;但如果被抓住,他就不能再照顾家人",即道德判断水平处于阶段二的不同生活满意度的儿童之间不存在显著差异($|AR|\leqslant 1.96$)。

认为"救家人是好父亲;但偷东西就成了坏人",即道德判断水平处于阶段三的不同生活满意度的儿童之间不存在显著差异($|AR|\leqslant 1.96$)。

认为"法律没有保护穷人;但做事不能违反法律",即道德判断水平处于阶段四的不同生活满意度的儿童之间不存在显著差异($|AR|\leq 1.96$)。

认为"一个好父亲应当照顾好家人;但如果人人都这么做,天下会大乱",即道德判断水平处于阶段五的不同生活满意度的儿童之间不存在显著差异($|AR|\leq 1.96$)。

认为"不能救自己家人的生命,良心会过意不去;但是偷别人的东西,即使没被抓住,还是会觉得人生有了污点",即道德判断水平处于阶段六的不同生活满意度的儿童之间不存在显著差异($|AR|\leq 1.96$)。

(5)家庭生活方式差异。

对不同家庭生活方式儿童的道德判断水平进行检验发现,总体上不存在显著的差异(卡方值=29.034,$P=0.219>0.05$)。

不同家庭生活方式的儿童各选项百分比如图3-28所示,进一步统计分析发现:

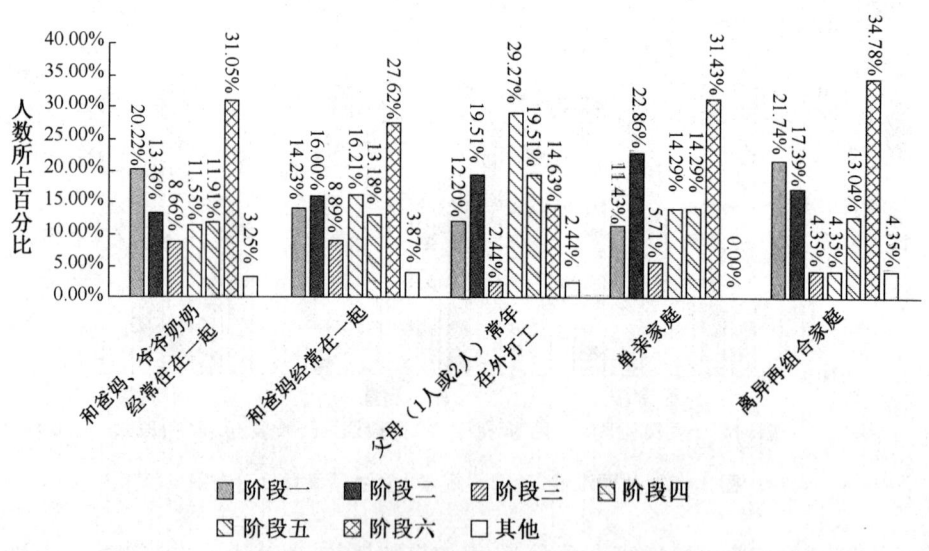

图3-28 "两难性"道德判断与儿童家庭生活方式分布图

认为"家人饿死,李德会很伤心;但偷东西,可能会被抓住受惩罚",即道德判断水平处于阶段一的"父母(1人或2人)常年在外打工""单亲家庭""离异再组合家庭"的儿童与其他家庭生活方式儿童之间不存在显著差异($|AR|\leq 1.96$)。

"和爸妈、爷爷奶奶经常住在一起"的儿童人数比例高于"和爸妈经常在一起"的儿童,且差异非常显著($|AR|>2.58$)。

认为"偷东西可以让家人活下来;但如果被抓住,他就不能再照顾家人",即道德判断水平处于阶段二的不同家庭生活方式的儿童之间不存在显著差异($|AR|\leqslant1.96$)。

认为"救家人是好父亲;但偷东西就成了坏人",即道德判断水平处于阶段三的不同家庭生活方式儿童之间不存在显著差异($|AR|\leqslant1.96$)。

认为"法律没有保护穷人;但做事不能违反法律",即道德判断水平处于阶段四的"和爸妈经常在一起""单亲家庭""离异再组合家庭"儿童与其他家庭生活方式的儿童之间不存在显著差异($|AR|\leqslant1.96$),"父母(1人或2人)常年在外打工"的儿童人数比例高于"和爸妈、爷爷奶奶经常住在一起"的儿童,且差异非常显著($|AR|>2.58$)。

认为"一个好父亲应当照顾好家人;但如果人人都这么做,天下会大乱",即道德判断水平处于阶段五的不同家庭生活方式的儿童之间不存在显著差异($|AR|\leqslant1.96$)。

认为"不能救自己家人的生命,良心会过意不去;但是偷别人的东西,即使没被抓住,还是会觉得人生有了污点",即道德判断水平处于阶段六的不同家庭生活方式的儿童之间不存在显著差异($|AR|\leqslant1.96$)。

3.2 儿童道德行为理由

本维度的设计意在对当前儿童的道德行为依据进行调查。在调查问卷中,我们设计了这样的问题"刘晓同学总是坚持自觉排队,我觉得他这样做最主要是因为……",提供了六个选项,分别为"老师和爸妈都教过他要自觉排队""经常看到自己尊敬的校长自觉排队打饭,所以自己要排队""排队可以得到表扬""排队效率更快""排队是一种文明行为""其他(需自己填写)"。调查结果显示:

76.41%的深圳市儿童选择"排队是一种文明行为",表明这部分儿童道德行为的依据更倾向于社会普遍认可的规范或观念;9.64%的儿童选择"老师和爸妈都教过他要自觉排队",表明这部分儿童道德行为的依据更倾向于权威力量的要求;4.13%的儿童选择"经常看到自己尊敬的校长自觉排队打饭,所以自己要排队",表明这部分儿童道德行为动力更可能来自于道德榜样;6.06%的儿童选择"排队效率更快",表明这部分儿童道德行为的依据可能是集体效率;1.76%的儿童选择"排队可以得到表扬",表明这部分儿童道德行为的依据可能是个体功利。(见图3-29)

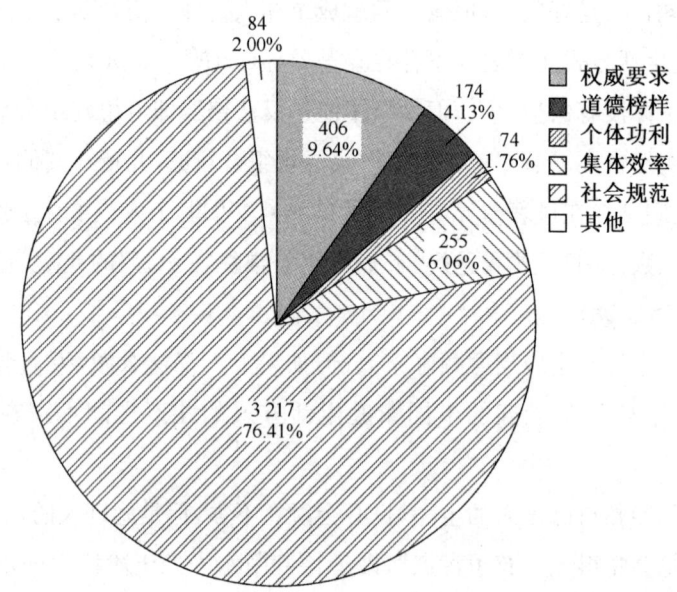

图3-29 道德行为理由与儿童人数百分比分布图

(1)年段差异。

对不同年段儿童认可的道德行为理由进行差异检验发现,总体上存在非常显著的差异(卡方值=84.751,$P \leqslant 0.01$)。

不同年段的儿童各选项百分比如图3-30所示,进一步统计分析发现:

选择"老师和爸妈都教过他要自觉排队",即认可的道德行为理由是权威力量要求的小学儿童人数比例高于初中和高中儿童,且差异非常显著($|AR|>2.58$),初中儿童人数比例高于高中儿童,两者存在比较显著的差异($1.96<|AR|\leqslant2.58$)。

选择"经常看到自己尊敬的校长自觉排队打饭,所以自己要排队",即认可的道德行为理由是道德榜样的各年段儿童之间不存在显著的差异($|AR|\leqslant1.96$)。

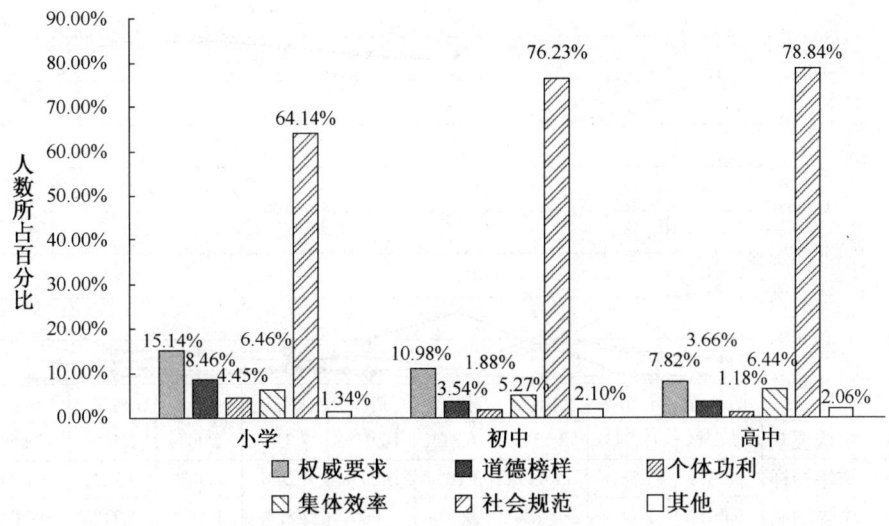

图3-30 道德行为理由与儿童年段分布图

选择"排队可以得到表扬",即认可的道德行为理由是个体功利的初中儿童和其他儿童之间不存在显著的差异($|AR|\leqslant1.96$),小学儿童人数比例高于高中儿童,两者存在非常显著的差异($|AR|>2.58$)。

选择"排队效率更快",即认可的道德行为理由是集体效率的各年段儿童之间不存在显著的差异($|AR|\leqslant1.96$)。

选择"排队是一种文明行为",即认可的道德行为理由是社会规范的初中儿童和其他儿童之间不存在显著的差异($|AR|\leqslant1.96$),高中儿童人数比例高于小学儿童,两者存在非常显著的差异($|AR|>2.58$)。

从道德行为理由与儿童年级变化趋势图中可以看出,从小学四年级至高中三年级儿童普遍认可的道德行为理由是社会规范,且随着年龄的增加,小学年段儿童认可道德行为的理由是社会规范的比例呈下降的趋势,初中和高中年段呈上升的趋势。儿童认可的其他道德行为理由基本上不随年龄的变化而发生大幅度变化。(见图3-31)

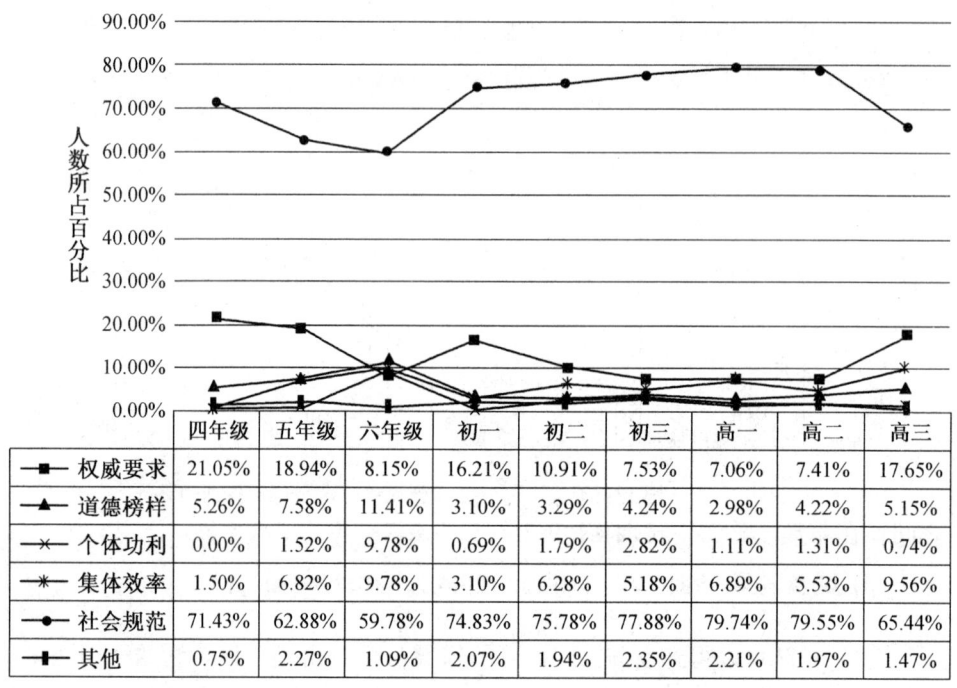

图 3-31 道德行为理由与儿童年级变化趋势图

(2) 性别差异。

对不同性别儿童认可的道德行为理由进行差异检验发现,总体上存在非常显著的差异(卡方值＝21.372,$P \leqslant 0.01$)。

不同性别的儿童各选项百分比如图 3-32 所示,进一步统计分析发现:

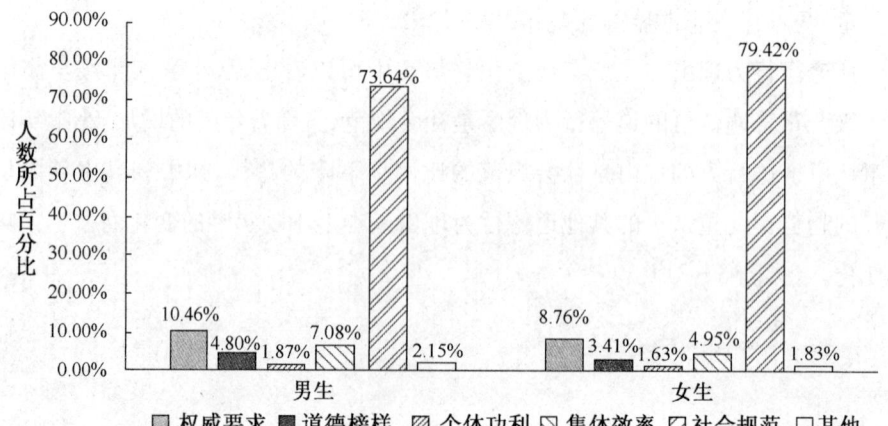

图 3-32 道德行为理由与儿童性别分布图

选择"老师和爸妈都教过他要自觉排队",即认可的道德行为理由是权威力量要求的男生、女生之间不存在显著的差异($|AR|\leqslant1.96$)。

选择"经常看到自己尊敬的校长自觉排队打饭,所以自己要排队",即认可的道德行为理由是道德榜样的男生人数比例高于女生,男女生之间存在比较显著的差异($1.96<|AR|\leqslant2.58$)。

选择"排队可以得到表扬",即认可的道德行为理由是个体功利的男生、女生之间不存在显著的差异($|AR|\leqslant1.96$)。

选择"排队效率更快",即认可的道德行为理由是集体效率的男生人数比例高于女生,男女生之间存在非常显著的差异($|AR|>2.58$)。

选择"排队是一种文明行为",即认可的道德行为理由是社会规范的男女生之间存在非常显著的差异($|AR|>2.58$)。

(3) 城乡差异。

对城乡儿童认可的道德行为理由进行差异检验发现,总体上存在非常显著的差异(卡方值=78.114,$P\leqslant0.01$)。

城乡儿童各选项百分比如图 3-33 所示,进一步统计分析发现:

选择"老师和爸妈都教过他要自觉排队",即认可的道德行为理由是权威力量要求的城乡儿童之间不存在显著的差异($|AR|\leqslant1.96$)。

选择"经常看到自己尊敬的校长自觉排队打饭,所以自己要排队",即认可的道德行为理由是道德榜样的小城镇儿童和其他儿童之间不存在显著的差异($|AR|\leqslant1.96$),乡村儿童人数比例高于城市儿童,两者存在比较显著的差异($1.96<|AR|\leqslant2.58$)。

选择"排队可以得到表扬",即认可的道德行为理由是个体功利的小城镇儿童和其他儿童之间不存在显著的差异($|AR|\leqslant1.96$),乡村儿童人数比例高于城市儿童,两者存在非常显著的差异($|AR|>2.58$)。

选择"排队效率更快",即认可的道德行为理由是集体效率的城乡儿童之间不存在显著的差异($|AR|\leqslant1.96$)。

选择"排队是一种文明行为",即认可的道德行为理由是社会规范的小城镇儿童和其他儿童之间不存在显著的差异($|AR|\leqslant1.96$),城市儿童人数比例高于乡村儿童,两者存在非常显著的差异($|AR|>2.58$)。

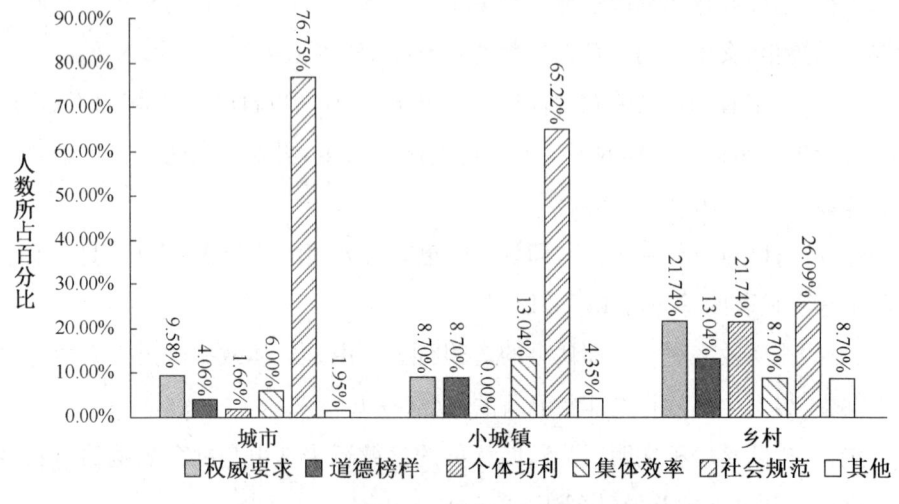

图 3‐33 道德行为理由与儿童城乡分布图

(4) 生活满意度差异。

对不同生活满意度的儿童认可的道德行为理由进行差异检验发现,总体上存在非常显著的差异(卡方值=39.283,$P \leqslant 0.01$)。

不同生活满意度的儿童各选项百分比如图 3‐34 所示,进一步统计分析发现:

选择"老师和爸妈都教过他要自觉排队",即认可的道德行为理由是权威力量要求的不同生活满意度的儿童之间不存在显著的差异($|AR| \leqslant 1.96$)。

选择"经常看到自己尊敬的校长自觉排队打饭,所以自己要排队",即认可的道德行为理由是道德榜样的不同生活满意度的儿童之间不存在显著的差异($|AR| \leqslant 1.96$),对生活不满意的儿童人数比例高于对生活基本满意的儿童,两者存在比较显著的差异($1.96 < |AR| \leqslant 2.58$)。

选择"排队可以得到表扬",即认可的道德行为理由是个体功利的不同生活满意度的儿童之间不存在显著的差异($|AR| \leqslant 1.96$)。

选择"排队效率更快",即认可的道德行为理由是集体效率的不同生活满意度的儿童之间不存在显著的差异($|AR| \leqslant 1.96$)。

选择"排队是一种文明行为",即认可的道德行为理由是社会规范的不同生活满意度的儿童之间不存在显著的差异($|AR| \leqslant 1.96$),对生活不满意的儿童人数比

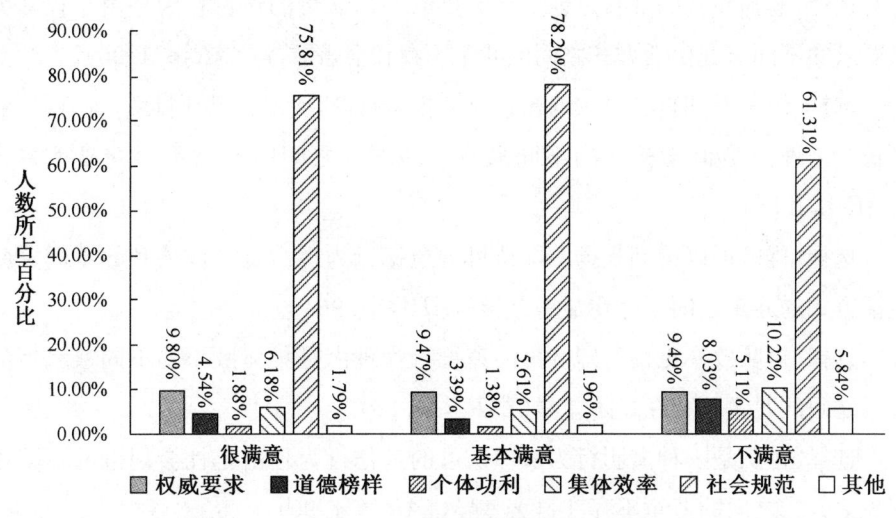

图 3-34　道德行为理由与儿童生活满意度分布图

例高于对生活基本满意的儿童,两者存在比较显著的差异(1.96<|AR|≤2.58)。

(5) 家庭生活方式差异。

对不同家庭生活方式的儿童认可的道德行为理由进行差异检验发现,总体上不存在显著差异(卡方值=24.035,P=0.241>0.05)。

家庭生活方式不同的儿童各选项百分比如图 3-35 所示,进一步统计分析发现:

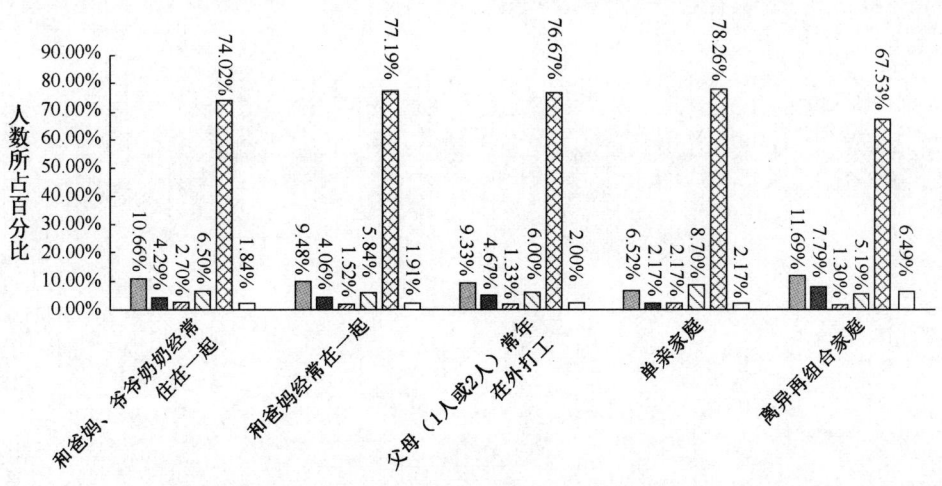

图 3-35　道德行为理由与儿童家庭方式分布图

选择"老师和爸妈都教过他要自觉排队",即认可的道德行为理由是权威力量要求的不同家庭生活方式之间的儿童不存在显著差异($|AR|\leqslant 1.96$)。

选择"经常看到自己尊敬的校长自觉排队打饭,所以自己要排队",即认可的道德行为理由是道德榜样的不同家庭生活方式之间的儿童不存在显著差异($|AR|\leqslant 1.96$)。

选择"排队可以得到表扬",即认可的道德行为理由是个体功利的不同家庭生活方式的儿童之间不存在显著差异($|AR|\leqslant 1.96$)。

选择"排队效率更快",即认可的道德行为理由是集体效率的不同家庭生活方式之间的儿童不存在显著差异($|AR|\leqslant 1.96$)。

选择"排队是一种文明行为",即认可的道德行为理由是社会规范的不同家庭生活方式之间的儿童不存在显著差异($|AR|\leqslant 1.96$)。

4 深圳市儿童道德行为发展状况

4.1 个人诚信行为

整体上看,深圳市儿童行为的诚信度高,诚信行为表现良好。

调查结果显示,78.79%的儿童表示买东西多找钱时,会主动告诉卖家并退回多找的钱,诚信度较高,16.22%的儿童会因为已经远离商店而懒得把多找的钱还回去,4.99%的儿童则表示不会主动退还卖家多找的钱。(见图4-1)

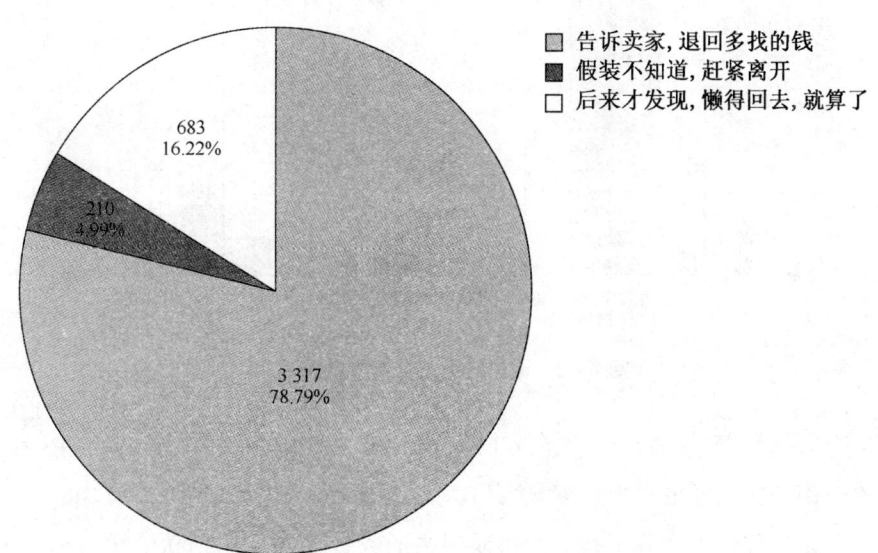

图4-1 诚信行为与儿童人数百分比分布图

(1) 年段差异。

对不同年段的儿童进行差异检验发现,总体差异非常显著(卡方值=108.765,$P\leqslant0.01$)。

年段不同的儿童各选项百分比如图4-2所示,进一步统计分析发现:

统计显示,大部分学生能够做到诚信自律,主动归还卖家多找的钱,小学生的诚信度最高,其次是初中生,最后是高中生,且三个年段间差异非常显著($|AR|>2.58$)。

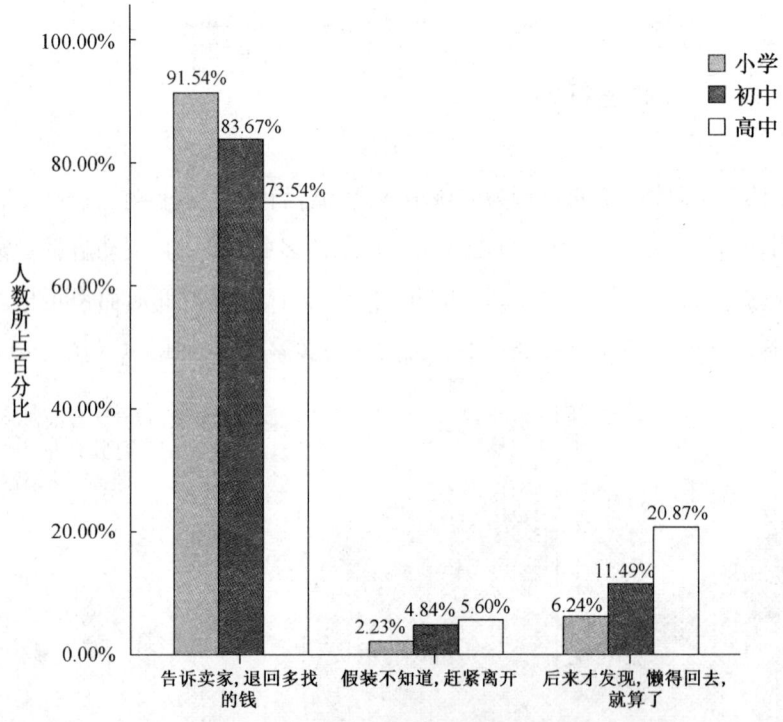

图4-2 诚信行为与儿童年段分布图

诚信度较差(假装不知道多找了钱)的依次为高中生、初中生、小学生,且小学生与高中生之间的差异比较显著($1.96<|AR|\leqslant2.58$)。

后来发现卖家多找了钱而懒得还回去的人数比例从低到高依次为小学生、初中生、高中生,且差异非常显著($|AR|>2.58$)。

对不同年级的儿童道德行为选项进行差异检验发现,总体差异非常显著(卡方值=122.426,$P \leqslant 0.0$)。

由诚信行为与儿童年级变化趋势图发现,随着年级的上升,儿童中能保持诚信行为的人数比例呈小幅下降趋势,儿童诚信度逐渐降低。除初一和高三外,其余年级的儿童之间差异非常显著($|AR|>2.58$)。(见图4-3)

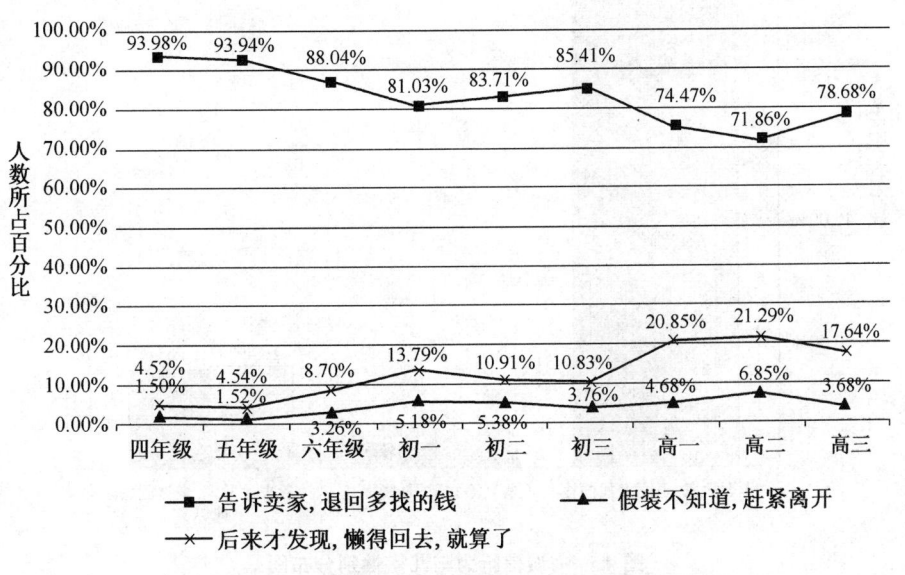

图4-3 诚信行为与儿童年级变化趋势图

(2) 性别差异。

对不同性别儿童的诚信行为进行差异检验发现,总体差异非常显著(卡方值=12.082,$P \leqslant 0.01$)。

性别不同的儿童各选项百分比如图4-4所示,进一步统计分析发现:

男女生在表现出"假装不知道,赶紧离开"上,差异非常显著($|AR|>2.58$)。

大部分儿童能够做到诚信自律,男生的诚信度整体上低于女生。男女生在诚信自律上差异比较显著($1.96<|AR|\leqslant 2.58$)。

男女生在"后来才发现,懒得回去,就算了"上差异不显著($|AR|\leqslant 1.96$)。

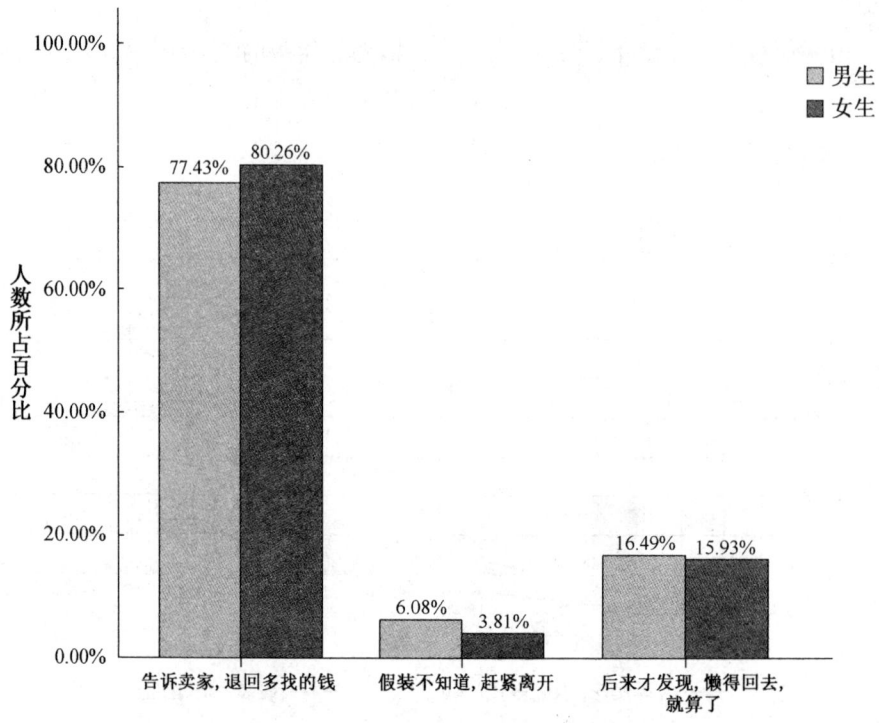

图 4-4 诚信行为与儿童性别分布图

(3) 城乡差异。

对城乡儿童进行差异检验发现,总体差异非常显著(卡方值=45.515,$P \leqslant 0.01$)。

城乡儿童各选项百分比如图 4-5 所示,进一步统计分析发现:

小城镇儿童能够做到诚信自律的人数比例,高于城市和乡村的儿童,城乡儿童之间差异非常显著($|AR|>2.58$)。

乡村儿童诚信度比城市儿童和小城镇儿童低,城市和乡村的儿童之间差异比较显著($1.96<|AR| \leqslant 2.58$)。

(4) 生活满意度差异。

对不同生活满意度的儿童进行差异检验发现,总体差异非常显著(卡方值=175.578,$P \leqslant 0.01$)。对生活状况很满意的儿童体现出来的个人道德行为更为良好。

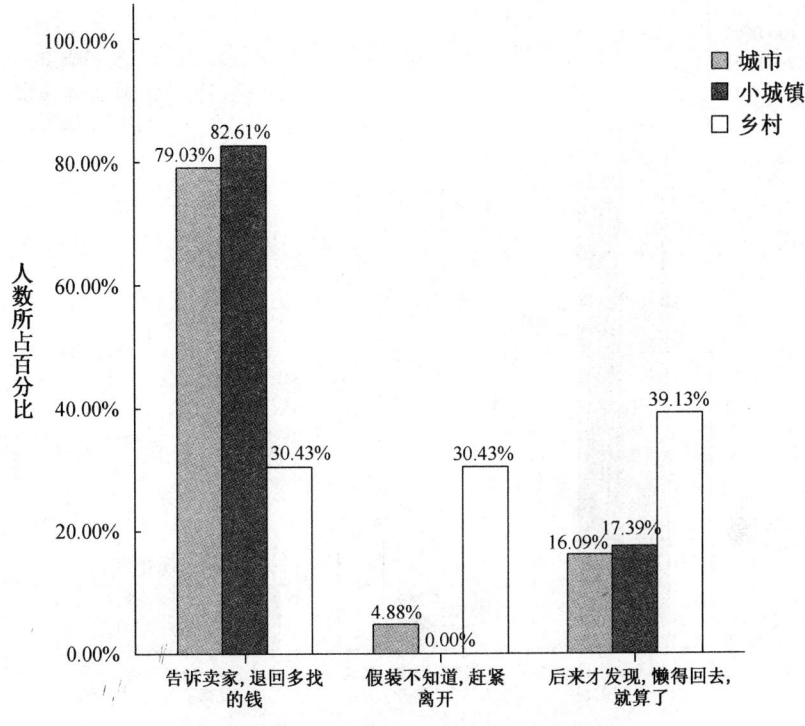

图 4-5 诚信行为与儿童城乡分布图

生活满意度不同的儿童各选项百分比如图 4-6 所示,进一步统计分析发现:

对生活状况越满意,儿童的诚信行为表现越好。对生活很满意的儿童诚信度较高,高于同种行为选择下对生活基本满意和对生活不满意的儿童,且不同生活满意度的儿童之间差异非常显著($|AR|>2.58$)。

(5) 家庭生活方式差异。

对不同家庭生活方式的儿童进行差异检验发现,总体差异非常显著(卡方值=50.176,$P\leqslant0.01$)。

家庭生活方式不同的儿童各选项百分比如图 4-7 所示,进一步统计分析发现:

"和爸妈、爷爷奶奶经常住在一起"的儿童能做到诚信的人数比例最高,高于其他家庭生活方式的儿童,除"和爸妈经常在一起"和"父母(1人或2人)常年在

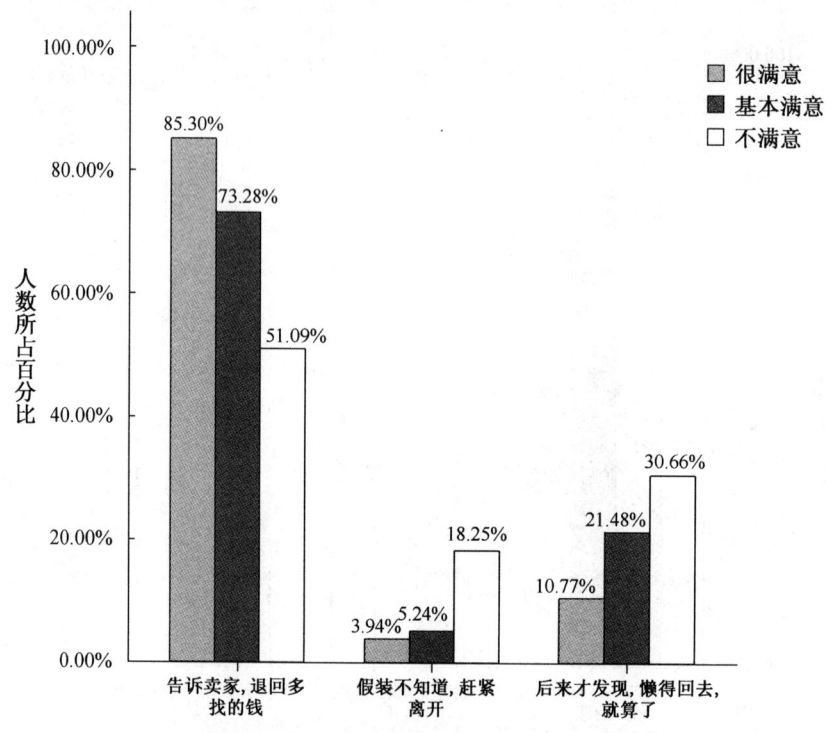

图4-6 诚信行为与儿童生活满意度分布图

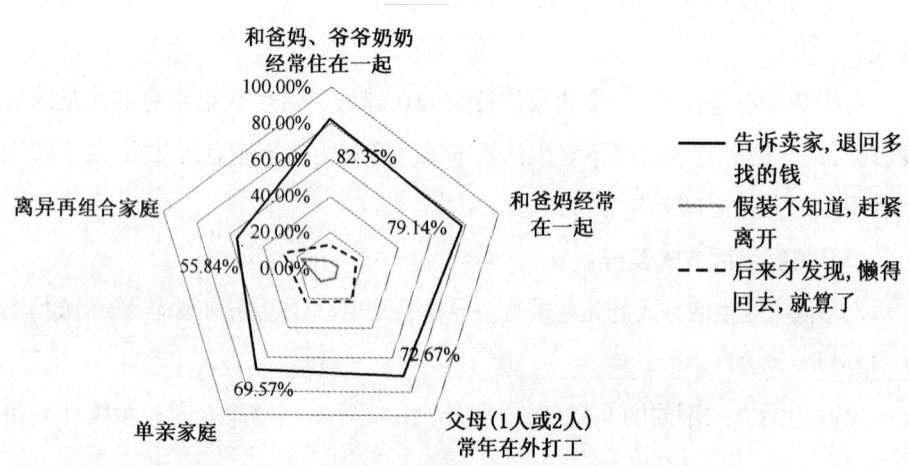

图4-7 诚信行为与儿童家庭生活方式雷达图

外打工"家庭外,其余家庭生活方式的儿童之间差异非常显著(|AR|>2.58)。离异再组合家庭的儿童中,超过半数的儿童诚信度较高,相对低于其他家庭生活方式的儿童。健全的家庭生活模式更有利于良好的道德行为的出现。

4.2 家庭感恩回报行为

76.60%的深圳市儿童能够在家庭生活中有"感恩行为",19.31%的儿童偶尔记得并回报,另外还有4.09%的儿童常常忘记回应家人的关心,家庭感恩回报行为表现较差。(见图4-8)

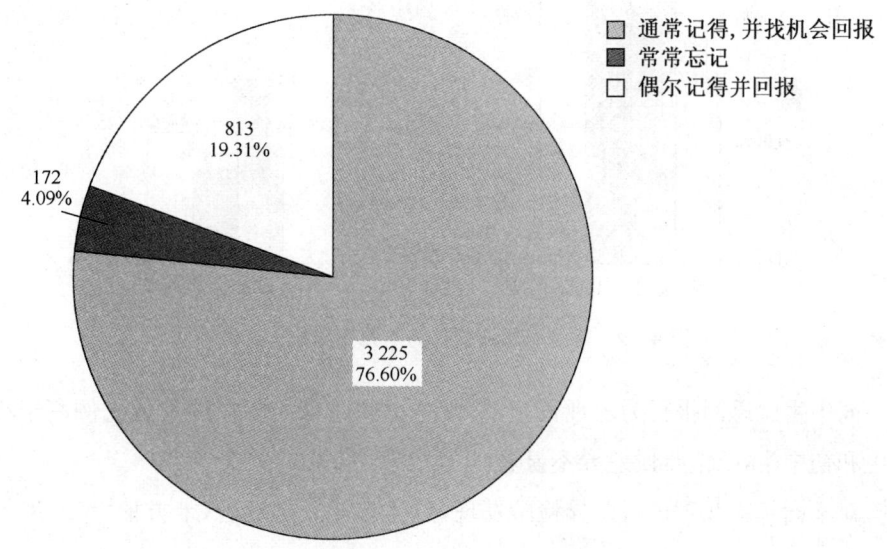

图4-8 家庭感恩回报行为与儿童人数百分比分布图

(1) 年段差异。

对不同年段的儿童进行差异检验发现,总体差异非常显著(卡方值=25.513,$P \leqslant 0.01$)。

年段不同的儿童各选项百分比如图4-9所示,进一步统计分析发现:

在常常回报家人的关心的行为选择上,初中生的人数比例高于小学生和高中生,且初中生与高中生间的差异非常显著(|AR|>2.58)。15.61%的初中生偶尔记得回应家人的关怀,人数比例低于小学生和高中生,初中生与高中生之间

的差异非常显著（$|AR|>2.58$）。

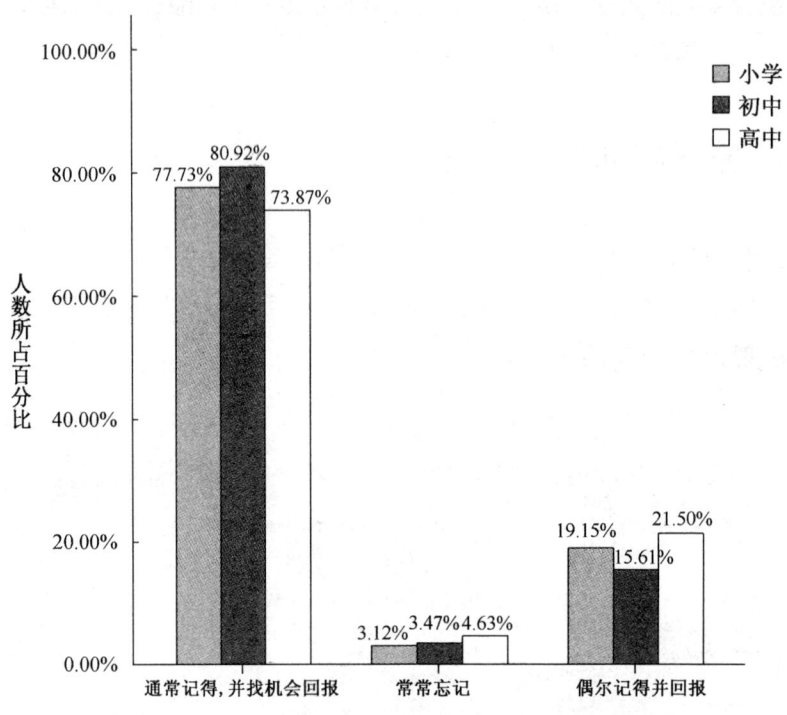

图4-9　家庭感恩回报行为与儿童年段分布图

高中生感恩回报行为表现较差，常常忘记回应家人的爱的人数比例高于小学生和初中生，三个年段差异不显著（$|AR|\leqslant1.96$）。

对不同年级儿童进行差异检验发现，总体差异非常显著（卡方值＝52.810，$P\leqslant0.01$）。

由家庭感恩回报行为与儿童年级变化趋势图可知，家庭感恩回报行为优良的儿童人数比例整体比较稳定，初二、初三和高一的儿童之间的差异非常显著（$|AR|>2.58$）；常常忘记回应家人关心的人数比例总体呈小幅上涨趋势，且初二、初三、高一和高二的儿童之间的差异非常显著（$|AR|>2.58$）。（见图4-10）

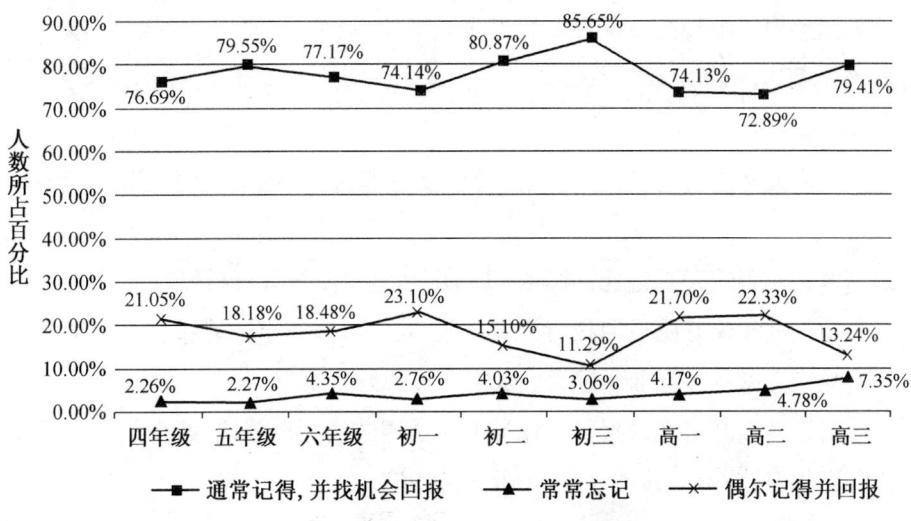

图 4-10　家庭感恩回报行为与儿童年级变化趋势图

(2) 性别差异。

对不同性别的儿童进行差异检验发现,总体差异非常显著(卡方值＝14.990,$P \leqslant 0.01$)。

性别不同的儿童各选项百分比如图 4-11 所示,进一步统计分析发现:

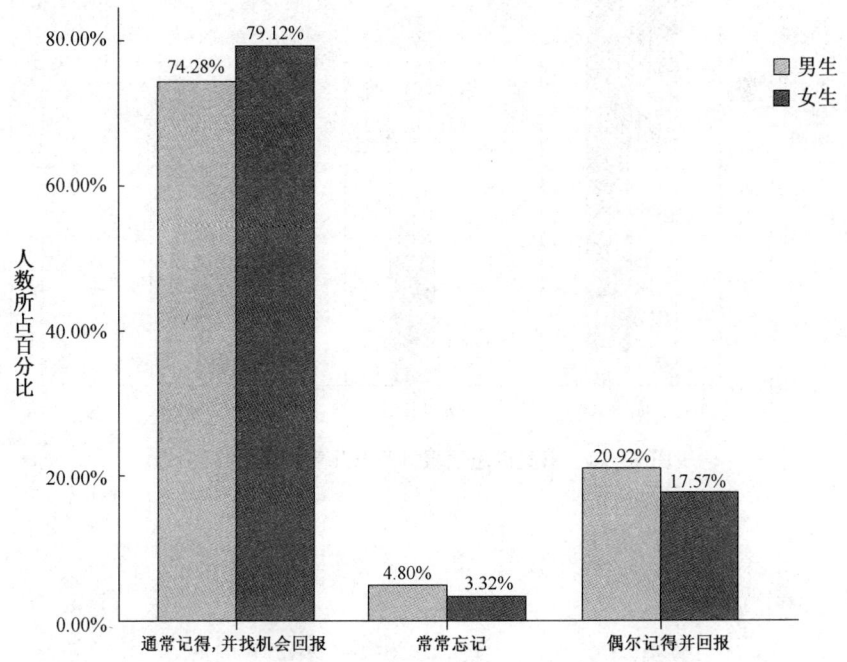

图 4-11　家庭感恩回报行为与儿童性别分布图

家庭感恩回报行为表现较好的男生人数比例比女生低,男女生之间差异非常显著($|AR|>2.58$)。

(3) 城乡差异。

对城乡儿童进行差异检验发现,总体差异非常显著(卡方值=55.200,$P\leqslant0.01$)。

城乡儿童各选项百分比如图4-12所示,进一步统计分析发现:

城市的儿童家庭感恩回报行为表现较为良好,高于小城镇和乡村的儿童,且乡村与城市儿童的差异非常显著($|AR|>2.58$)。

乡村儿童家庭感恩回报行为比城市和小城镇的儿童较差,城乡儿童在"偶尔记得并回报"选项上差异不显著($|AR|\leqslant1.96$)。

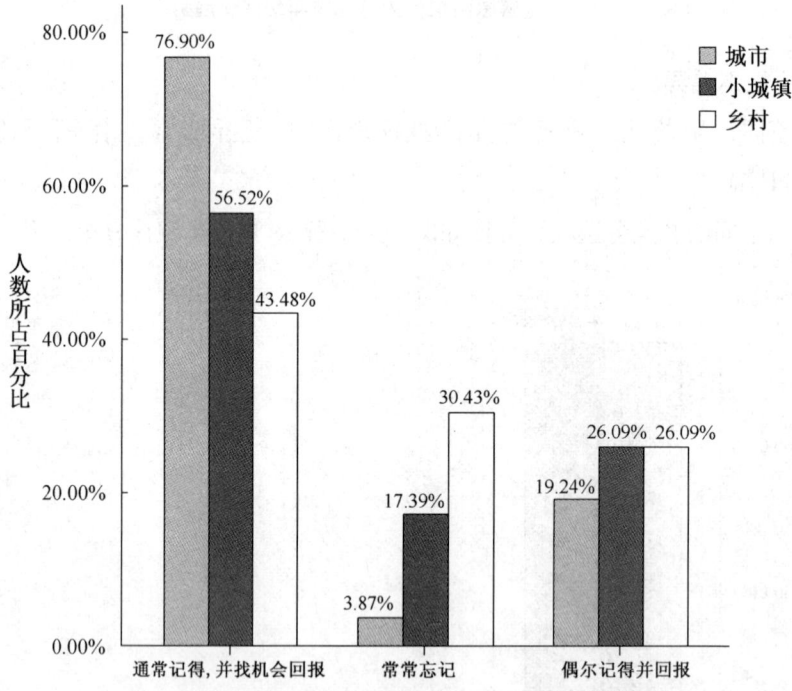

图4-12 家庭感恩回报行为与儿童城乡分布图

(4) 生活满意度差异。

对不同生活满意度的儿童进行差异检验发现,总体差异非常显著(卡方值=164.696,$P \leqslant 0.01$)。

生活满意度不同的儿童各选项百分比如图4-13所示,进一步统计分析发现:

不同生活满意度的儿童在"通常记得,并找机会回报"选项上,依次呈阶梯状下降趋势。对生活很满意的儿童感恩回报行为表现较好,其次是对生活基本满意的儿童和对生活不满意的儿童,且三者之间存在非常显著的差异($|AR|>2.58$)。对生活不满意的儿童"常常忘记"回报,高于其他两种生活满意度的儿童,对生活很满意和对生活不满意的儿童之间差异非常显著($|AR|>2.58$)。

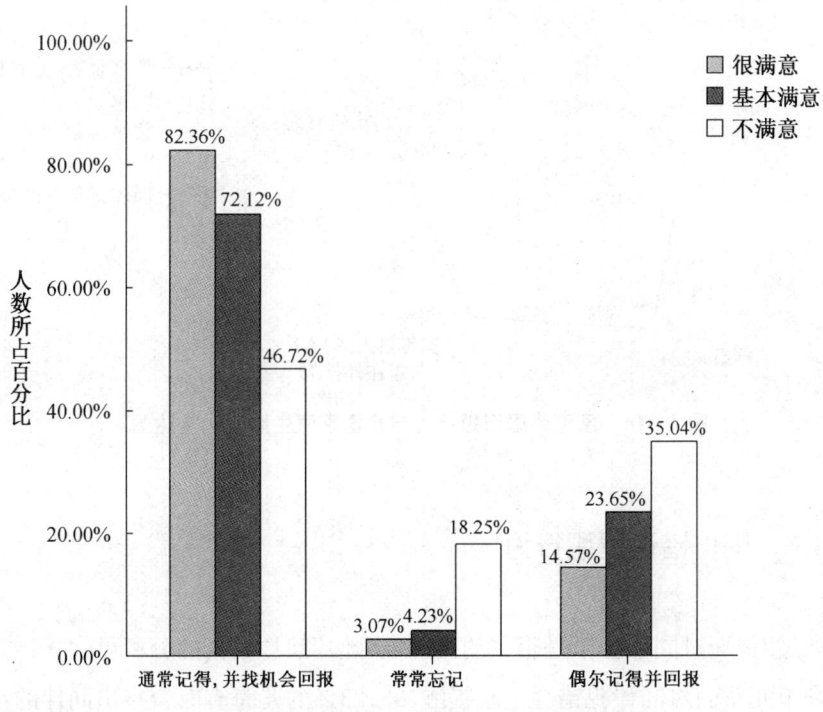

图4-13 家庭感恩回报行为与儿童生活满意度分布图

(5) 家庭生活方式差异。

对不同家庭生活方式的儿童进行差异检验发现,总体差异非常显著(卡方值=40.162,$P \leqslant 0.01$)。

家庭生活方式不同的儿童各选项百分比如图4-14所示,进一步统计分析发现:

大部分"和爸妈、爷爷奶奶经常住在一起"的儿童会常常回应家人的爱和关心,在家庭生活中表现较为良好,其次是与父母生活在一起的儿童。"和爸妈、爷爷奶奶经常住在一起""父母(1人或2人)常年在外打工""离异再组合家庭"的儿童的家庭感恩回报行为存在非常显著的差异($|AR|>2.58$)。

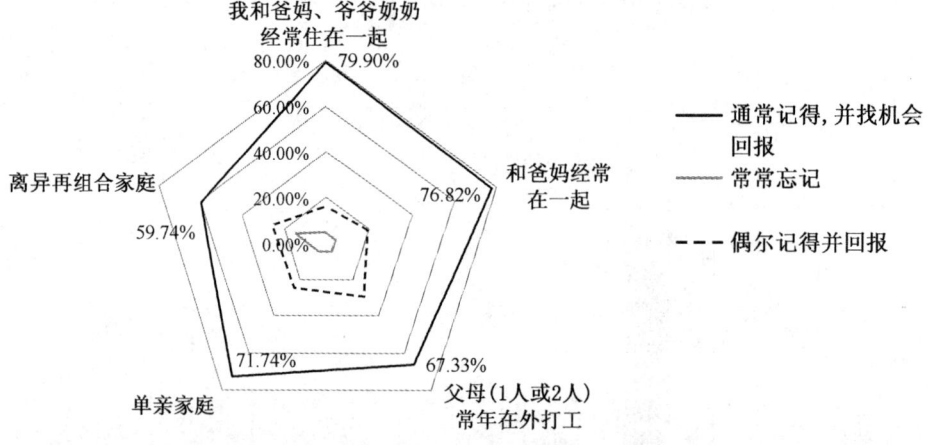

图4-14 家庭感恩回报行为与儿童家庭生活方式雷达图

4.3 同伴错误提醒行为

通过对"面对同伴犯错是否主动提醒他(她)"问卷数据的分析可知,61.31%的深圳市儿童面对同伴犯错会主动提醒,33.23%的儿童有时会指出同伴的错误之处,还有5.46%的儿童通常不会提醒犯错的同伴。(见图4-15)

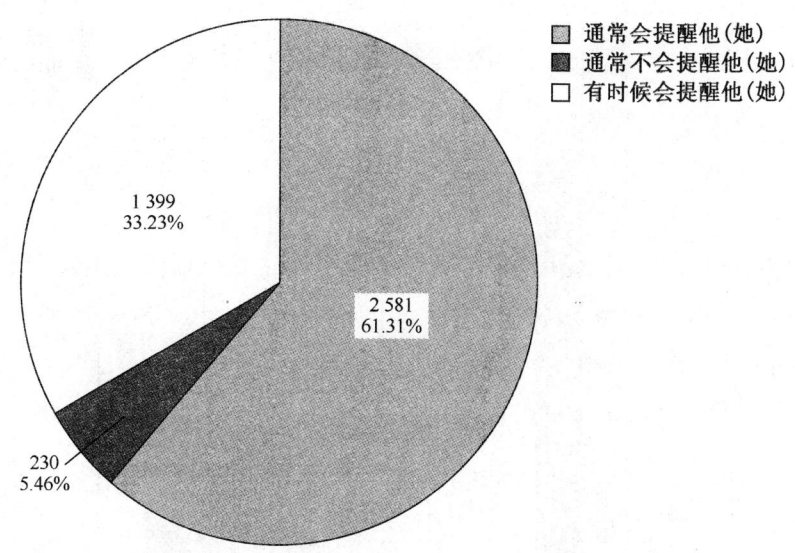

图 4-15 同伴错误提醒行为与儿童人数百分比分布图

(1) 年段差异。

对不同年段的儿童进行差异检验发现,总体差异非常显著(卡方值=119.566,$P \leqslant 0.01$)。

年段不同的儿童各选项百分比如图 4-16 所示,进一步统计分析发现:

小学生在同伴共处中通常会指出对方错误之处的人数比例高于初中生和高中生,不同年段的儿童之间差异非常显著($|AR|>2.58$)。高中生通常不会提醒同伴所犯错误的人数比例高于初中生和小学生,且小学生和高中生之间的差异非常显著($|AR|>2.58$)。高中生有时会提醒同伴的错误行为的人数比例高于初中生和小学生,不同年段的儿童之间存在非常显著的差异($|AR|>2.58$)。

对不同年级的儿童进行差异检验发现,总体差异非常显著(卡方值=141.248,$P \leqslant 0.01$)。

由同伴错误提醒行为与儿童年级变化趋势图可见,随着年龄的增长,能直接指出同伴错误的儿童人数比例整体呈下降趋势,且除了初一、初二和高三外,其余各年级儿童之间的差异非常显著($|AR|>2.58$);通常不提醒同伴错误行为的人数比例整体呈小幅上升趋势,且四年级、五年级、六年级、初二和高二儿童间的差异比较显著($1.96<|AR|\leqslant 2.58$);有时提醒的人数比例整体呈上升趋势,且

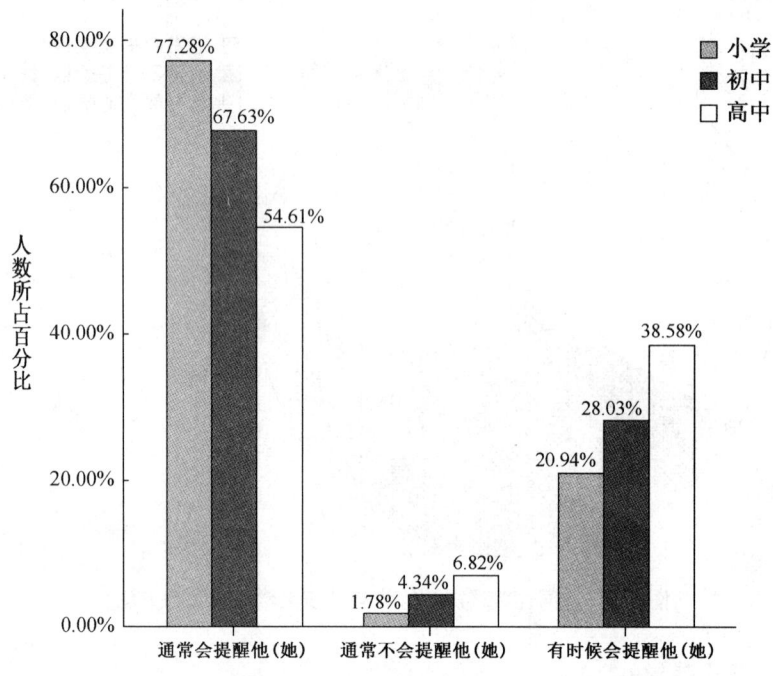

图 4-16 同伴错误提醒行为与儿童年段分布图

四年级、五年级、六年级、初三和高一、高二的儿童之间的差异非常显著（$|AR|>2.58$）。（见图 4-17）

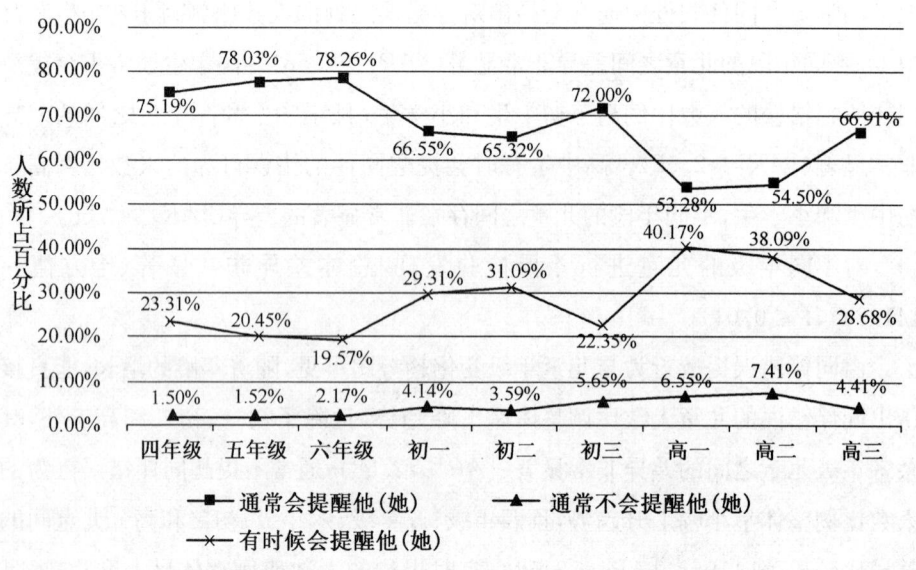

图 4-17 同伴错误提醒行为与儿童年级变化趋势图

(2) 性别差异。

对不同性别的儿童进行差异检验发现,总体差异非常显著(卡方值=9.842,$P \leqslant 0.01$)。

性别不同的儿童各选项百分比如图 4-18 所示,进一步统计分析发现:

男生在同伴共处中通常不指出对方错误之处的人数比例高于女生,男女生之间差异非常显著($|AR|>2.58$)。

男生在同伴共处中通常会指出对方错误之处这一选项上人数比例低于女生,男女生之间差异不显著($|AR| \leqslant 1.96$)。有时会提醒同伴的男女生人数比例相近,男女生之间差异不显著($|AR| \leqslant 1.96$)。

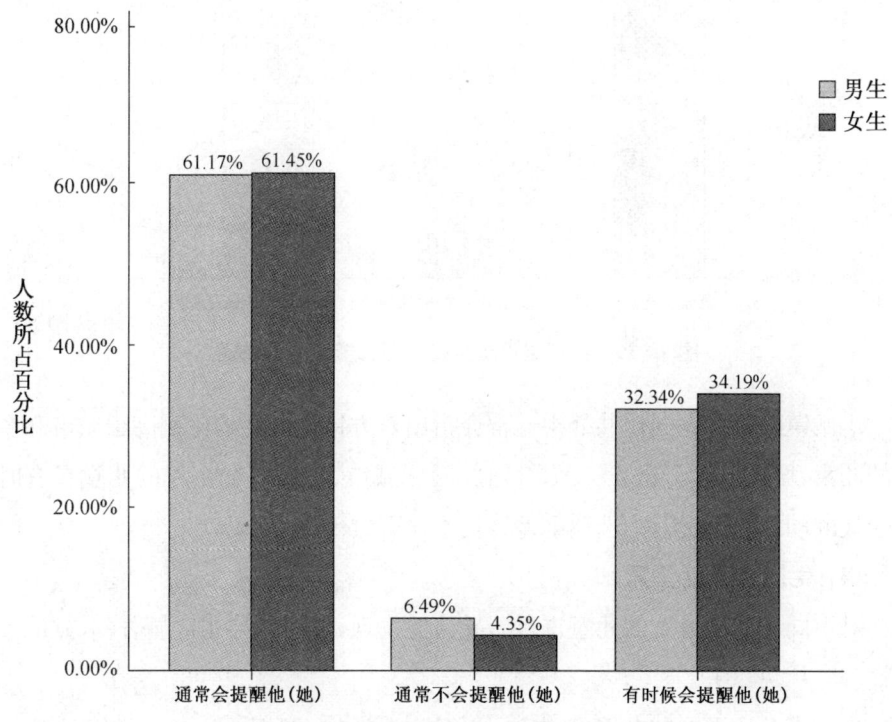

图 4-18 同伴错误提醒行为与儿童性别分布图

(3) 城乡差异。

对城乡的儿童进行差异检验发现,总体差异非常显著(卡方值=45.826,$P \leqslant 0.01$)。

城乡儿童各选项百分比如图 4-19 所示,进一步统计分析发现:

通常不会提醒同伴所犯错误的城市的儿童人数比例低于乡村儿童,城市与乡村的儿童之间存在非常显著的差异($|AR|>2.58$)。

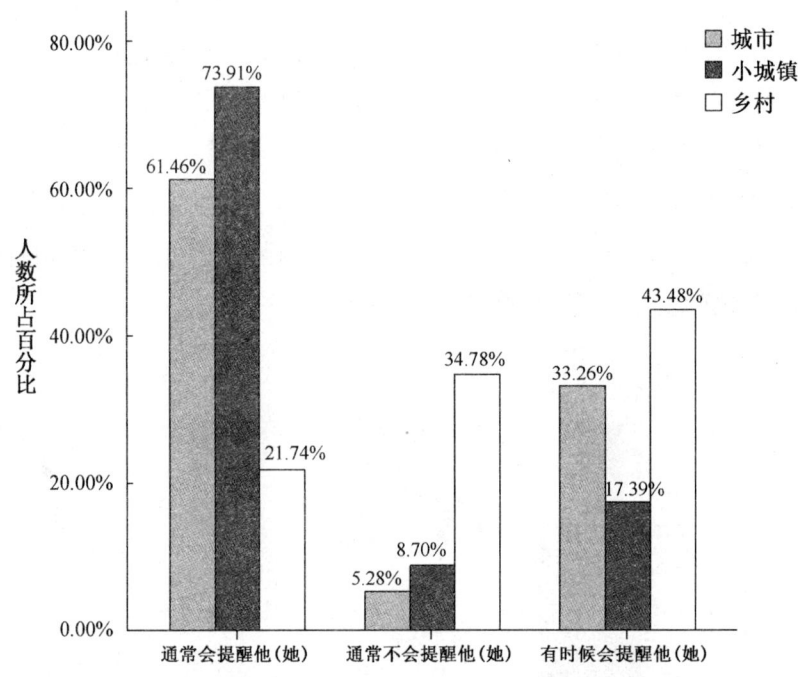

图 4-19 同伴错误提醒行为与儿童城乡分布图

小城镇的儿童在同伴共处中通常会指出对方错误之处的比例高于城市和乡村的儿童,城乡差异不显著($|AR|\leqslant 1.96$)。城市、小城镇和乡村的儿童在有时候会提醒同伴的错误行为选项下差异均不显著($|AR|\leqslant 1.96$)。

(4) 生活满意度差异。

对不同生活满意度的儿童进行差异检验发现,总体差异非常显著(卡方值=112.725,$P\leqslant 0.01$)。

生活满意度不同的儿童各选项百分比如图 4-20 所示,进一步统计分析发现:

对生活很满意的儿童在同伴共处中通常会提醒对方的错误之处,其次是对生活基本满意的儿童,再次是对生活不满意的儿童。对生活很满意的儿童在同伴共处中通常会指出对方错误之处的人数比例高于对生活基本满意的儿童和对

生活不满意的儿童,且三种生活满意度的儿童之间差异非常显著(|AR|>2.58)。对生活基本满意的儿童选择有时候会提醒犯错的同伴的人数比例高于对生活不满意和对生活很满意的儿童,且对生活很满意和对生活基本满意的儿童之间差异非常显著(|AR|>2.58)。通常不会提醒犯错的同伴的儿童中,对生活很满意和对生活不满意的儿童之间差异非常显著(|AR|>2.58)。

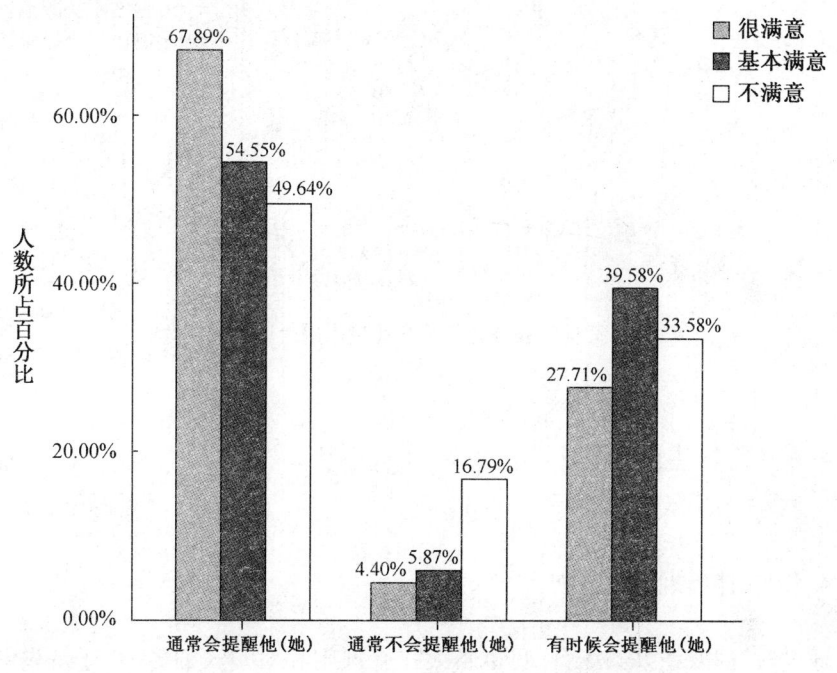

图4-20　同伴错误提醒行为与儿童生活满意度分布图

(5) 家庭生活方式差异。

对不同家庭生活方式的儿童进行差异检验发现,总体差异非常显著(卡方值=38.890,$P \leqslant 0.01$)。

家庭生活方式不同的儿童各选项百分比如图4-21所示,进一步统计分析发现:

和父母、祖辈生活在一起的儿童更乐于指出同伴的错误言行,提醒其改正,表现出较好的同伴共处行为。和父母、祖辈生活在一起的儿童在同伴共处中通常会指出对方错误之处的人数比例高于和父母生活在一起的儿童,其次是单亲家庭、父母(1人或2人)常年在外打工、离异再组合家庭的儿童。在此选项上,

和父母、祖辈一起生活与离异再组合家庭的儿童之间存在非常显著的差异（$|AR|>2.58$）。

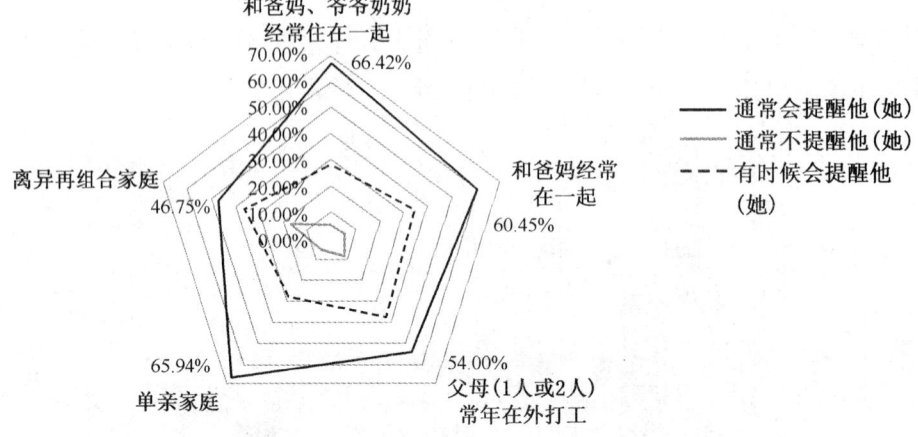

图4-21 同伴错误提醒行为与儿童家庭生活方式雷达图

4.4 公共生活行为

4.4.1 违反规则的行为

通过对"即使在公共场合，我也不太在乎规则和对别人的影响，还是先考虑自己的需要"问卷数据的分析可知，57.74%的深圳市儿童通常不会在公共生活中为一己私利破坏规则，23.21%的儿童偶尔会为自己的利益逾越规则，19.05%的儿童通常会首先考虑自己的利益，甚至很可能会因为自身的利益而破坏公共规则、损害他人利益（见图4-22）。

(1) 年段差异。

对不同年段的儿童进行差异检验发现，总体差异非常显著（卡方值＝116.985，$P\leqslant 0.01$）。

不同年段的儿童各选项百分比如图4-23所示，进一步统计分析发现：

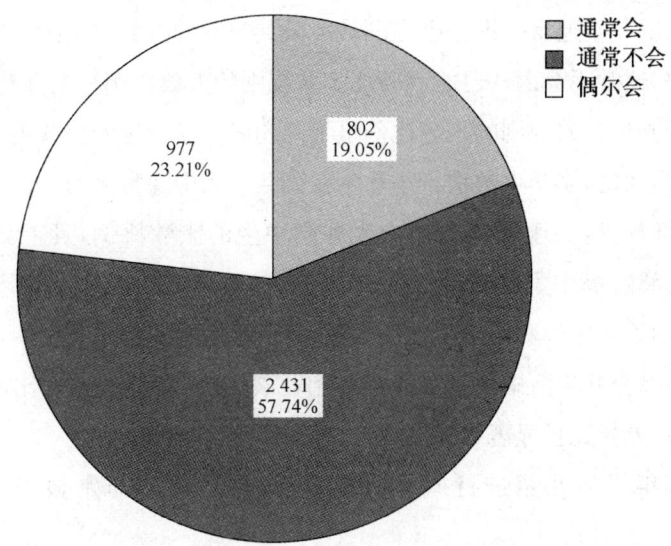

图 4-22 违反规则行为与儿童人数百分比分布图

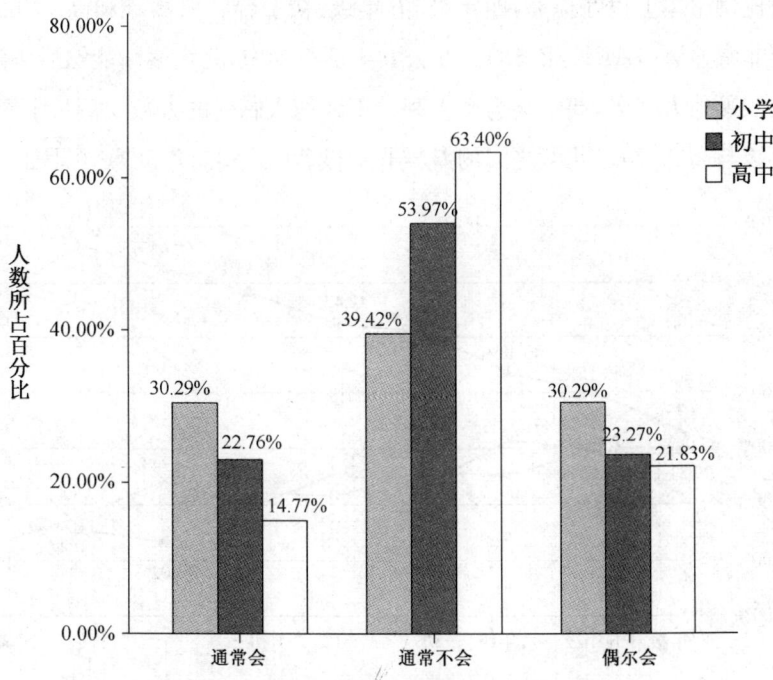

图 4-23 违反规则行为与儿童年段分布图

各年段的儿童通常会因一己之利破坏公共规则的人数比例随着年段的增加呈下降趋势,通常不会因一己之利破坏公共规则的人数比例呈上升趋势,偶尔会因一己之利破坏公共规则的人数比例呈下降趋势。高中生的公共生活行为表现最好,初中生次之,小学生再次。小学生在公共生活中通常会为一己之利不顾他人感受、破坏规则,高于同项下初中生和高中生的人数比例,且差异非常显著($|AR|>2.58$)。高中生在公共生活中通常会优先考虑公共利益而不是个人利益,高于同项下初中生和小学生的的人数比例,且差异非常显著($|AR|>2.58$)。

小学生在公共生活中偶尔会为个人利益破坏公共规则,人数比例高于初中生和高中生,差异比较显著($1.96<|AR|\leqslant 2.58$)。

对不同年级的儿童进行差异检验发现,总体差异非常显著(卡方值=165.620,$P\leqslant 0.01$)。

令人欣慰的是,随着年级的升高,儿童不会在公共场合为一己之私违反规则的人数比例整体上也在提高,四年级、五年级、初一、高一、高二和高三儿童之间的差异非常显著($|AR|>2.58$)。在公共生活行为中,儿童逐渐能够做到遵守规则以及照顾他人感受,偶尔会为个人利益不顾他人感受的人数比例呈下降趋势,且六年级与高二、高三儿童之间的差异非常显著($|AR|>2.58$)。(见图4-24)

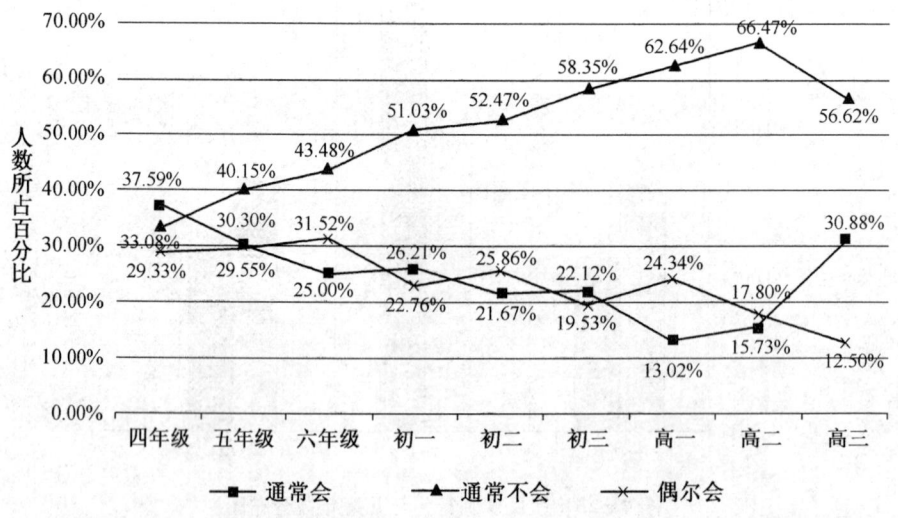

图4-24 违反规则行为与儿童年级变化趋势图

(2) 性别差异。

对不同性别的儿童进行差异检验发现,总体差异非常显著(卡方值=89.938,$P \leqslant 0.01$)。

不同性别的儿童各选项百分比如图 4-25 所示,进一步统计分析发现:

24.07%的男生在公共生活中通常会为一己之利不顾他人感受、破坏规则,高于同项下女生,且差异非常显著($|AR|>2.58$)。64.18%的女生通常不会为一己之利不顾他人感受、破坏规则,而男生在同项下的人数比例高于女生,且差异非常显著($|AR|>2.58$)。

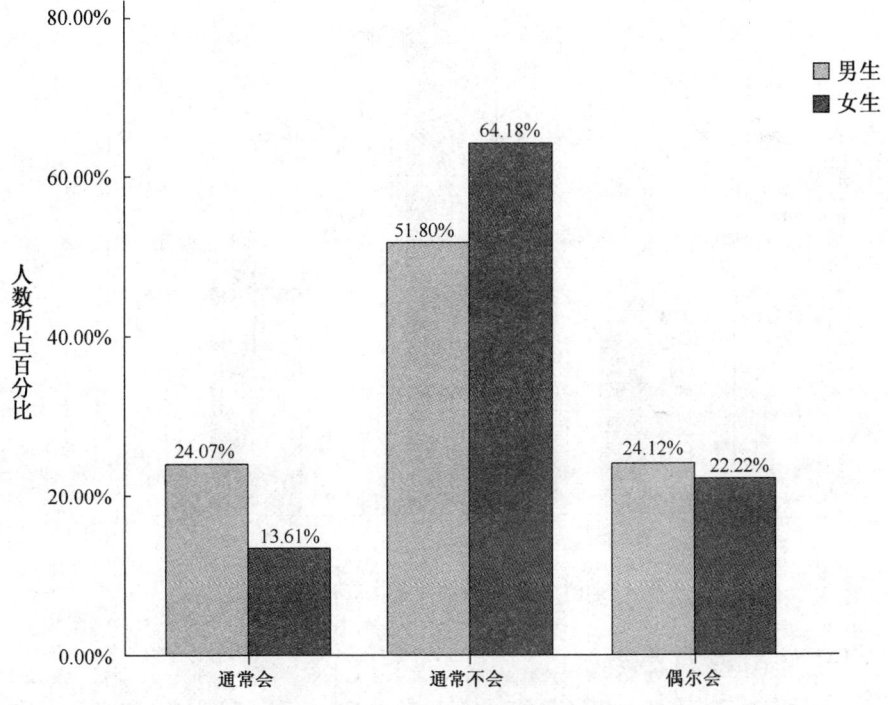

图 4-25 违反规则行为与儿童性别分布图

男生偶尔会为一己私利不顾他人感受,其人数比例高于同项下女生,男女生之间差异不显著($|AR| \leqslant 1.96$)。

(3) 城乡差异。

对城乡儿童进行差异检验发现,总体差异不显著(卡方值=1.378,$P>0.05$)。

城乡儿童各选项百分比如图4-26所示,进一步统计分析发现:

城市儿童的公共生活行为表现最好,小城镇次之,乡村再次之。

19.00%的城市儿童在公共生活中通常会为一己之利不顾他人感受、破坏规则,人数比例低于同项下小城镇和乡村的儿童,但差异不显著($|AR|\leq1.96$)。城市的儿童在公共生活中通常会优先考虑公共利益而不是个人利益,高于同项下小城镇(52.17%)和乡村(47.83%)的儿童,三者之间的差异不显著($|AR|\leq1.96$)。

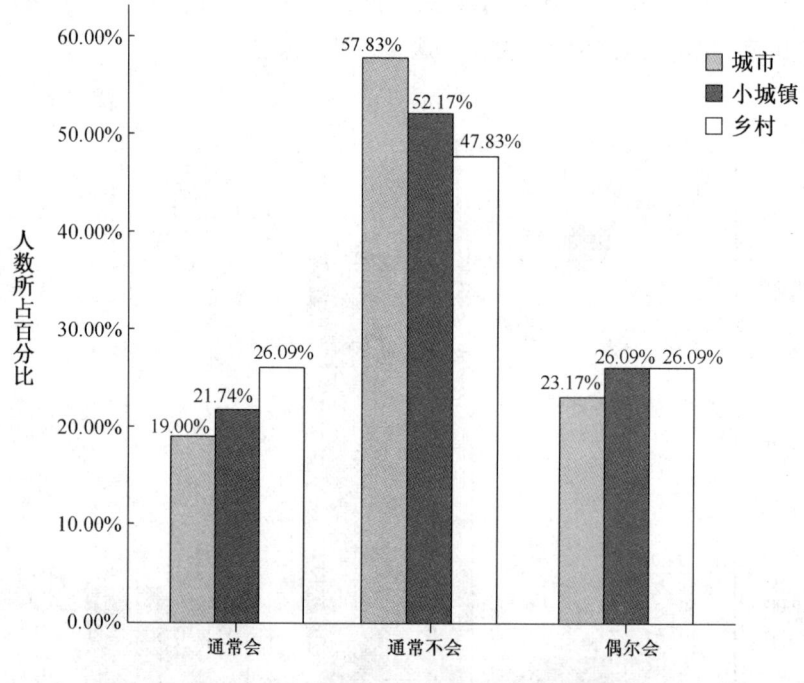

图4-26 违反规则行为与儿童城乡分布图

(4) 生活满意度差异。

对不同生活满意度的儿童进行差异检验发现,总体差异非常显著(卡方值=43.369,$P\leq0.01$)。

不同生活满意度的儿童各选项百分比如图4-27所示,进一步统计分析发现:

22.17%的对生活状况很满意的儿童在公共生活中通常会为一己之利不顾他人感受、破坏规则,人数比例高于对生活不满意的儿童和对生活基本满意的儿童,且对生活基本满意和很满意的儿童之间的差异非常显著($|AR|>2.58$)。

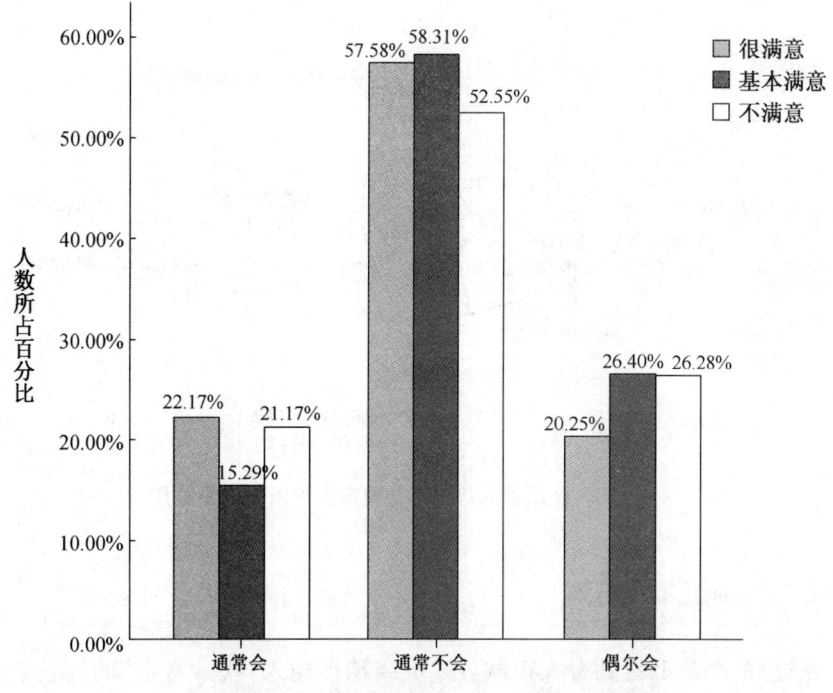

图 4-27 违反规则行为与儿童生活满意度分布图

58.31%的对生活基本满意的儿童在公共生活中通常不会只顾私利,人数比例高于同项下对生活状况很满意的和对生活不满意的儿童,三者间的差异不显著($|AR|\leqslant 1.96$)。

(5) 家庭生活方式差异。

对不同家庭生活方式的儿童进行差异检验发现,总体差异不显著(卡方值=8.268,$P>0.05$)。

家庭生活方式不同的儿童各选项百分比如图 4-28 所示,进一步统计分析发现:在公共生活中通常不会为一己私利不顾他人感受的行为,和父母经常在一起的儿童的人数比例比较高,其次是离异再组合家庭的儿童,第三是和父母祖辈经常在一起的儿童,然后是单亲家庭的儿童,最后是父母(1人或2人)常年在外打工的儿童,不同家庭生活方式的儿童行为之间的差异都不显著($|AR|\leqslant 1.96$)。在公共生活中通常会为一己私利破坏规则、偶尔会首先考虑自己的利益而不顾他人感受的这两种行为,不同家庭生活方式的儿童之间都不存在显著的差异($|AR|\leqslant 1.96$)。

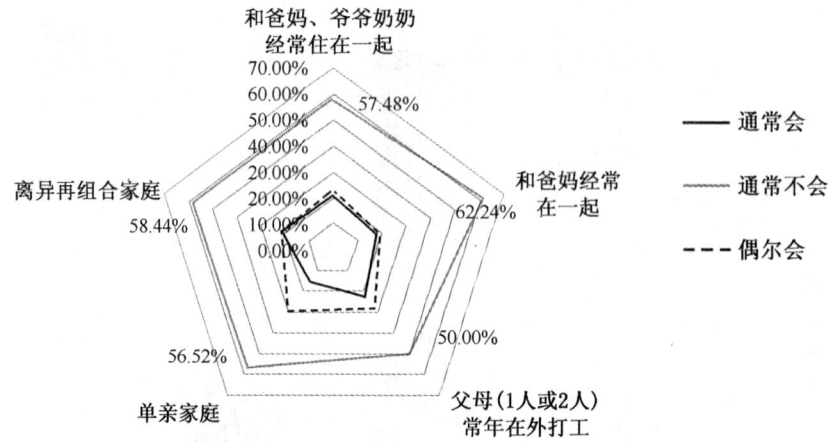

图 4-28 违反规则行为与儿童家庭生活方式雷达图

4.4.2 制止欺负行为

通过对"在路上看到有人在欺负残疾或精神病人,我常常会"的问卷数据分析可以发现,3.16%的深圳市儿童会在弱势人群被欺负时想"去看看好不好玩";

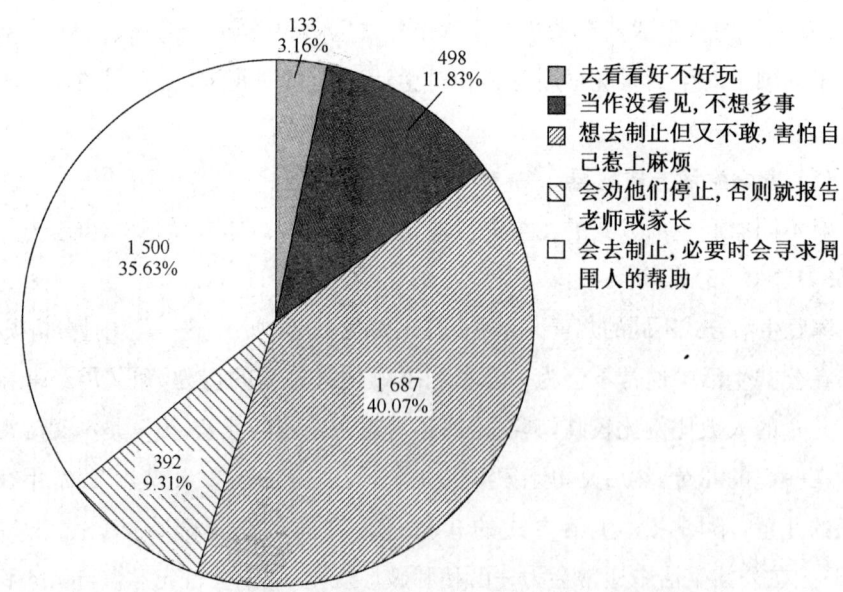

图 4-29 制止欺负行为与儿童人数百分比分布图

11.83%的儿童则是因为"不想多事",而漠视他人的痛苦和需求;40.07%的儿童有制止欺负弱势人群的倾向,但又因害怕自己惹上麻烦而不敢上前;9.31%的儿童会上前制止欺负弱势人群的行为;35.63%的儿童会在弱势人群陷入困境的时候伸出援助之手,必要时还会寻求周围其他人的帮助。(见图4-29)

(1) 年段差异。

对不同年段的儿童进行差异检验发现,总体差异非常显著(卡方值=97.328,$P \leqslant 0.01$)。

不同年段的儿童各选项百分比如图4-30所示,进一步统计分析发现:

小学生会当作没看见的人数比例低于同项下初中生和高中生,且小学生和高中生间的差异非常显著($|AR|>2.58$)。高中生有制止的行为倾向却又害怕惹上麻烦的人数比例高于同项下的初中生和小学生,且小学生、初中生和高中生之间差异非常显著($|AR|>2.58$)。小学生会上前劝止欺负弱势人群的行为的人数比例高于同项下初中生和高中生,且三者差异非常显著($|AR|>2.58$)。小学生会上前制止并在必要时向周围人求助的人数比例高于此项下的初中生和高中生,且三者间的差异非常显著($|AR|>2.58$)。

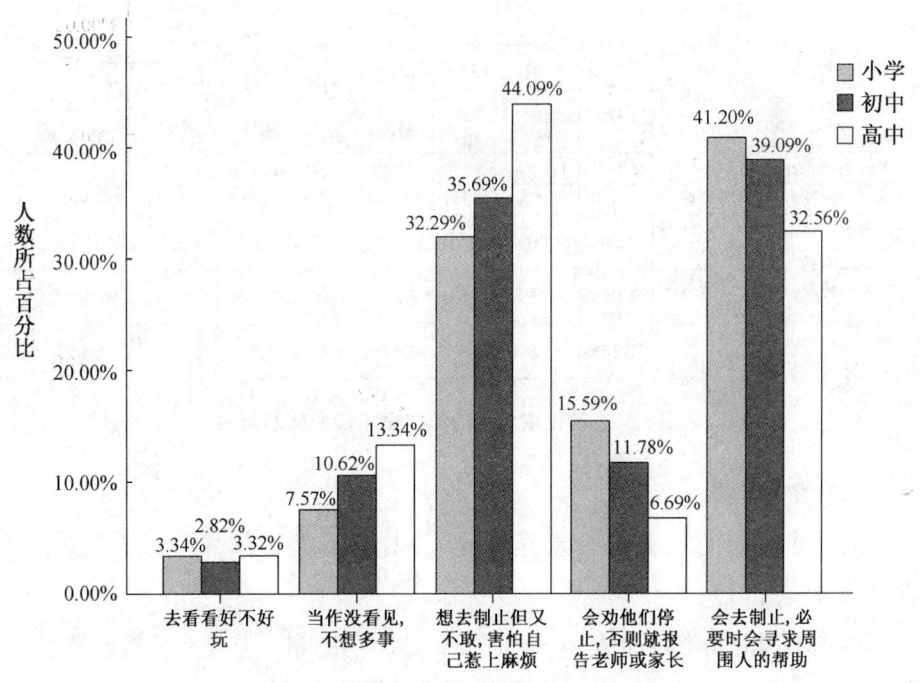

图4-30 制止欺负行为与儿童年段分布图

较少的初中生会在弱势群体受欺负时想"去看看好不好玩",其人数比例低于同项下的高中生和小学生,差异不显著($|AR|\leqslant 1.96$)。

对不同年级的儿童进行差异检验发现,总体差异非常显著(卡方值=178.720,$P\leqslant 0.01$)。

由制止欺负行为与儿童年级变化趋势图可见,随着年级的上升,儿童中以"看热闹"的态度旁观欺负行为的人数比例整体呈小幅上涨趋势,但各年级差异不显著($|AR|\leqslant 1.96$);不想多事、怕惹上麻烦的人数比例也有增长的趋势,且四年级和高二之间的差异非常显著($|AR|>2.58$);会上前制止的人数比例波动较大,五年级下降后初中段有所上升,高二到达最低值(30.67%),四年级、初二和高二儿童之间的差异非常显著($|AR|>2.58$)。(见图4-31)

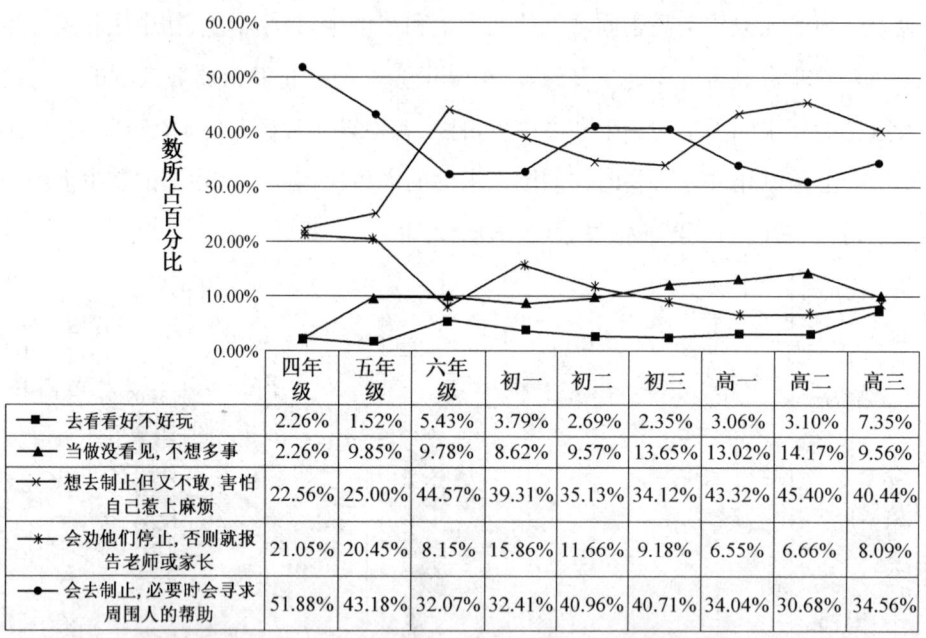

图4-31 制止欺负行为与儿童年级变化趋势图

(2)性别差异。

对不同性别的儿童进行差异检验发现,总体差异非常显著(卡方值=75.248,$P\leqslant 0.01$)。

性别不同的儿童各选项百分比如图4-32所示,进一步统计分析发现:

男生在弱势群体被欺负时想"去看看好不好玩"的人数比例高于此项下女生;女生想去制止又怕惹上麻烦的人数比例高于男生;男生会上前劝止欺负弱势人群的行为,并提出警告的人数比例高于此项行为下的女生;男生会上前制止并在有需要时寻求周围人帮助,高于女生的比例。

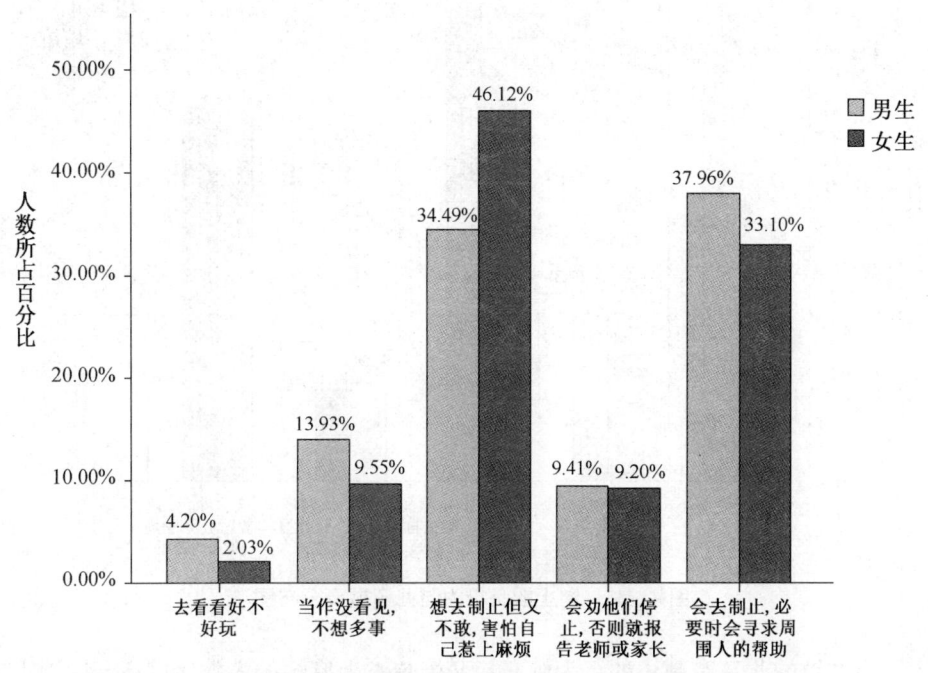

图 4-32 制止欺负行为与儿童性别分布图

除了在会上前劝止他人并进行警告的行为选择上男女生之间不存在显著的差异($|AR|\leqslant 1.96$)外,其余情况下男女生之间均存在非常显著的差异($|AR|>2.58$)。

(3) 城乡差异。

对城乡儿童进行差异检验发现,总体差异非常显著(卡方值=103.900,$P\leqslant 0.01$)。

城乡儿童各选项百分比如图 4-33 所示,进一步统计分析发现:

城市的儿童会在弱势群体受欺负时想"去看看好不好玩"的人数比例低于同项下小城镇和乡村的儿童,城市和乡村间的差异非常显著($|AR|>2.58$)。

城市的儿童会上前制止并在必要时向周围人求助的人数比例高于此项下小

城镇和乡村的儿童,且城市儿童与乡村儿童之间的差异显著(1.96≤|AR|≤2.58)。

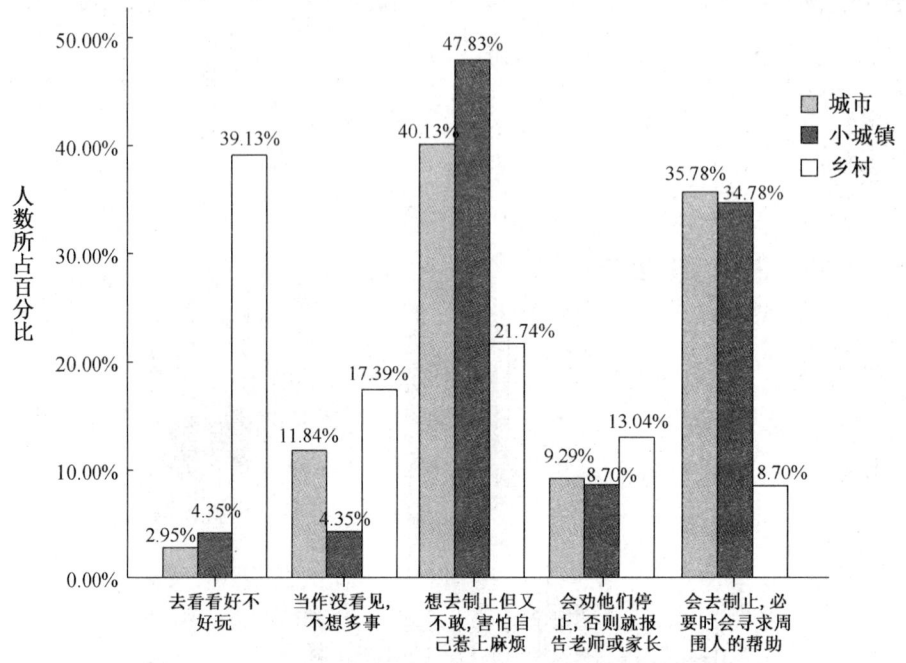

图 4-33 制止欺负行为与儿童城乡分布图

小城镇的儿童有制止的行为倾向却又害怕惹上麻烦的人数比例高于同项下城市和乡村的儿童,差异不显著(|AR|≤1.96)。乡村学校的儿童会上前劝止欺负弱势人群的行为的人数比例高于同项下城市和小城镇儿童,差异不显著(|AR|≤1.96)。

(4) 生活满意度差异。

对不同生活满意度的儿童进行差异检验发现,总体差异非常显著(卡方值=145.513,$P \leq 0.01$)。

生活满意度不同的儿童各选项百分比如图 4-34 所示,进一步统计分析发现:

整体上,对生活状况很满意的儿童更加关爱弱势人群,会更主动地与危害弱势人群的行为作斗争。对生活基本满意的儿童有制止的行为倾向却又害怕惹上麻烦的人数比例高于同项下对生活很满意和不满意的儿童,且三者间的差异非

常显著（$|AR|>2.58$）。对生活很满意的儿童会上前劝止欺负弱势人群的行为并提出警告的人数比例高于同项下对生活基本满意和不满意的儿童，且对生活很满意和基本满意的儿童之间差异非常显著（$|AR|>2.58$）。对生活很满意的儿童会上前制止并在必要时向周围人求助的人数比例明显高于同项下对生活基本满意和对生活不满意的儿童，且对生活很满意和对生活基本满意的儿童之间差异非常显著（$|AR|>2.58$）。

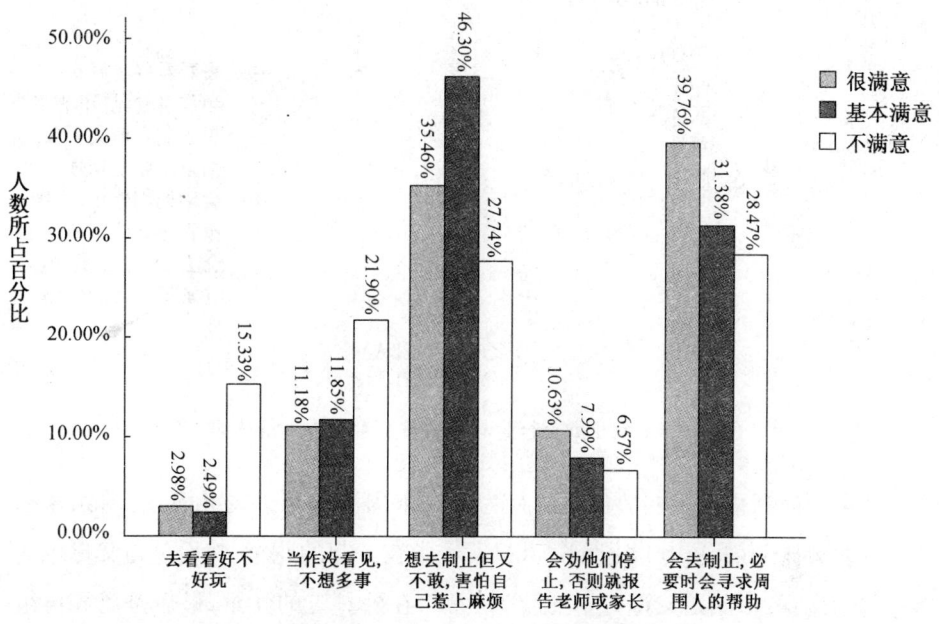

图4-34 制止欺负行为与儿童生活满意度分布图

对生活基本满意的儿童会在弱势群体受欺负时想"去看看好不好玩"的人数比例低于同项下对生活很满意和不满意的儿童，且对生活基本满意和不满意的儿童之间的差异比较显著（$1.96<|AR|\leqslant2.58$）。

对生活很满意的儿童会因不想多事而忽视欺负弱势人群的行为的人数比例低于同项下对生活基本满意和不满意的儿童，差异不显著（$|AR|\leqslant1.96$）。

(5) 家庭生活方式差异。

对不同家庭生活方式的儿童进行差异检验发现，总体差异非常显著（卡方值=61.818，$P\leqslant0.01$）。

家庭生活方式不同的儿童各选项百分比如图4-35所示,进一步统计分析发现:

在想去制止但怕惹上麻烦的行为下,和父母祖辈一起生活、父母(1人或2人)常年在外打工的两种家庭生活方式的儿童之间差异非常显著($|AR|>2.58$)。

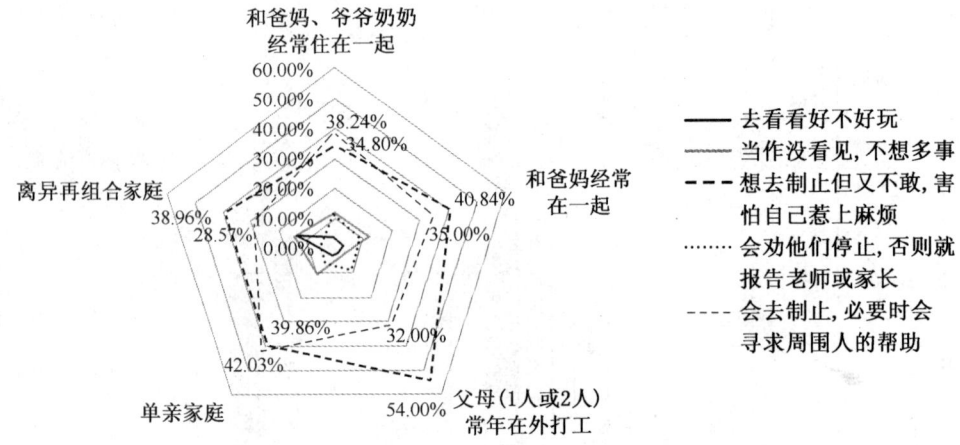

图4-35 制止欺负行为与儿童家庭生活方式雷达图

在会上前制止欺负弱势群体的行为并寻求周围人帮助的儿童中,单亲家庭的儿童人数比例最高,其次是和父母祖辈经常在一起的儿童,然后是与父母生活在一起的儿童,第四是父母(1人或2人)常年在外打工的儿童,最后是离异再组合家庭的儿童,五种家庭生活方式的儿童差异均不显著($|AR|\leqslant1.96$)。在弱势群体受欺负时想"去看看好不好玩"的儿童中,五种家庭生活方式的儿童差异均不显著($|AR|\leqslant1.96$)。在因不想多事而漠视弱势人群受欺负的行为下,父母(1人或2人)常年在外打工家庭的儿童的人数比例最高,和父母祖辈一起生活的儿童的人数比例最低,不同家庭生活方式的儿童差异均不显著($|AR|\leqslant1.96$)。在会劝止欺负弱势人群的行为下,五种家庭生活方式的儿童之间不存在显著差异($|AR|\leqslant1.96$)。

5 深圳市儿童愿意接受的道德教育方式

深圳市儿童愿意接受的学校德育方式有很多,其中有 33.99% 的儿童倾向于"实际锻炼法",喜欢学校组织一些有主题的实践活动;有 26.94% 的儿童倾向于"说理教育法",喜欢通过讲故事、寓言或真实事例来让自己明白道理;还有 13.28% 的儿童倾向于"榜样示范法",喜欢观看榜样人物的纪录片。当然,也还有一小部分儿童愿意接受其他的道德教育方式,如:有 8.84% 的儿童倾向于"讨论法",喜欢举办讨论会或辩论赛;有 9.10% 的儿童倾向于"协商法",认为班里的事情,大家商量着办;有 7.86% 的儿童倾向于"陶冶教育法",认为老师自己做的让人称赞。

从以上数据可以看出,绝大多数儿童愿意接受以"实际锻炼法""说理教育法""榜样示范法"为主的道德教育方式,而愿意接受"讨论法""协商法""陶冶教育法"的儿童则较少。(见图 5-1)

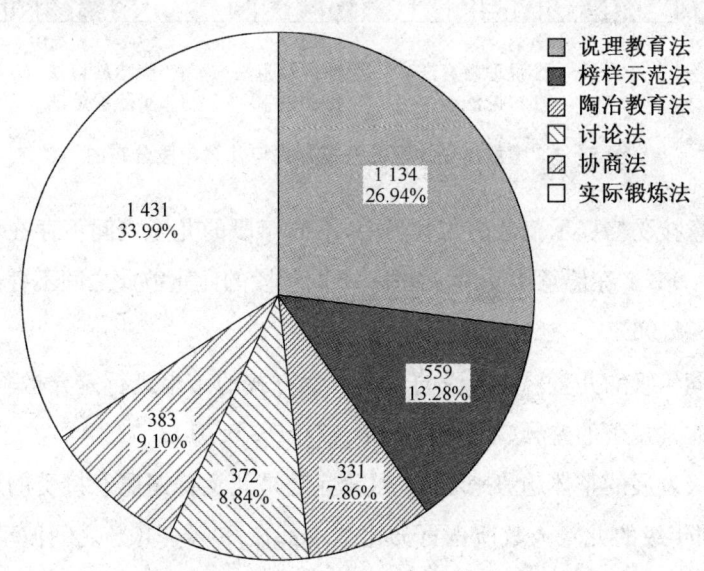

图 5-1 愿意接受的道德教育方式与儿童人数百分比分布图

(1) 年段差异。

对不同年段的儿童愿意接受的道德教育方式的结果进行差异检验发现,总体差异非常显著(卡方值=72.312,$P\leqslant0.01$)。

年段不同的儿童各选项百分比如图 5-2 所示,进一步统计分析发现:

在儿童愿意接受的道德教育方式当中,实际锻炼法在初中和高中两个年段中所占的人数比例最高,且初中和小学年段差异非常显著($|AR|>2.58$)。小学生愿意接受说理教育法的人数比例比高中生高,且差异非常显著($|AR|>2.58$)。高中生愿意接受陶冶教育法的人数比例比初中生高,且差异非常显著($|AR|>2.58$)。高中生愿意接受协商法的人数比例高于初中生,且差异非常显著($|AR|>2.58$)。

初中生愿意接受说理教育法和高中生差异比较显著($1.96<|AR|<2.58$)。

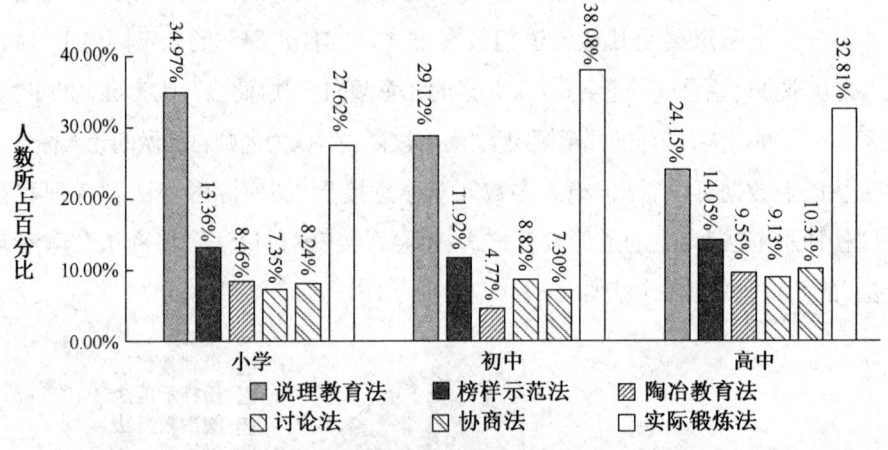

图 5-2 愿意接受的道德教育方式与儿童年段分布图

在愿意接受榜样示范法的儿童当中,不同年段的儿童之间不存在显著差异($|AR|\leqslant1.96$)。在愿意接受讨论法上,不同年段的儿童彼此之间不存在显著差异($|AR|\leqslant1.96$)。

对不同年级的儿童愿意接受的道德教育方式的结果进行差异检验发现,总体上存在非常显著的差异(卡方值=168.475,$P\leqslant0.01$)。

从年级发展的整体趋势来看,实际锻炼法是儿童普遍愿意接受的道德教育方式,不同年级的儿童人数所占百分比基本都在 30%—40%之间波动;说理教育法也是儿童喜欢的道德教育方式,从整体上看,随着儿童年级的升高,喜欢说理教育法的人数比例逐渐减少,但从高二到高三,儿童喜欢说理教育法的人数比例大幅度增加。

从愿意接受的道德教育方式与儿童年级变化趋势图中还可以看出,榜样示范法在不同的年级受认可的程度也不尽相同,从四年级到六年级是呈上升趋势,初一年级之后整体上没有明显的上升或下降趋势。其他几种道德教育方式,如陶冶教育法、讨论法、协商法,从整体上来看,所占比重均较小,且都处于一定数值范围内,没有明显的上升或下降趋势。(见图 5-3)

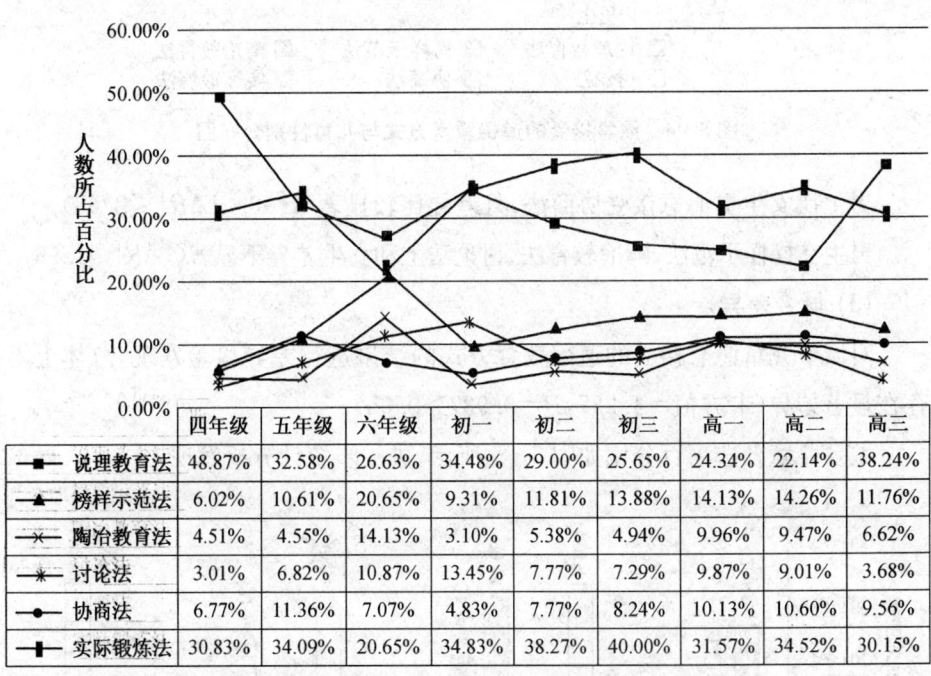

图 5-3 愿意接受的道德教育方式与儿童年级变化趋势图

(2) 性别差异。

对不同性别的儿童愿意接受的道德教育方式的结果进行差异检验发现,总体差异非常显著(卡方值=18.902,$P=0.002<0.01$)。

性别不同的儿童各选项百分比如图 5-4 所示,进一步统计分析发现:女生愿意接受实际锻炼法的人数比例高于男生,男女之间差异非常显著($|AR|>2.58$)。男生愿意接受说理教育法的人数比例高于女生,且差异非常显

著($|AR|>2.58$)。

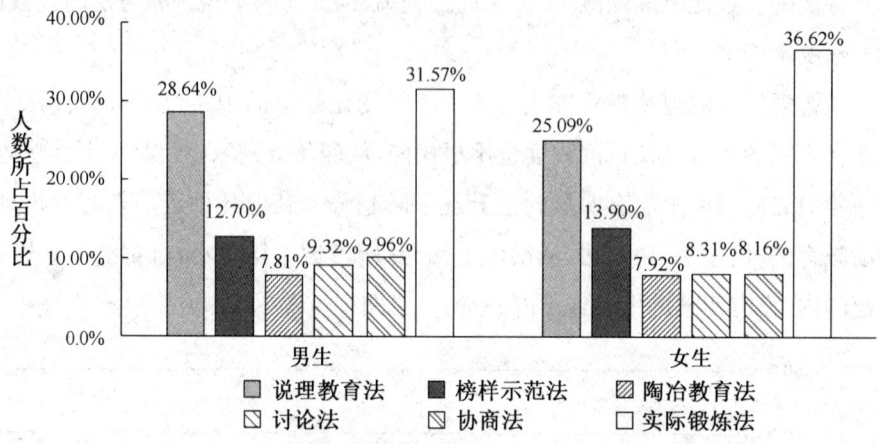

图 5-4 愿意接受的道德教育方式与儿童性别分布图

男生比女生更愿意接受协商法,且差异比较显著($1.96<|AR|\leq 2.58$)。男生在榜样示范法、陶冶教育法、讨论法上和女生差异不显著($|AR|\leq 1.96$)。

(3) 城乡差异。

对城乡儿童愿意接受的道德教育方式的结果进行差异检验发现,总体上不存在显著差异(卡方值=4.227,$P=0.937>0.05$)。

城乡儿童各选项百分比如图 5-5 所示,进一步统计分析发现:

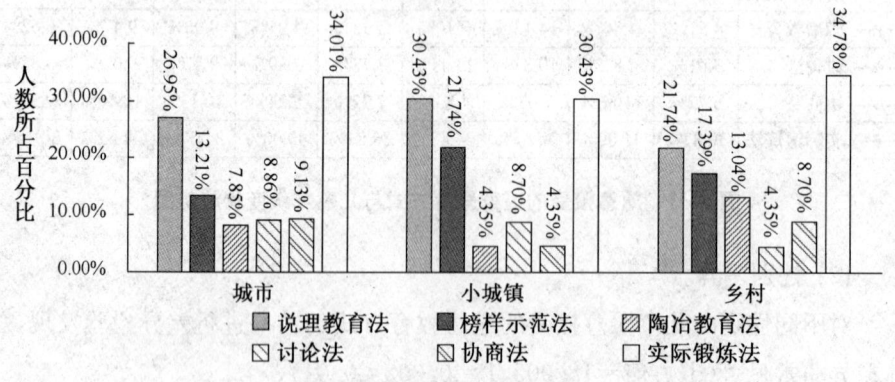

图 5-5 愿意接受道德教育方式与儿童城乡分布图

无论是城市、小城镇,还是乡村的儿童,选择"实际锻炼法"和"说理教育法"的人数比例均高于他们选择的其他道德教育方式。在儿童愿意接受的所有道德教育方式中,城乡儿童之间均不存在显著差异($|AR|\leqslant 1.96$)。

(4) 生活满意度差异。

对生活满意度不同的儿童愿意接受的道德教育方式的结果进行差异检验发现,总体差异非常显著(卡方值$=25.866, P=0.004\leqslant 0.01$)。

生活满意度不同的儿童各选项百分比如图 5-6 所示,进一步统计分析发现:

不同生活满意度的儿童在选择实际锻炼法上,彼此之间均不存在显著差异($|AR|\leqslant 1.96$)。不同生活满意度的儿童在选择说理教育法上,彼此之间均不存在显著差异($|AR|\leqslant 1.96$)。不同生活满意度的儿童在选择陶冶教育法、榜样示范法、讨论法、协商法等道德教育方式上,均不存在显著差异($|AR|\leqslant 1.96$)。

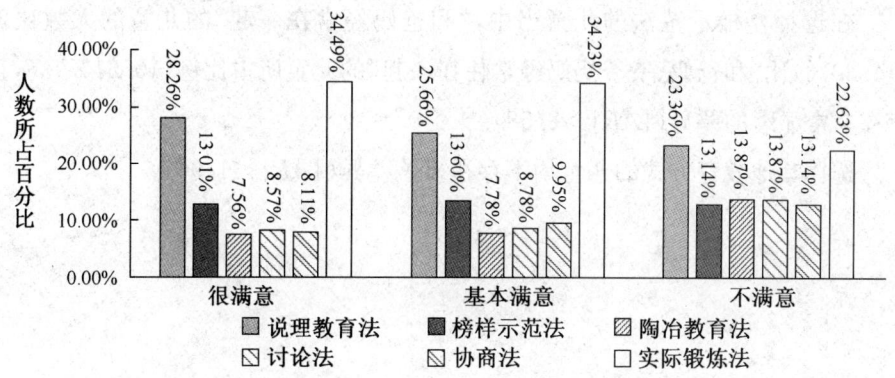

图 5-6 愿意接受的道德教育方式与儿童生活满意度分布图

(5) 家庭生活方式差异。

对不同家庭生活方式的儿童愿意接受的道德教育方式的结果进行差异检验发现,总体上存在比较显著的差异(卡方值$=33.140, 0.01<P=0.033<0.05$)。

不同家庭生活方式的儿童各选项百分比如图 5-7 所示,进一步统计分析发现:

"和爸妈、爷爷奶奶经常住在一起"、"和爸妈经常在一起"、单亲家庭、离异再组合家庭的儿童选择实际锻炼法的人数比例均高于其他几种道德教育方式。

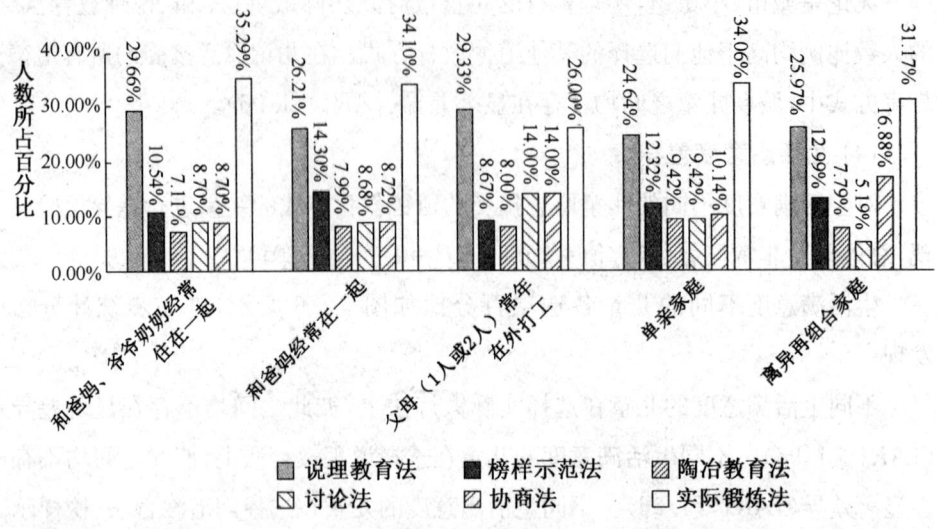

图5-7 愿意接受的道德教育方式与儿童家庭生活方式分布图

在选择榜样示范法的儿童当中,"和爸妈经常在一起"的儿童的人数比例(14.30%)比"和爸妈、爷爷奶奶经常住在一起"的儿童所占比例(10.54%)高,且存在非常显著的差异($|AR|>2.58$)。

选择其他教育方式的儿童均不存在显著差异($|AR|<1.96$)。

6 深圳市儿童成长的困扰

6.1 家庭生活困扰

在家庭生活中,有58.38%的儿童没有遇到来自家庭生活的困扰,在有家庭生活困扰的儿童中,家长对他们的学习的压力是他们主要的家庭生活困扰,占18.19%,有10.93%的儿童因为家庭关系不和谐而感到苦恼,接着是家庭经济问题,5.96%的儿童表示家里缺钱用,有2.68%的儿童在家里受到严厉的批评甚至体罚并为之困扰,其他家庭生活困扰占3.85%。通过对儿童其他的家庭生活困扰回答进行数据整理,删除与前面几个选择类似的重复回答,主要还涉及家人健康问题和家人疏于子女教育的问题。(见图6-1)

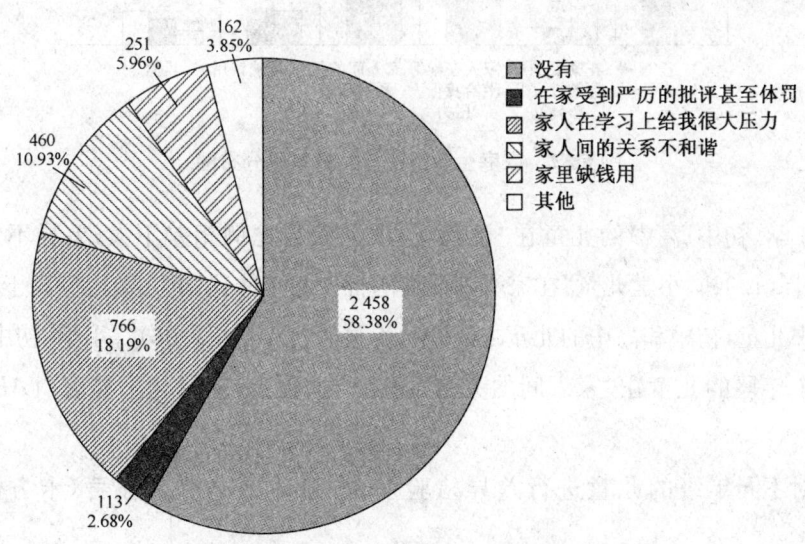

图6-1 家庭生活困扰与儿童人数百分比分布图

(1) 年段差异。

对不同年段的儿童进行差异检验,发现总体差异非常显著(卡方值＝39.046,$P\leqslant0.01$)。

年段不同的儿童各选项百分比如图6-2所示,进一步统计分析发现:

初中和高中的儿童在"家里缺钱用"选项上,差异非常显著($|AR|>2.58$)。

小学生和初中生在"家人在学习上给我很大压力"的选项上差异比较显著($1.96<|AR|\leqslant2.58$)。小学生和高中生在"其他"选项上,差异比较显著($1.96<|AR|\leqslant2.58$)。

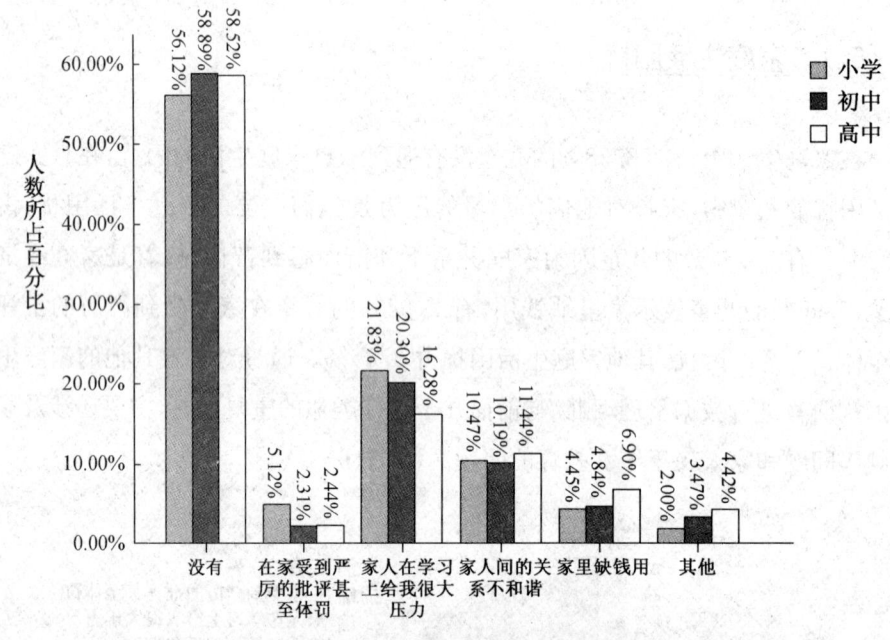

图6-2 家庭生活困扰与儿童年段分布图

小学、初中、高中的儿童在"没有"选项上人数比例相差不大,差异不显著($|AR|\leqslant1.96$)。小学儿童"在家受到严厉的批评甚至体罚"的人数比例高于初中和高中儿童,初中和高中的儿童之间差异不显著($|AR|\leqslant1.96$)。小学、初中、高中三个年段的儿童在"家人间的关系不和谐"选项上,差异均不显著($|AR|\leqslant1.96$)。

对不同年级的儿童进行差异检验发现,总体差异非常显著(卡方值＝

92.954，$P \leqslant 0.01$）。

相对于小学高段与高中儿童,初中儿童有更多来自于家庭生活的困扰。初中儿童中回答没有家庭生活困扰的人数比例低于小学和高中的儿童,但各年级儿童间的差异不显著（$|AR| \leqslant 1.96$）,六年级儿童没有家庭生活困扰的人数比例最低（45.11%）。初中儿童正值青春发育期,这一时期的孩子正值身心的快速发展变化,他们比较敏感、易怒,与父母在这一时期也容易出现摩擦与争执,这可能也导致了初中儿童有更多的家庭困扰。（见图6-3）

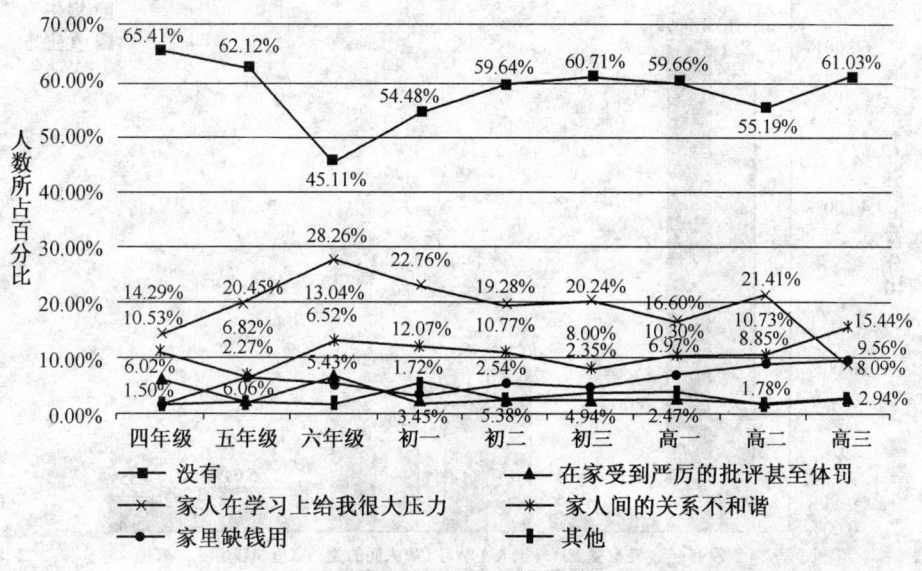

图6-3 家庭生活困扰与儿童年级变化趋势图

在"家人在学习上给我很大压力"的选项上,人数比例呈现先升后降的趋势,高三儿童的人数比例是最低的（8.09%）,四年级与六年级儿童间的差异非常显著（$|AR| > 2.58$）,其他差异均不显著（$|AR| \leqslant 1.96$）。总的来看,目前小学、初中和高中儿童承受的最为明显的来自家庭的压力是学业压力。在"家里缺钱用"的选项上大致呈现随着年级上升人数比例上升的情况,高中儿童有此困扰的比例高于小学和初中,但各年级差异不显著（$|AR| \leqslant 1.96$）。

（2）性别差异。

对不同性别的儿童进行差异检验发现,总体差异非常显著（卡方值＝24.810，$P \leqslant 0.01$）。

性别不同的儿童各选项百分比如图 6-4 所示,进一步统计分析发现:

没有家庭生活困扰的女生的人数比例高于男生,且差异非常显著($|AR|>2.58$)。除"其他"项外,男生的各种家庭生活困扰的人数比例均高于女生,在"家人在学习上给我很大压力"上,男女生之间的差异非常显著($|AR|>2.58$)。

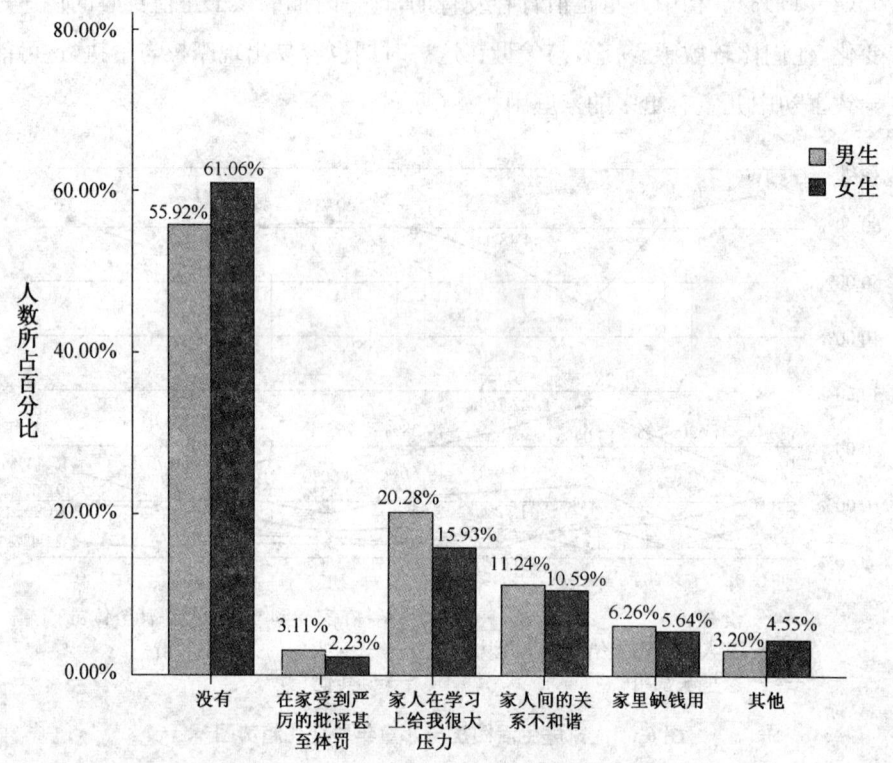

图 6-4 家庭生活困扰与儿童性别分布图

(3) 城乡差异。

对城乡儿童进行差异检验发现,总体差异非常显著(卡方值=34.305,$P \leqslant 0.01$)。

城乡儿童各选项百分比如图 6-5 所示,进一步统计分析发现:

乡村儿童在"家里缺钱用"的选项上的人数比例高于小城镇儿童和城市儿童,城市和乡村的儿童之间差异非常显著($|AR|>2.58$)。

城市儿童表示没有家庭困扰的人数比例高于小城镇和乡村的儿童,差异比较显著($1.96<|AR|\leqslant 2.58$)。

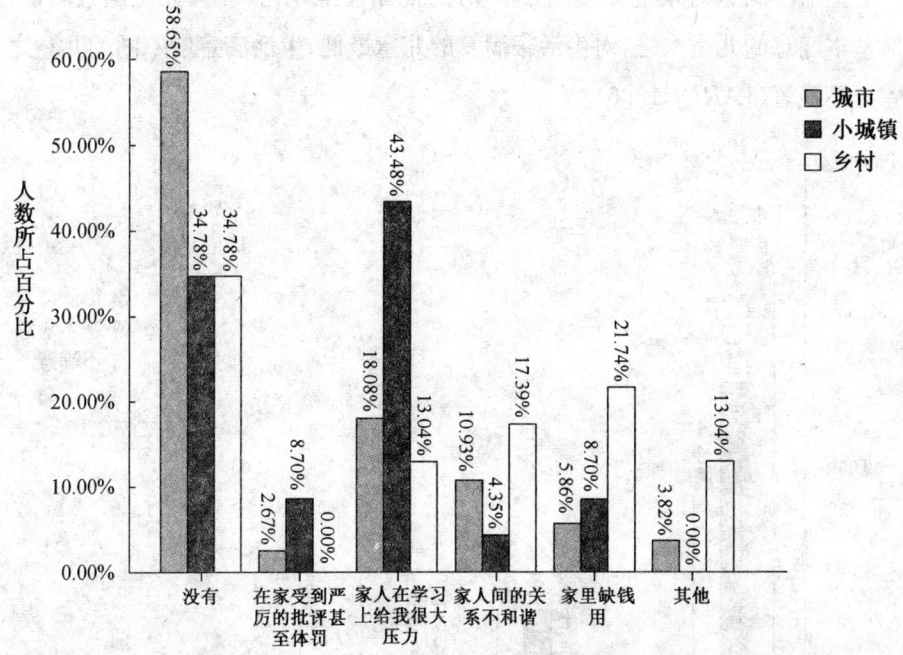

图 6-5 家庭生活困扰与儿童城乡分布图

小城镇儿童在家受到严厉的批评甚至体罚的人数比例最高,城市的儿童次之,乡村儿童最低(0.00%),城乡差异不显著($|AR| \leqslant 1.96$)。乡村儿童在"家人间的关系不和谐"的选项上人数比例最高,其次是城市儿童和小城镇儿童,城乡差异不显著($|AR| \leqslant 1.96$)。小城镇儿童在"家人在学习上给我很大压力"的选项上比例最高,城市次之,乡村随后,城乡儿童差异不显著($|AR| \leqslant 1.96$)。

由图可见,家长所给予的学习上的压力是目前深圳市儿童所承受的来自家庭的主要困扰,其中小城镇的儿童尤为明显。同时,乡村和小城镇的一部分儿童还承受比城市儿童更为明显的"经济状况"方面的家庭压力与困扰。

(4) 生活满意度差异。

对生活满意度不同的儿童进行差异分析发现,总体差异非常显著(卡方值=146.448,$P \leqslant 0.01$)。

生活满意度不同的儿童各选项百分比如图 6-6 所示,进一步统计分析发现:

对生活很满意的儿童没有家庭生活困扰的人数比例,高于对生活基本满意和对生活不满意的儿童,三种生活满意度的儿童之间差异非常显著($|AR| > 2.58$)。

对生活不满意的儿童"在家受到严厉的批评甚至体罚"的人数比例最高,对生活基本满意的儿童次之,对生活很满意的儿童最低,生活满意度不同的儿童之间差异不显著($|AR|\leqslant 1.96$)。

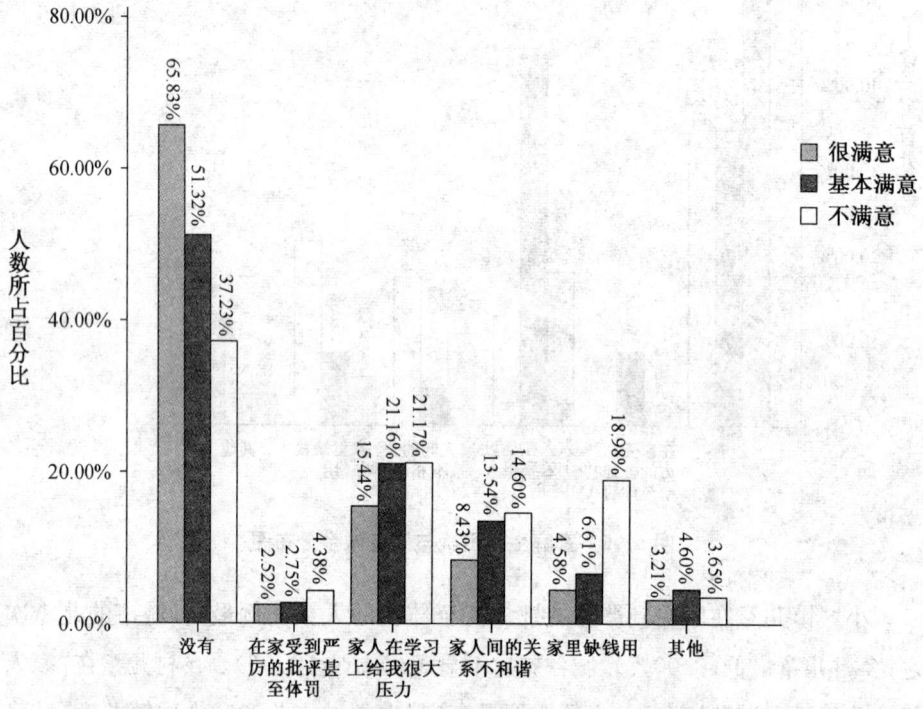

图6-6 家庭生活困扰与儿童生活满意度分布图

对生活不满意的儿童受到"家人在学习上给我很大压力"的人数比例最高,对生活很满意的儿童的人数比例最低,两者差异不显著($|AR|\leqslant 1.96$),对生活很满意与对生活基本满意的儿童之间差异非常显著($|AR|>2.58$)。

对生活不满意的儿童受到"家人间的关系不和谐"问题困扰的人数比例最高,对生活基本满意的儿童次之,对生活很满意的儿童的人数比例最低,对生活很满意和对生活基本满意的儿童之间的差异非常显著($|AR|>2.58$)。

对生活不满意的儿童有"家庭缺钱用"问题困扰的人数比例最高,对生活基本满意的儿童次之,对生活很满意的儿童比例最低,对生活很满意和对生活不满意的儿童之间差异非常显著($|AR|>2.58$)。

(5) 家庭生活方式差异。

对不同家庭生活方式的儿童进行差异检验发现,总体差异非常显著(卡方值=45.015,$P \leq 0.01$)。

家庭生活方式不同的儿童各选项百分比如图6-7所示,进一步统计分析发现:

离异再组合家庭的儿童受到严厉批判甚至体罚的比例最高,与和爸妈住在一起的儿童之间差异非常显著($|AR|>2.58$),与其他家庭生活方式的儿童之间差异不显著($|AR| \leq 1.96$)。

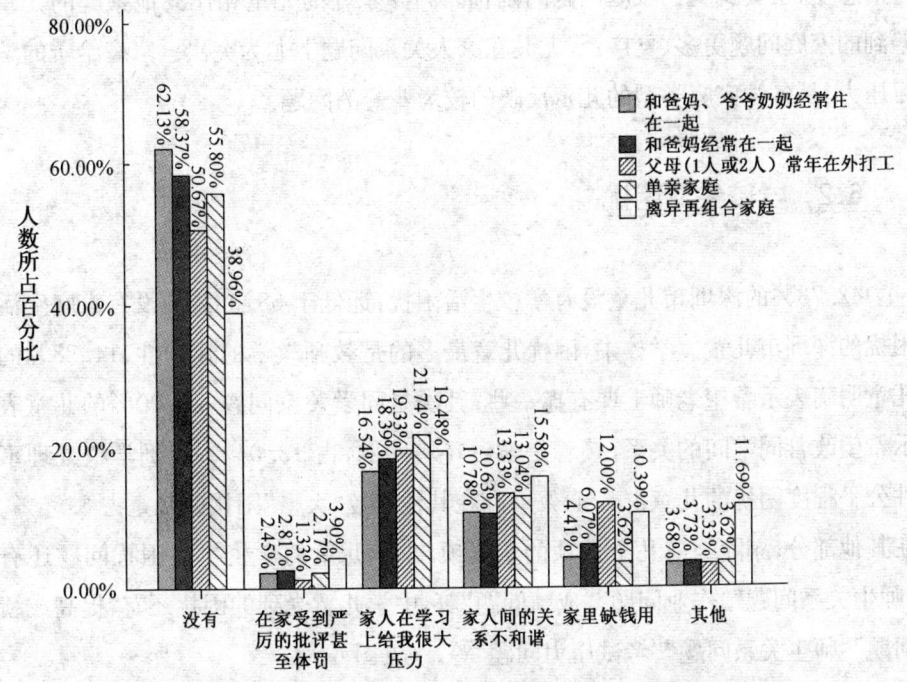

图6-7 家庭生活困扰与儿童家庭生活方式分布图

"和爸妈、爷爷奶奶经常住在一起"的儿童没有家庭生活困扰的比例最高,其次是"和爸妈经常在一起"的儿童,相比这两项,其他三种家庭生活方式的儿童没有家庭生活困扰的比例较低。和父母祖辈住在一起、父母(1人或2人)常年在外打工以及离异再组合家庭的儿童之间差异比较显著($1.96<|AR| \leq 2.58$)。父母(1人或2人)常年在外打工的家庭和离异再组合家庭的儿童有"家里缺钱用"困扰的人数比例较其他家庭生活方式的儿童高,前者与和父母祖辈一起生活

的儿童之间差异比较显著($1.96<|AR|\leqslant2.58$)。

单亲家庭和离异再组合家庭的儿童的家人给予很大学习压力的人数比例高于其他家庭的儿童,差异不显著($|AR|\leqslant1.96$)。离异再组合家庭的儿童有"家人间的关系不和谐"困扰的人数比例最高,其次是父母(1人或2人)常年在外打工家庭和单亲家庭的儿童,高于其他家庭生活方式的儿童,差异不显著($|AR|\leqslant1.96$)。

可见,家庭生活方式是影响中国儿童家庭困扰的重要因素,拥有圆满、稳定的家庭教育环境的儿童比家庭不健全或父母常年不在家的儿童有更良好的家庭生活感受,也更少受到家庭问题的困扰。离异家庭的儿童相比其他家庭的儿童遇到的家庭问题更多、更广泛,尤其在家人关系问题上尤为突出。家庭给予的学习压力,是各种家庭类型的儿童反映的较为普遍的问题。

6.2 学校生活困扰

42.73%的深圳市儿童没有学校生活困扰,远低于58.38%的没有家庭生活困扰的深圳市儿童。学校中,困扰儿童最多的是教师教学的趣味性,14.28%的儿童明确表示希望老师上课有趣一些;其次是同学关系问题,13.90%的儿童表示希望改善同学间的关系;接着是学习环境问题,占13.04%;受到学校处理事件公平程度困扰的儿童占7.41%。存在其他学校"大事"困扰的儿童占8.65%。在其他部分,剔除与前几个选项的重复项,小学儿童的学校生活困扰问题还有"师生关系问题""作业问题""成绩问题"等,中学儿童受到的困扰还有"提高成绩问题""师生关系问题""考试压力问题"等。(见图6-8)

(1) 年段差异。

对不同年段的儿童进行差异检验,发现总体差异非常显著(卡方值=148.267,$P\leqslant0.01$)。

年段不同的儿童各选项百分比如图6-9所示,进一步统计分析发现:

在"没有"选项上,各年段的人数比例呈倒V字形分布,初中儿童"没有"学校问题困扰的人数比例高于小学儿童和高中儿童,初中和高中的儿童之间差异非常显著($|AR|\geqslant2.58$)。小学、初中、高中的儿童"渴望改善学习环境"的人数比例呈阶梯状上升趋势,三个年段的儿童之间差异均非常显著($|AR|\geqslant2.58$)。高

6 深圳市儿童成长的困扰

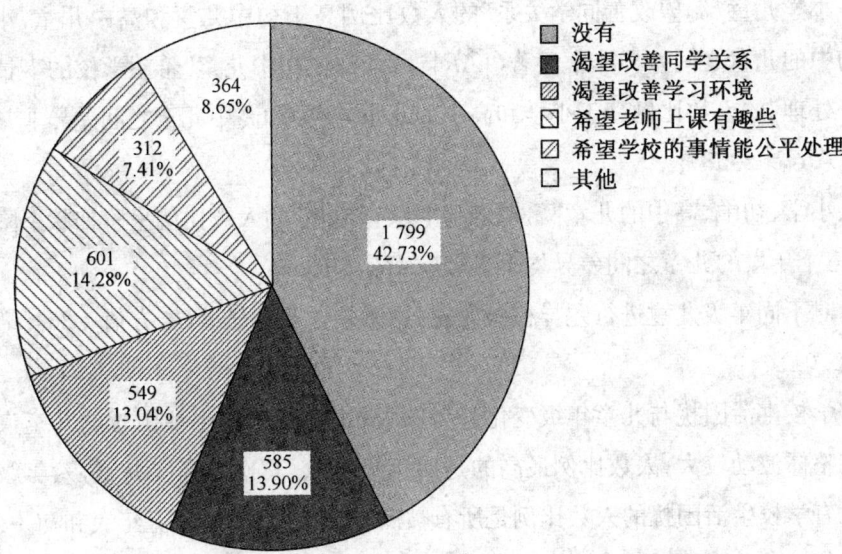

图 6-8 学校生活困扰与儿童人数百分比分布图

中儿童在"其他"选项上的人数比例明显高于小学和初中的儿童,且三个年段的儿童之间差异非常显著($|AR|>2.58$)。

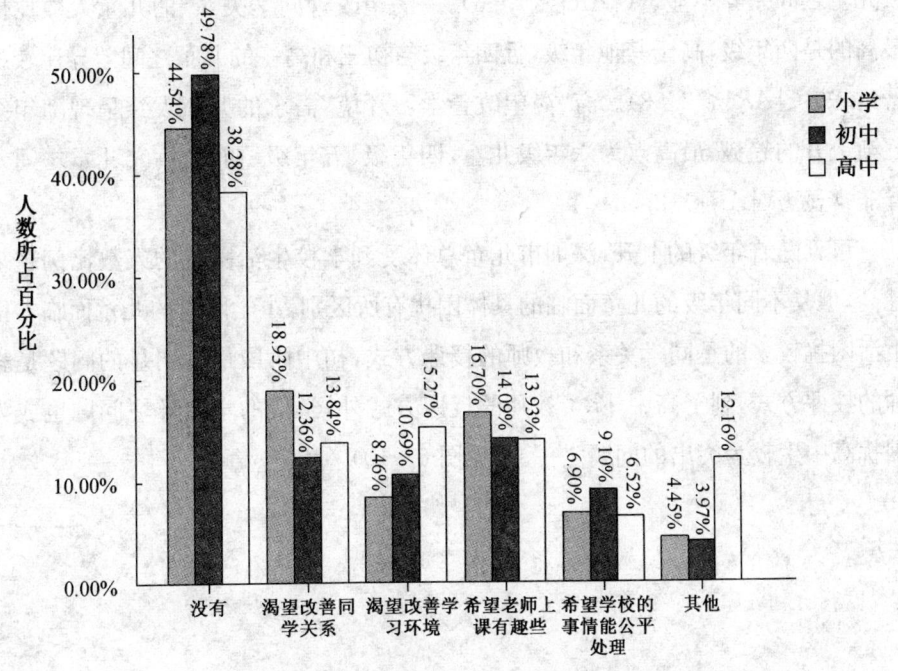

图 6-9 学校生活困扰与儿童年段分布图

173

小学儿童"渴望改善同学关系"的人数比例高于初中儿童和高中儿童,小学和初中的儿童之间差异非常显著($|AR|>2.58$)。初中儿童"希望学校的事情能公平处理"的人数比例高于小学和高中的儿童,初中和高中儿童之间差异非常显著($|AR|>2.58$)。

小学、初中、高中的儿童"希望老师上课有趣些"的人数比例呈阶梯状下降趋势,三个年段的儿童之间差异均不显著($|AR|\leqslant 1.96$)。

对不同年级儿童进行差异检验发现,总体差异非常显著(卡方值=264.628,$P\leqslant 0.01$)。

学校生活困扰与儿童年级变化趋势图显示,没有学校生活困扰的儿童人数比例整体波动较大,人数比例最高的是四年级儿童,其次是高三儿童,六年级儿童没有学校生活困扰的人数比例是所有被测年级中最低的,除五年级和初一外,其余年级的儿童之间差异非常显著($|AR|>2.58$)。"希望老师上课有趣些"是困扰几乎所有年级儿童的核心问题之一,每个年级约有十分之一至五分之一的儿童有这样的困扰,其中人数比例最高的是六年级,高于其他年级,除四年级、六年级、初一外,其他年级的儿童之间差异比较显著($1.96<|AR|\leqslant 2.58$),其余各年级儿童之间差异不显著($|AR|\leqslant 1.96$)。"渴望改善同学关系"的儿童人数比例最高的是四年级,高于其他年级,且四年级与初三和高一的儿童之间差异比较显著($1.96<|AR|\leqslant 2.58$)。有"渴望改善学习环境"需求的儿童大致呈现随年级逐渐上升的趋势,最高点为六年级儿童,四年级、五年级、初一、高二儿童之间差异非常显著($|AR|>2.58$)。

可见随着年级的上升,深圳市儿童总体受到学校生活困扰的人数比例越来越高,但是不同年级的儿童面临的具体困扰有所区别,小学阶段的儿童面临学校生活困扰较多的是同学关系和教师的授课方式,初中阶段最为明显的问题是教师的授课方式,到了高中,除了教师的授课方式外,学校的学习环境问题也成为困扰高中生较为突出的问题之一。(见图6-10)

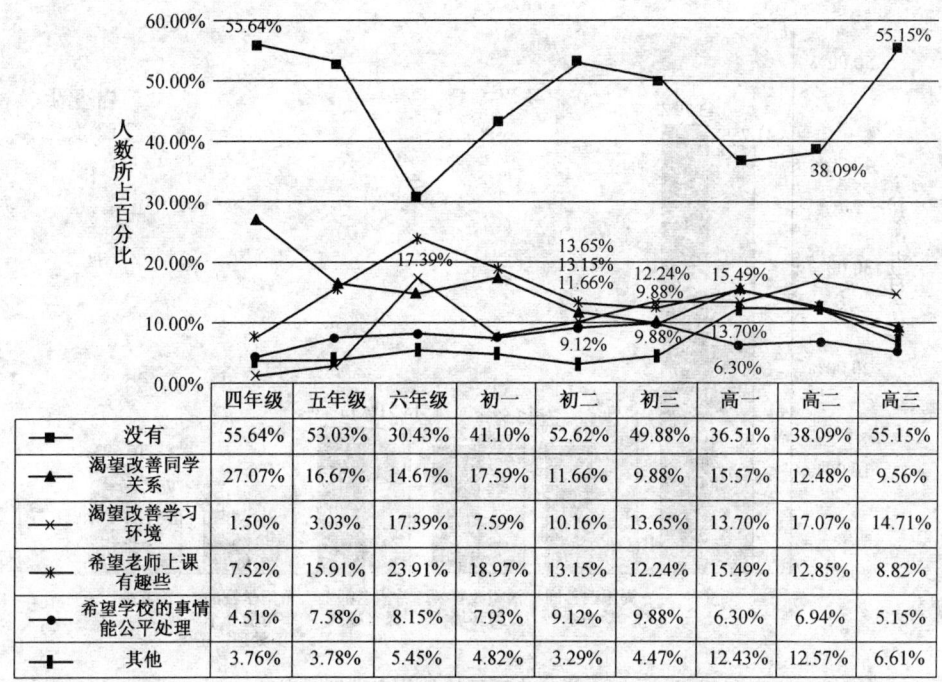

图 6-10 学校生活困扰与儿童年级变化趋势图

(2) 性别差异。

对不同性别的儿童在校受到的困扰问题进行差异检验发现,总体差异非常显著(卡方值=33.932,$P \leqslant 0.01$)。

性别不同的儿童各选项百分比如图 6-11 所示,进一步统计分析发现:

女生希望学校能公平处理事情的人数比例低于男生,男女生之间差异非常显著($|AR|>2.58$)。

男生渴望改善同学关系的人数比例高于女生,差异比较显著($1.96<|AR|\leqslant 2.58$)。

没有学校生活困扰的女生人数比例高于男生,男女生之间差异不显著($|AR|\leqslant 1.96$)。男女生在"渴望改善学习环境""希望老师上课有趣些"选项上,差异不显著($|AR|\leqslant 1.96$)。

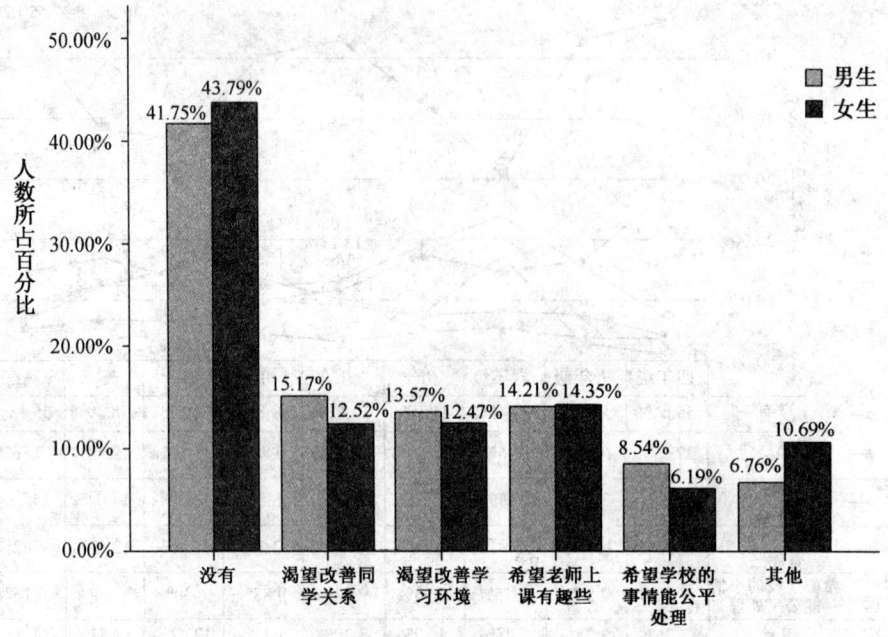

图 6-11　学校生活困扰与儿童性别分布图

(3) 城乡差异。

对城乡儿童进行差异检验发现,总体差异比较显著(卡方值 = 20.344, $0.01 < P \leqslant 0.05$)。

城乡儿童各选项百分比如图 6-12 所示,进一步统计分析发现:

乡村和城市的儿童没有学校生活困扰的人数比例,低于小城镇儿童,城乡儿童之间差异不显著($|AR| \leqslant 1.96$)。小城镇儿童有同学关系问题困扰的人数比例高于城市,差异不显著($|AR| \leqslant 1.96$)。乡村和小城镇的儿童在学校处事公正性的问题困扰上高于城市儿童的人数比例,城乡儿童之间差异不显著($|AR| \leqslant 1.96$)。城市儿童面临着比乡村和小城镇的儿童更为明显的教师的授课方式的问题困扰。乡村儿童在学习环境问题上受到困扰的人数比例较高,城乡儿童之间差异不显著($|AR| \leqslant 1.96$)。小城镇儿童有"其他"学校问题困扰的人数比例低于城市和乡村的儿童,城乡儿童之间差异不显著($|AR| \leqslant 1.96$)。

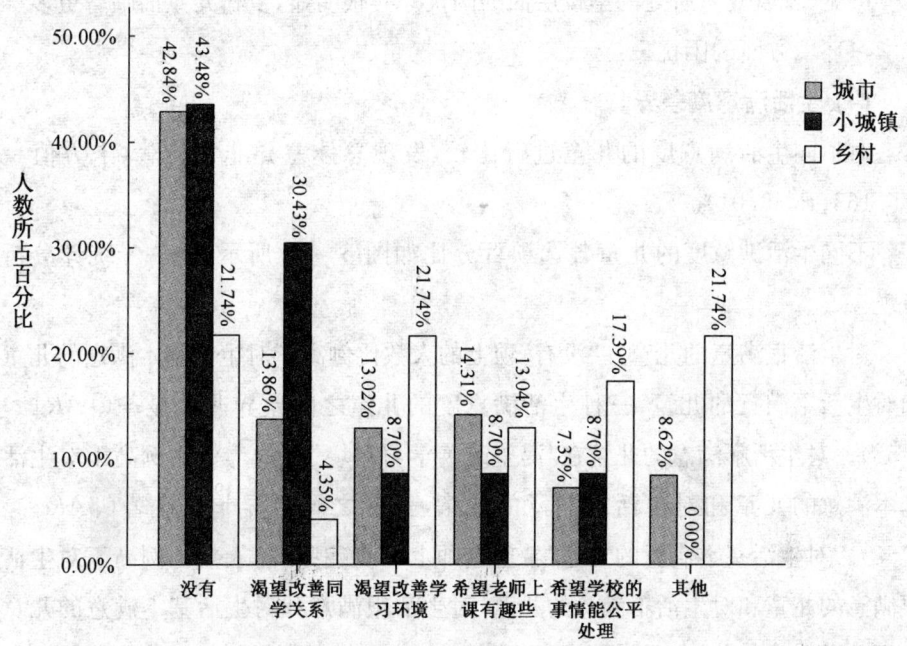

图 6-12 学校生活困扰与儿童城乡分布图

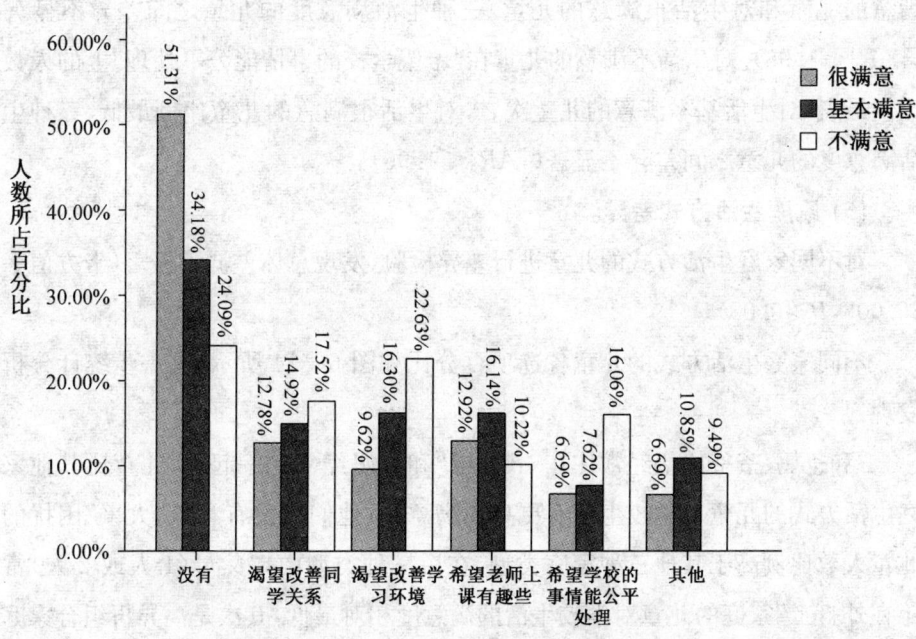

图 6-13 学校生活困扰与儿童生活满意度分布图

可见，城乡儿童所处的学校层面的困扰差异很明显，乡村儿童面临着更多学校学习环境方面的困扰。

（4）生活满意度差异。

对不同生活满意度的儿童进行比较，发现总体差异非常显著（卡方值＝175.168，$P\leqslant0.01$）。

不同生活满意度的儿童各选项百分比如图 6-13 所示，进一步统计分析发现：

对生活很满意的儿童在"没有"项上的人数比例高于对生活基本满意的儿童和对生活不满意的儿童，三种生活满意度的儿童之间差异非常显著（$|AR|>2.58$）。对生活不满意的儿童在"渴望改善学习环境"上的人数比例高于对生活基本满意的儿童和对生活很满意的儿童，三者之间差异非常显著（$|AR|>2.58$）。对生活基本满意的儿童"希望老师上课有趣些"的人数比例高于对生活很满意的儿童和对生活不满意的儿童，对生活很满意和对生活基本满意的儿童之间差异非常显著（$|AR|>2.58$）。

对生活不满意的儿童在"渴望改善同学关系"上，人数比例高于对生活基本满意的儿童和对生活很满意的儿童，三种生活满意度的儿童之间差异不显著（$|AR|\leqslant1.96$）。对生活不满意的儿童在"希望学校的事情能公平处理"上的人数比例最高，对生活基本满意的儿童次之，对生活很满意的儿童比例最低，三种生活满意度的儿童之间差异不显著（$|AR|\leqslant1.96$）。

（5）家庭生活方式差异。

对不同家庭生活方式的儿童进行差异检验，发现总体差异不显著（卡方值＝26.006，$P>0.05$）。

不同家庭生活方式的儿童各选项百分比如图 6-14 所示，进一步统计分析发现：

"和爸妈、爷爷奶奶经常住在一起"或"和爸妈经常在一起"的儿童比其他家庭生活方式的儿童对学校生活有更高的满意度，他们中没有学校"大事"困扰的儿童人数比例高于其他三种家庭类型，在后三种类型中，"父母（1人或2人）常年在外打工"家庭的儿童对学校生活的满意度相对最低，其次是离异再组合家庭和单亲家庭，和父母生活在一起与和父母祖辈生活在一起的儿童之间差异比较

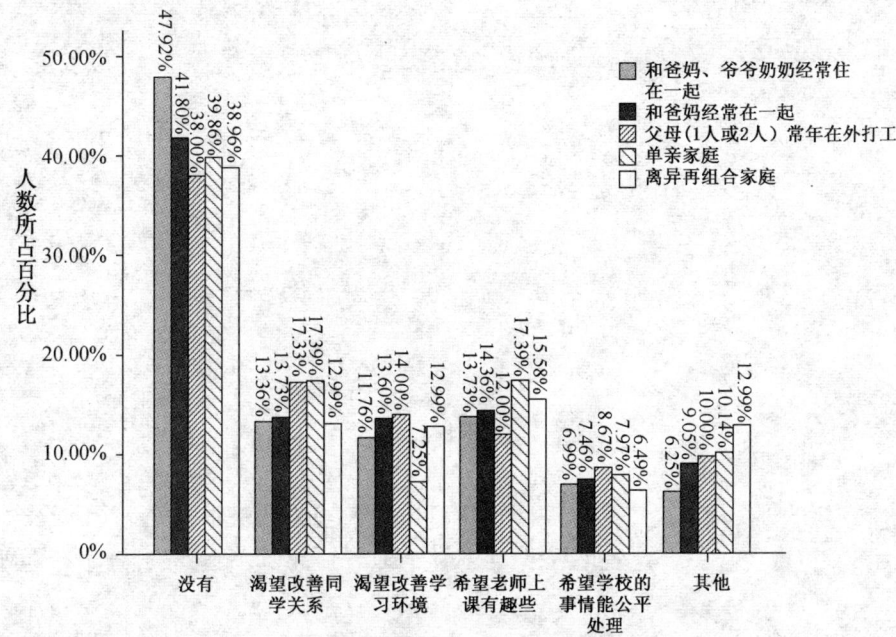

图 6-14 学校生活困扰与儿童家庭生活方式分布图

显著($1.96 \leqslant |AR| \leqslant 2.58$)。单亲家庭的儿童"渴望改善同学关系"的人数比例最高;"父母(1人或2人)常年在外打工"的儿童"渴望改善学习环境"的人数比例最高;单亲家庭的儿童"希望老师上课有趣些"的人数比例最高;"父母(1人或2人)常年在外打工"的儿童"希望学校的事情能公平处理"的人数比例最高。"和爸妈经常在一起"或"和爸妈、爷爷奶奶经常住在一起"的孩子在这几项上的人数比例均低于其他各项,可见,父母或祖辈对孩子在校适应状况起着非常重要的作用,缺少父母陪伴(有1人或2人常年在外打工)的留守儿童很容易遇到各种类型的学校适应问题。"和爸妈经常在一起"的儿童比"和爸妈、爷爷奶奶经常住在一起"的儿童有更好的学校适应,可能与核心家庭的教育影响力更为集中有关。

179